Werner Boysen

Kybernetisches Denken und Handeln in der Unternehmenspraxis

Werner Boysen

# Kybernetisches Denken und Handeln in der Unternehmenspraxis

Komplexes Systemverhalten
besser verstehen
und gezielt beeinflussen

GABLER

Bibliografische Information der Deutschen Nationalbibliothek
Die Deutsche Nationalbibliothek verzeichnet diese Publikation in der
Deutschen Nationalbibliografie; detaillierte bibliografische Daten sind im Internet über
<http://dnb.d-nb.de> abrufbar.

1. Auflage 2011

Alle Rechte vorbehalten
© Gabler Verlag | Springer Fachmedien Wiesbaden GmbH 2011

Lektorat: Ulrike M. Vetter

Gabler Verlag ist eine Marke von Springer Fachmedien.
Springer Fachmedien ist Teil der Fachverlagsgruppe Springer Science+Business Media.
www.gabler.de

Umschlaggestaltung: KünkelLopka Medienentwicklung, Heidelberg
Gedruckt auf säurefreiem und chlorfrei gebleichtem Papier
Printed in Germany

ISBN 978-3-8349-3108-5

*Für Laura und Anna*

# Vorwort

Die vermeintliche Professionalisierung von Geschäftsabläufen macht Wirtschaftsgefüge spürbar labiler. Wir erleben ein Gleichgewicht auf hohem Spannungsniveau. Die wahrgenommene Ausgeglichenheit ist aber trügerisch: Geringste Veränderungen können das Gleichgewicht eines unter hoher Spannung gehaltenen Systems so massiv stören, dass das System unumgänglich zerrissen wird. Jeder – sogar gut gemeinte – Eingriff kann diesen Riss verursachen. Diese Situation ist im Wesentlichen durch zwei Ursachen herbeigeführt worden:

■ Ein unzureichendes Verständnis der Wirkungszusammenhänge und des daraus resultierenden Systemverhaltens führt zu einer falschen Vorstellung davon, wie Systeme beeinflusst werden können. Entscheidungsprozesse sind häufig so angelegt, dass nicht alle relevanten Informationen berücksichtigt werden und wesentliche systemische Verknüpfungen außer Acht gelassen werden. Deshalb liefern eingeleitete Maßnahmen oft nicht die gewünschten Ergebnisse.

■ Einseitiges Effizienzstreben lässt jegliche Reserven schon im Normalbetrieb aufgehen und verhindert, dass zusätzliche Reserven bei Bedarf mobilisiert werden können. Dadurch kollabieren Systeme schon bei Sondereinflüssen, deren Ausprägung eigentlich noch im erwartbaren Rahmen liegt.

Viele Manager ahnen dies, sind stark verunsichert und fühlen sich handlungsunfähig. Interne Organisationsentwickler, insbesondere im Personalwesen, sehen sich aufgefordert – geprägt von der Wirtschaftskrise 2008 und 2009 – nun nach einem Weg zu suchen, der zu einer Stabilisierung führt.

Organisationsentwickler ahnen, dass das derzeitige Spannungsniveau feinfühlig abgebaut werden muss. Als eine wesentliche Voraussetzung dafür müssen sie dafür sorgen, dass Manager in die Lage versetzt werden, Systeme und ihr Verhalten besser zu verstehen. Darüber hinaus sollten sie dazu beitragen, die Voraussetzungen zu schaffen, dass Führungskräfte systemisch besser abgestimmte Maßnahmen treffen und umsetzen und dabei in jeder Hinsicht vernünftig maßhalten.

Sie wissen, dass kluges kybernetisches Denken, also das logische Denken in vielfach vernetzten Ursache-Wirkungs-Gefügen, zu ganzheitlich motiviertem Handeln führt, das Systeme stabilisieren kann. Deshalb möchten sie Managern dabei helfen, sich in die Prinzipien der Kybernetik einzuarbeiten und systemisch sinnvolle Vorgehensweisen in ihre Führungspraxis zu übernehmen.

Die Wirtschaftswelt steht vor einer entscheidenden Weichenstellung. Manager können die Weichen jetzt auf einen Stabilisierungsweg einstellen; tun sie dies nicht, werden sie verantworten müssen, dass sie die bewusste Entscheidung getroffen haben, einen kapitalen Riss zu riskieren. Jedes Handeln geht von Einzelnen aus, wirkt sich aber auf Systeme und deren Verhalten aus. Die Weichenstellung maßgeblich mit zu beeinflussen, ist eine wesentliche Herausforderung für Organisationsentwickler.

Dieses Buch zeigt Organisationsentwicklern praxisgerechte Methoden und Vorgehensweisen auf, die sie dabei unterstützen, Führungskräften in der Linie Problemlösungskompetenzen zu vermitteln, die sowohl eine Stabilisierung ihrer Unternehmen als auch eine Stabilisierung der Wirtschaft als Ganzes fördern können. Konkrete, praxiserprobte Methoden und anschauliche Beispiele bringen die Kerngedanken der kybernetischen Prinzipien in operative Reichweite der Organisationsentwickler. Es ist ein Buch für die Praxis – von Organisationsentwicklern für Organisationsentwickler.

# Inhaltsverzeichnis

*„Probleme lassen sich nicht mit denselben Mitteln lösen,*
*durch die sie entstanden sind." (Albert Einstein)*

# 1 Einführung in systemisches Denken und Handeln in der Wirtschaft

Jede bewährte Vorgehensweise in der Praxis baut auf einer soliden Grundlage auf. Im Fall systemisch sinnvollen Managements ist das nicht anders. Deshalb werden im ersten Kapitel Grundlagen in systemischem Denken und Handeln vermittelt.

Anhand der *Wirkungszusammenhänge* zwischen der wirtschaftlichen Entwicklung und den verfügbaren natürlichen Ressourcen wird in Abschnitt 1.1 gezeigt, *dass das Wirtschaftswachstum prinzipbedingt begrenzt ist* und jedes Streben gegen diese Erkenntnis die *Stabilität* unseres Lebenssystems gefährdet. Diese Zusammenhänge sind aber nicht immer offensichtlich, weil Verknüpfungen die Anzahl der möglichen Ereignisse erhöhen. Deshalb geht Abschnitt 1.2 auf die Eigenarten der *Komplexität* ein. In den Abschnitten 1.3 und 1.4 erfahren Sie, was *Systeme* charakterisiert und wie Sie grundsätzlich mit den systemisch bedingten Rahmenbedingungen sinnvoll umgehen können. In Abschnitt 1.5 lernen Sie die *Grundtypen systemischer Regelkreise* kennen, die von Peter M. Senge herausgearbeitet wurden. Das Verständnis dieser Regelmechanismen und die Fähigkeit, sie in der Führungspraxis wiederzuerkennen, werden Ihnen helfen, *systemisch richtige Entscheidungen zu treffen* und Maßnahmen einzuleiten, die die gewünschte Wirkung haben. Die Abschnitte 1.6 und 1.7 führen Sie schließlich an Möglichkeiten heran, *stabilisierende, selbstregelnde Prozesse* zu initiieren und einzuführen und dabei Fähigkeiten zu nutzen, die sich aus der *Schwarmintelligenz* erklären.

## 1.1 Umgang mit den Grenzen des wirtschaftlichen Wachstums und Suche nach neuer Stabilität

Dieser Abschnitt gibt Organisationsentwicklern eine Argumentationshilfe dafür, dass das Wirtschaftswachstum insgesamt begrenzt ist und dass unser Streben nach quantitativem Wachstum als Erfolgskriterium deshalb nicht sinnvoll sein kann. Sie werden darin bestätigt, dass künftig Fähigkeiten, mit denen qualitative Wachstumsdimensionen erschlossen werden können, über den Erfolg entscheiden. Organisationen, die über diese Fähigkeiten verfügen, werden sich voraussichtlich im Vergleich zu anderen besser entwickeln und ein relatives Wachstum innerhalb eines natürlich begrenzten Gesamtmarktes erzielen können. Ich spreche mich bewusst nicht grundsätzlich gegen Wachstum aus; Unternehmen, die in ihren Geschäftsfeldern nachhaltig wirtschaften, können und sollen durchaus gesund wachsen, aber in Maßen, in Kreisläufen und, wenn möglich, vor allem in qualitativer Hinsicht.

## 1.1.1     Die Grenzen des wirtschaftlichen Wachstums

Wachstum wird vermeintlich als die Grundlage für Wohlstand verstanden. Ist mehr Arbeit zu verrichten, erhöhen sich das Einkommen für die Beteiligten und der Wert des Geschaffenen – so die gängige, verkürzte Formel. Nach vielen Jahrhunderten sehr mäßigen Wirtschaftswachstums hat sich das Wachstum seit Beginn der Industrialisierung gegen Ende des 18. Jahrhunderts exponentiell beschleunigt. Der Kontrast zwischen den **Abbildungen 1.1** und **1.2** veranschaulicht diese Entwicklung.

**Abbildung 1.1:**    Baumaterialtransport auf einem See in Benin, südliches Westafrika

**Abbildung 1.2:**    Container-Frachter auf dem Suez-Kanal

Mit zunehmender Effizienz steigt der Impact auf unsere Umwelt und unsere Lebensqualität.

Tatsächlich hat dieses beschleunigte Wachstum vordergründig vielen Menschen Wohlstandsgewinn eingebracht – weltweit. Aber bei aller Zufriedenheit mit dem Wachstum haben wir

1. nur eine Seite der Medaille betrachtet und wir haben uns

2. nicht mit der Realität auseinandergesetzt, dass dieses Wachstum begrenzt ist.

Diese Erkenntnis ist nicht neu. Schon der 1972 vom Club of Rome veröffentlichte, von Dennis Meadows et al. verfasste Bericht „The Limits of Growth" zur Lage der Menschheit wies ausdrücklich auf *die Grenzen des Wachstums* hin. Meinhard Miegel geht in seinem Anfang 2010 erschienenen Buch „Exit – Wohlstand ohne Wachstum" sehr treffend auf das Thema auf gesellschaftlicher Ebene ein. In Anknüpfung an Miegels scharf formulierte und fundierte Gedanken auf Makroebene und unter Einbeziehung der wertvollen Ideen und Anregungen zum *Klimaschutz*, die Nicholas Stern in „Der Global Deal" zusammengetragen hat, stelle ich hier den unmittelbaren Bezug zur Unternehmenspraxis her.

*Die zweite Seite der Wachstumsmedaille* zeigt die Belastungen, die das Wachstum verursacht. Menschen werden mitunter bis an ihre persönliche Grenze belastet oder freigestellt. Gleichzeitig werden sie aber durch Werbung, unterstützt durch gesellschaftliche Mechanismen, zu zuverlässigen Verbrauchern erzogen und abhängig gemacht. Tieferer Sinn des Lebens wird gegen kurzfristig wirkende, aber schnell verblassende Lust, gesellschaftlichen Status und Bequemlichkeit in jeder Hinsicht getauscht. Mit dieser Abhängigkeit werden Menschen in industrialisierten Gesellschaften zunehmend fremdgesteuert. *Studien belegen, dass die Zufriedenheit von Menschen nicht positiv mit ihrem materiellen Wohlstand korreliert und dass soziales Engagement sogar schwindet.* Die Natur – einschließlich unserer selbst – wird in extensiver Weise als Rohstoff-, Energie- und Leistungsquelle „verbraucht" und nicht in Maßen und in einer Kreislaufwirtschaft genutzt.

Getrieben von vermeintlich notwendigen Wachstumszielen belasten wir systematisch unsere sozialen Bindungen, Familien, Freundschaften, soziale Sicherungssysteme, Wälder, Meere, unser Trinkwasser und sogar die Luft, die wir atmen. Und wir verzehren nichterneuerbare Ressourcen ohne Ressentiments  als einziger Wermutstropfen wird der Preis wahrgenommen, der unmittelbar für die Ressourcen zu zahlen ist. Wir beschleunigen den Klimawandel und gehen sehenden Auges auf bereits absehbare global wirksame Katastrophen sowie gewaltige damit verbundene soziale Konflikte zu. Erstaunlich ist, dass wir diese Zusammenhänge durchaus erfassen, sie aber in unserem Tun weitgehend ignorieren. Durch unser Verhalten verschulden wir uns nicht nur finanziell, sondern vor allem an der Natur und an unserem Umfeld in unverantwortlicher Weise. Rechnen wir diese wachstumsbedingten Lasten und Verluste einschließlich sachgerechter *Rückstellungen für künftig notwendige Ausgleichsmaßnahmen* mit dem Nutzen auf, den wir aus dem noch erzielbaren Wachstum ziehen, sieht die Gewinn- und Verlustrechnung erschreckend aus. Wachstum als Selbstzweck rechnet sich offensichtlich nicht. Außerdem ist das Wachstum selbst endlich und nur noch sehr begrenzt fortsetzbar, aber die Spuren, die das Wachstum bis dahin hinterlassen hat, bleiben.

*Die Grenze des Wachstums* zeigt sich jetzt in den frühindustrialisierten Ländern, die bereits einen erheblichen Weg auf der Wachstumskurve beschritten haben. In diesen Ländern haben sich die Wachstumsraten bereits merklich verringert. Sie nähern sich asymptotisch Grenzwerten an. Jedes weitere Quantum Wachstum, das noch erreicht werden soll, verlangt offensichtlich deutlich mehr Aufwand als bisheriges Wachstum. Wachstum als *das* Heilmittel im globalen Wettbewerb zu betrachten, ist sinnlos, wie **Abbildung 1.3** veranschaulicht.

---

**Abbildung 1.3:** Bäume wachsen nicht in den Himmel

Jeder Baum möchte ans Licht. Im Wettbewerb wachsen alle Bäume – und gewinnen dabei nichts.

---

Viele Organisationsentwickler ahnen bereits, dass es irrational und sogar verantwortungslos ist, weiteres quantitatives Wachstum trotzdem als *das* Heilmittel gegen die in den frühindustrialisierten Ländern allseits zunehmende Verschuldung und die sich verschärfenden sozialen Probleme zu propagieren. Solange Wachstum allerdings von Führungskräften als *der* Stellhebel betrachtet wird, muss die Gesellschaft Wirtschaftskrisen als solche hinnehmen und wird daraus resultierende soziale Probleme lediglich als Ausnahmezustand betrachten.

Sie ahnen auch, dass Wirtschaftskrisen keine unliebsamen Ausrutscher von der Wachstumsbahn sind, sondern verlässliche Zeichen für die Instabilität im Grenzbereich des Möglichen. Sie markieren das Ende unserer westlich geprägten Vorgehensweise, die inzwischen auch von Schwellenländern unreflektiert nachgeahmt wird. Wirtschaftswachstum wird als notwendige Bedingung für das Fortbestehen der Menschheit bislang nicht grundsätzlich in Frage gestellt. Um wettbewerbsfähig zu sein, müsse die Produktivität erhöht werden, und um eine führende Marktposition zu erhalten, müsse weiteres Mengenwachstum angestrebt werden, so die vorherrschende Meinung. Doch eine Erhöhung der Produktivität und jeder Ausbau von Kapazitäten kosten zunächst Geld und erhöhen in stagnierenden Absatzmärkten die Kapital- und die Vermarktungskosten bei tendenziell sinkenden Roherträgen.

Selbstverständlich wird eine noch bis voraussichtlich 2050 wachsende und wohlstandsorientierte Weltbevölkerung mehr Güter nachfragen, als dies heute der Fall ist. Diese verstärkte Nachfrage wird sich zwar nicht in den frühindustrialisierten Ländern zeigen, umso deutlicher aber in den Schwellenländern. Allerdings wird diese Nachfrage aufgrund der begrenzenden Faktoren in der bisherigen Form schlicht nicht mehr in vernünftiger Weise und zu bezahlbaren Preisen zu decken sein. Mit dem nicht nur wirtschaftlichen, sondern faktischen Versiegen „bewährter" Energie- und Rohstoffquellen und mit zunehmender Belastung der Atmosphäre mit $CO_2$ durch die Verbrennung von Kohlenwasserstoffen aus fossilen Brennstoffen sowie mit zunehmendem Erfolgsdruck, der auf den Menschen lastet, wird ein Umdenken unausweichlich.

## 1.1.2    Notwendigkeit des Umdenkens

Quantitatives Wirtschaftswachstum wird faktisch über alle anderen Werte gestellt: über die Zufriedenheit, über die Gesundheit, über die Stabilität der Natur und über die Freiheit. Offenbar fehlt es an Imagination für Alternativen. Die Mehrheit der Wirtschaftsführer und Politiker hält – oft trotz besserer Einsicht – am Wachstumskurs fest. Sich auf ein radikal verändertes Geschäftsmodell bzw. Gesellschaftsmodell einzulassen und es öffentlich zu vertreten, birgt für die Verantwortungsträger hohe unmittelbare und persönliche Risiken, die die wesentlich höheren Risiken, die mit der Vermeidung einer Richtungsänderung verbunden sind, verdrängen – ohne sie zu beseitigen.

Die kommunikative Herausforderung der Organisationsentwickler besteht darin, das Paradoxon zu vermitteln, dass wir einerseits bislang in vielen Märkten ein exponentielles Wachstum beobachten konnten, das zu Erfolg geführt hat, dass sich aber künftig gerade dieses starke Wachstum selbst begrenzen und ad absurdum führen soll. Es wird nämlich bislang ignoriert, dass sich Wachstum und Wohlstand mit fortschreitender Bewegung entlang der Wachstumskurve entkoppeln und jedes weitere Wachstum Substanz verzehrt, den Wohlstand dadurch schmälert und den Menschen schließlich sogar ihre Lebensgrundlage entzieht. Die Umkehr von Trends zu vermitteln, war noch nie einfach.

Dabei liegen die Indizien dieser Trendwende auf der Hand: Der inzwischen globale Wettbewerb um Rohstoffe und Primärenergieträger verknappt und verteuert die Grundlagen des wirtschaftlichen Wachstums nach dem bisherigen Muster. Aufwendungen, die getroffen werden müssen, um bereits angerichtete Umweltschäden zu beseitigen und künftige zu vermeiden bzw. auszugleichen, nehmen kräftig zu und werden bisherige Vorgehensweisen an ihre Grenzen führen. Indem beispielsweise Meere leergefischt und Wälder abgeholzt werden, um sich zu ernähren und landwirtschaftlich intensiv genutzte Flächen auszuweiten, entziehen sich Menschen schrittweise ihre Lebensgrundlage. Die Mehrheit der landwirtschaftlich genutzten Flächen ist stark erosionsgefährdet, ausgelaugt und mit Dünge- und Pflanzenschutzmitteln angereichert. Mit zunehmender Weltbevölkerung und steigendem vordergründigen Wohlstand werden Nahrungsmittel knapp und teuer. Menschen tauschen vorübergehenden Wohlstand langfristig gegen materielle und generelle Armut. Eine ähnliche Entwicklung bahnt sich im industriellen Sektor an. Der Wasserverbrauch steigt exponentiell und die Qualität des verfügbaren Wassers verschlechtert sich durch die Nutzung. Unvermeidliche Gesundheitskosten und Kosten für die Wiederherstellung der Natur und für den Klimaschutz belasten industrielle Geschäftsmodelle direkt und indirekt bereits erheblich.

Organisationsentwickler werden in ihrem Unternehmensumfeld griffige Beispiele dafür finden, dass diese „Nebenkosten" bereits spürbar zunehmen:

Kunststoffgranulate und elektrische Energie werden so teuer, dass sich manche Produkte beispielsweise im Kunststoffspritzgussverfahren nicht mehr wirtschaftlich sinnvoll herstellen und vermarkten lassen. Die elektrotechnische Industrie ist hochgradig abhängig von der Verfügbarkeit von knappen Rohstoffen wie Tantal. Metallverarbeitende Gewerbe hängen von der Verfügbarkeit von Rohstoffen wie Magnesium ab.

Je aussichtsloser die Mission zu erfüllen ist, weiterzuarbeiten wie bisher, desto eher werden Menschen in ihrem Tun den Sinn vermissen und sich in abnehmendem Maße mit den ihnen übertragenen Aufgaben identifizieren. Mit der Konzentration auf materiellen Erfolg wird der Gemeinschaft in Form von Familien, aber auch in Form der Gesellschaft, weniger Zeit gewidmet und weniger Bedeutung beigemessen. Menschen isolieren sich auf ihrem Weg zu materiellem Erfolg. Steht materieller Zugewinn im Zentrum des Interesses und werden keine anderen Werte entwickelt, werden sich Menschen erfolg- und orientierungslos fühlen, sobald klar wird, dass sich ihre materiellen Ziele nicht mehr erfüllen lassen. Der resultierende Motivationsverlust wird bei steigendem wirtschaftlichen Druck die spürbare Grenze des Wachstums näher rücken. In *einer endlichen Welt kann es kein unendliches Wachstum geben.* Wirtschaftliche Aktivitäten sind, wenn wir sie in ihr Umfeld eingebettet betrachten, immer ein Nullsummenspiel. Es ist eine Transformation von Primärenergie und Rohstoffen in Produkte, Wärme und Mobilität. Oder eine Transformation von menschlichen Fähigkeiten und Kapazitäten in Ideen, Konzepte und Innovationen. Heute stehen uns Produkte aus aller Welt zur Verfügung und wir erfreuen uns an einer höheren Mobilität und an „Komfortmaschinen" (Klimaanlagen, elektrische Fensterheber, elektrische Sitzverstellung und Sitzheizung), die mit Energie betrieben werden, und an nützlichen Anwendungen der Telekommunikation. Doch all diese Möglichkeiten speisen sich aus einem zunehmenden Raubbau an der Natur und am Menschen selbst. Es wäre deshalb eine Illusion anzunehmen, wir könnten diese Entwicklung unbegrenzt fortsetzen, geschweige denn, dabei gewinnen. Da es kein Perpetuum mobile gibt und Transformationsprozesse sogar verlustbehaftet sind, bewegen wir uns in einer Einbahnstraße von Energiequellen zu Energiesenken. Wer das anders sieht, betrachtet die Transformationskette sehr wahrscheinlich in einer verkürzten Form. Wie oben exemplarisch angeführt, spüren wir die Auswirkungen bereits in Form massiv steigender Nebenkosten im weiteren Sinne bei vergleichsweise geringem Nutzenzuwachs. Diese Nebenkosten fallen mittlerweile vor allem zur Absicherung gegen Effekte an, die sich bei höherer Ausreizung von Quellen zeigen. Der Umgang mit der Unsicherheit im Grenzbereich kostet erheblichen zusätzlichen Aufwand. Wir haben es mit einem selbstverstärkenden Mechanismus (positiver Rückkopplung) zu tun, den wir verstehen müssen.

Um den Zusammenhang zwischen höherer Ausbeute und steigender Unsicherheit zu veranschaulichen, kann die logistische Gleichung[1] nach dem belgischen Mathematiker Pierre François Verhulst dienen. Er erweiterte im Jahr 1838 die lineare Gleichung

$dp/dt = r \times p_{zuvor}$,

wobei $dp/dt$ jedes weitere Wachstum und $r$ die Wachstumsrate sind, um ein Glied, das den Aspekt der Annäherung an die Obergrenze des Wachstums einbringt. Das Ergebnis ist folgende Gleichung:

$dp/dt = r \times p_{zuvor} \times ((K - p_{zuvor})/K)$,

wobei $K$ die Wachstumsgrenze ist. Überraschenderweise ist diese Gleichung nicht mehr linear. Die Gleichung zeigt zunächst eine erwartete asymptotische Annäherung an eine Wachstumsgrenze. Das eigentlich Erstaunliche an dieser Gleichung ist aber, dass das Volumen bei hinreichender Annäherung an die Wachstumsgrenze mit weiterer Steigerung beginnt, zwischen diskreten Werten zu springen (Boom-or-bust-Effekt), und bei noch weiterer Steigerung in vollständiges Chaos fällt, wie in **Abbildung 1.4** dargestellt.

**Abbildung 1.4:**   Unsicherheit durch Wachstum

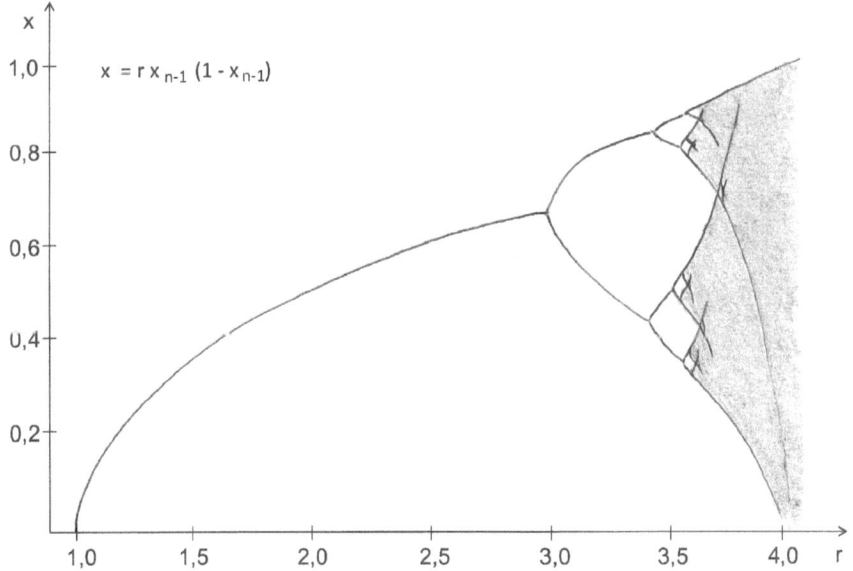

Die Kurve der Funktion $x_n = r\, x_{n-1}\,(1 - x_{n-1})$ zeigt eine Bifurkation bei $r = 3$, eine weitere Auffächerung in vier Werte bei $r = 3,4495$, eine weitere Auffächerung in 16 Werte bei $r = 3,596$ und so weiter. Die Zahl möglicher Lösungen quadriert sich bei Annäherung an die Wachstumsgrenze immer schneller. Die Kurve erklärt die Tendenz von Systemen, die dieser Funktion gehorchen, im grenznahen Bereich ins Chaos zu fallen.

Diese Beobachtung stimmt mit unserer Erfahrung im Grenzbereich des wirtschaftlichen Wachstums überein.

Die Wachstumsspirale wird sich nur so lange weiter winden, bis ihr die Nahrung endgültig auszugehen droht. Bei weiterer Steigerung müssen wir einen nicht kontrollierbaren und perspektivenlosen Leidensweg durchlaufen.

Alternativ schalten wir rechtzeitig um. Allerdings werden die Ausgangsbedingungen für neue Wege umso schlechter, je länger wir damit warten, umzuschalten. Das Ausblenden dieses bekannten Zusammenhanges und die Beschäftigung mit Scheinlösungen führen keineswegs zu einer Verbesserung. Hier sind die Organisationsentwickler gefragt, Initiative zu ergreifen und das Bewusstsein der Manager für die Situation und für wirksame Gegenmaßnahmen zu schärfen.

**Legen wir den Schalter um, solange er noch wirksam ist!**

**Abbildung 1.5:**    Schalter in verlassener Diamantensiedlung in Namibia

### 1.1.3    Verantwortung für die Weichenstellung

Diese globale Fehlentwicklung nicht nur aufzuzeigen, sondern dazu beizutragen, sie im Rahmen unserer Möglichkeiten zum nachhaltigen Nutzen für Unternehmen zu korrigieren, ist eine wichtige Führungsaufgabe, der wir uns in der Industrie und in Sektoren industrienaher Dienstleistungen sowie in der Politik stellen müssen. Organisationsentwickler können einen wesentlichen Beitrag leisten, indem sie Gedanken vor dem Hintergrund der Grenzen des Wirtschaftswachstums neu ordnen, schlüssige Konzepte für eine nachhaltige Arbeitsweise erarbeiten und Erfolg versprechende Veränderungsprojekte anstoßen und verantwortlich begleiten.

Sie sollten sich nicht für Vorhaben engagieren, die zum Ziel haben, zu einer Situation zurückzufinden, wie sie vor der jüngsten Wirtschaftskrise bestand, in der die Welt nur vermeintlich in Ordnung war. Dadurch würden Sie nämlich dazu beitragen, die Fehlentwicklung anzutreiben bzw. sie sogar zu beschleunigen.

Vielmehr sollten Sie ihre Organisation verantwortlich auf eine prosperierende Zukunft in einer Welt mit begrenztem Wirtschaftswachstum vorbereiten. Dazu sollten Sie den Führungskräften in Ihrer Organisation vor Augen führen, dass sie sich den bislang eingeschlagenen Wachstumsweg allmählich selbst verschließen. Denn bisherige Treiber des Wachstums, wie der Zugang zu Rohstoffen, Energie und guten, eigenverantwortlichen Mitarbeitern, werden jetzt zu Wachstumsbegrenzern.

Das System aus Natur und Wirtschaft regelt sich zwangsläufig selbst und wir alle sind Bestandteile dieses Systems. So wird sich das empfundene Dilemma, dass sich Themen wie Klimaschutz nur global lösen lassen und die Initiative Einzelner vermeintlich keine durchschlagenden Wirkungen entfalten kann, auf ganz natürliche Weise auflösen. Wir werden gar keine Alternative dazu haben, uns den Herausforderungen einer Welt ohne quantitatives Wachstum zu stellen. Einzelne können durchaus Anstöße liefern und einflussreiche Bewegungen in Gang bringen.

Weil bereits klar ist, dass der bisherige Wachstumsweg nach vergangenen Mustern nicht erfolgreich fortgesetzt werden kann, müssen wir rechtzeitig Alternativen gestalten und notwendige Veränderungen auf dem Weg zu einer nachhaltigen Positionierung definieren und umsetzen.

Offensichtlich müssen wir neu denken. Als Organisationsentwickler ist es unsere Pflicht, für dieses neue Denken zu werben und uns für die Verwirklichung neuer Ideen einzusetzen.

## 1.1.4    Anregungen für Diskussions- und Leistungsbeiträge

In diesem Abschnitt finden Sie kritische Fragen, mit denen Sie Ihrer Organisation Denkanstöße geben können.

### 1.1.4.1    Vermittlung von Problembewusstsein

Fragen können helfen, das Problembewusstsein in Ihrer Organisation zu verbessern.

- Wie hoch sind die wirklichen Kosten wachstumsbedingter Belastung der Natur?

- Wie hoch sind die Kosten für überlastete oder sogar ausgebrannte Mitarbeiter? Wie hoch sind die Kosten für zerrüttete Familien?

- Wie hoch sind die Kosten für Wiederherstellungs- und Kompensationsmaßnahmen?

- Wie wirken sich die Lateralschäden des Raubbaus auf das Image als Arbeitgeber und als Anbieter im Markt aus?

- Wie sieht die Gewinn- und Verlustrechnung unter Berücksichtigung sachgerechter Rückstellungen aus?

- Wie lässt sich eine umweltkonforme Arbeitsweise kapitalisieren?

- Wie können wir das Bewusstsein der Führungskräfte für einen verantwortungsvollen und sinnvollen Umgang mit einer begrenzten Natur schärfen?

- Wie machen wir Führungskräften klar, dass wir uns diesbezüglich keine Fehler mehr erlauben dürfen?

- Welche Argumente sprechen im konkreten Kontext eines Unternehmens für eine Veränderung (Change-Prozess)?

### 1.1.4.2    Konzeptionelle Ansätze

Nun folgen Fragen zu konzeptionellen Ansätzen, die Sie in Ihrem Organisationsumfeld konkretisieren können.

Welche konkreten Schritte kann ein Unternehmen gehen, um im Einklang mit der Natur im weiteren Sinne zu wirtschaften, statt weiter dazu beizutragen, dass die Natur ausgebeutet, zurückgedrängt und versucht wird, sie zu beherrschen (Konzept)?

Wie viel Wachstum ist sinnvoll? Welche Geschäfte sollen wachsen? Welche weniger nachhaltig angelegten Geschäfte sollen durch dieses Wachstum Zug um Zug ersetzt werden? Wie kann ein Unternehmen bewusst auf quantitatives Wachstum verzichten, ohne wirtschaftlichen Schaden zu nehmen? Welche Werte sollen an die Stelle quantitativen Wachstums treten? Wie kann eine Umgestaltung zu nachhaltigen Beiträgen im Sinne qualitativen Wachstums konkret aussehen (Change Roadmap)?

Wie kann vermieden werden, „von der Substanz der Welt zu leben"? Wie lässt sich der Verbrauch weiterer Ressourcen wirtschaftlich vertretbar hinausschieben? Wie kann ein Unternehmen zu einer höheren Nutzungseffizienz und einer häufigeren Wiederverwendung von Rohstoffen beitragen? Wie kann ein Weg beschritten werden, Ressourcen nicht zu *ver*brauchen, sondern sie in geschlossenen Kreisläufen zu *ge*brauchen bzw. in einem Maße zu verwenden, in dem sie der Welt wieder zur Verfügung gestellt werden können? Auf welche Rohstoffe können Unternehmen künftig setzen, um nachhaltig zu wirtschaften (beispielsweise Kunststoffe aus Chitin, Kautschuk aus Löwenzahn oder biotechnisch hergestellte Spinnenseide (s. WirtschaftsWoche Nr. 27/2010, S. 66-71)? In welche Unternehmens- und Forschungsnetzwerke sollten sich Unternehmen einbinden, um von Neuentwicklungen zu profitieren bzw. diese selbst zu fördern?

Worauf kann ein Unternehmen verzichten? Was ist wirklich notwendig und sinnvoll? Über nicht-betriebsnotwendige Anlagepositionen hinaus sollten

1. das Geschäftsmodell und

2. der Geschäftsprozess

auf ihre Eignung für ein Wirtschaften ohne quantitatives Wachstum untersucht und in diesem Sinne auf obsolete Komponenten hin untersucht werden. Wie können Transportwege unter dem Strich verringert werden (Global Sourcing, Supply Chain)?

Welchen Beitrag kann ein Unternehmen zur Veränderung der Konsumgewohnheiten der Menschen leisten (Verzicht auf Neuanschaffung, höherer Wert auf Dienstleistung)? Welche qualitativen Wachstumsmöglichkeiten eignen sich? Welchen immateriellen Nutzen kann das Unternehmen schaffen?

Von welchen Gewohnheiten sollten sich die Führungskräfte trennen? Wie gelingt das? Auf welche Zusammenhänge sollten sie ihre Aufmerksamkeit stärker richten? Worauf sollte das Unternehmen seine Ressourcen (Managementaufmerksamkeit, Zeit und Aufmerksamkeit der Mitarbeiter, Marktleistungen) konzentrieren? Wie kann der notwendige Richtungswechsel erfolgreich bewältigt werden? Anhand welcher Parameter und mit welchen Instrumenten kann der Erfolg eines Veränderungsprojektes beurteilt werden?

Welche neuen Marktleistungen, die in besserem Einklang mit dem Umfeld stehen, sollten wachsen und wie viel sollten sie wachsen (vernünftiges Wachstum, Wachstum im Sinne einer Erneuerung, wie beim Wald, in dem immer etwas Neues wächst, ohne dass der Wald als Ganzes wachsen würde)?

Wie können Unternehmen wirtschaftlich-materielle Zielsetzungen zu einer Komponente in einem facettenreichen Zielsystem zurückfahren, das auch soziale und umweltbezogene Ziele enthält und geeignet ist, zu individueller Zufriedenheit und zur Stabilität der Organisation beizutragen?

Wie können die Sonnenenergie, die Windenergie und die Erdwärme stärker zur Deckung des Energiebedarfes eingesetzt werden? Welche Anwendungen stehen hierfür bereits zur Verfügung? Wie können technologiebasierte Unternehmen wirtschaftlich sinnvoll zur Entwicklung und Vermarktung solcher Anwendungen beitragen?

Welche Botschaften sollten Führungskräfte ihren Mitarbeitern kommunizieren (Leadership)? Wie können Potenzial- und Leistungsträger dazu gebracht werden, ihren Lebensstil an die Erfordernisse einer Zeit ohne Wachstum anzupassen und sich stärker für die Gemeinschaft zu engagieren?

Wie kann vermieden werden, dass Gegenwartsprobleme in die Zukunft hineingetragen werden (Sofortmaßnahmen, Weichenstellungen)?

Wie finden Unternehmen zurück zu einem Gleichgewicht zwischen der Nutzung materieller und immaterieller Ressourcen und dem wirklichen Nutzen, den sie daraus generieren? Wie können sich Unternehmen aus tatsächlichen, konstruierten und eingebildeten Sachzwängen (Miegel, S. 191) lösen, die ihre Freiheit einschränken?

Wie sehen Geschäftsmodelle aus, wenn Rohstoffe, Energie und die Erhaltung der Natur deutlich teurer werden? Wird die menschliche Arbeitskraft wieder an relativer Attraktivität gewinnen? Wie sehen dann künftige Arbeitsplätze aus, die Rohstoffe und Energie ersetzen? Wie kann eine Roadmap zu einer künftigen, den Verhältnissen besser angepassten Kostenstruktur beschrieben werden? Wie können unter Einsatz kommunikations–technologischer Anwendungen verstärkt Homeoffice-Arbeitsplätze geschaffen werden, um zeitaufwändige, teure und umweltbelastende Arbeitswege zu vermeiden? Wie können private und Geschäftsinteressen künftig besser in Einklang gebracht werden? Wie können durch einen höheren Anteil freier Beschäftigungsverhältnisse die Flexibilität, die Unabhängigkeit und damit die Verantwortung der Menschen für ihre Beschäftigung und eine größere nachhaltige Sicherheit auf beiden Seiten gefördert werden? Wie kann das gestiegene Bildungsniveau der Mitarbeiter künftig stärker eingesetzt und die Mitarbeiter sinnvoller und erfüllender beschäftigt werden?

Wie können Menschen trotz sinkender Wirtschaftsleistung leistungsfähig und -bereit gehalten werden? Welche Motivatoren rücken an die Stelle quantitativen Wachstums und Positionierung durch Größe und Macht? Wie können die Lebensqualität und die Lebensfreude der Mitarbeiter verbessert werden (immaterieller Nutzen)? Welcher Sinn kann Mitarbeitern vermittelt werden? Wie können persönliche Anerkennung und Wertschätzung für soziales Engagement ausgestaltet werden? Wie können Mitarbeiter ihre Fantasie, ihre Kreativität, ihre Begeisterungsfähigkeit und ihre sozialen Begabungen besser in den Geschäftsprozess einbringen? Wie kann wieder ein Gemeinschaftsgefühl hergestellt werden? Was müssen Arbeitgeber dafür anbieten? Wie sollte der Umgang mit verschiedenen Kulturen in Unternehmen aussehen (Fördern von Vielfalt, Überwindung von Abgrenzung, Befruchtung durch die Koexistenz verschiedenartiger Denkweisen)? Wie können ältere Menschen sinnvoll in den Arbeitsprozess integriert und deren Erfahrungen genutzt werden? Wie können flexible Arbeitszeitmodelle umgesetzt werden, die es erlauben, Privates mit Beruflichem besser zu verbinden und neue Impulse sowohl in den persönlichen Erfahrungsschatz der Mitarbeiter als auch in die Unternehmen hineinzubringen?

Wie können Unternehmen dazu beitragen, dass Bildung über die Berufsbefähigung hinaus deutlich breiter gefasst wird und Mitarbeiter einen Hintergrund für ihr Handeln „erwerben", indem sie andere Kulturen und philosophische Denkansätze sowie ökonomische und sozialwissenschaftliche Modelle kennenlernen (Curricula und Syllabi der Corporate Universities)?

Wie können die Freude der Menschen an der Natur, das Interesse an Kunst und Musik und die „soziale Ader" als wichtige Bestandteile des menschlichen Zusammenlebens wiederbelebt werden?

Wie kann durch Verzicht auf quantitatives Wachstum bei gleichzeitiger Entwicklung der Flexibilität und der Anpassungsfähigkeit Stabilität erreicht werden? Welche Rückkopplungsmechanismen sollten Unternehmen implementieren, um die Regelung der Stabilität sicherzustellen?

Mit diesen Fragen können Sie als Organisationsentwickler Führungskräften konkrete Anregungen liefern, neu zu denken und die systemverträgliche und deshalb nachhaltige Zukunft Ihrer Organisation in die Hand zu nehmen. Sie können gezielt Dialoge über die grundsätzliche Arbeitsweise in Ihrer Organisation in Gang setzen.

# 1.2     Komplexitätsgestaltung

Ein wesentlicher Treiber der Unsicherheit in Wirtschaftsgefügen ist die Komplexität. Was unter Komplexität zu verstehen ist, sowie, dass Komplexität prinzipbedingt zunimmt und dass sie nicht grundsätzlich vermeidbar ist, erfahren Sie in diesem Abschnitt. Sie erfahren aber auch, dass Sie Komplexität in ihrer Konstellation nicht als gegeben hinnehmen müssen, sondern sie zu einem erheblichen Teil durchaus gestalten und sich auf andere Teile der Komplexität einstellen können, die nicht beeinflussbar sind. Was das für die Arbeit in Wertnetzen bedeutet, wird in diesem Abschnitt ausgeführt.

## 1.2.1     Komplexität nimmt weiter zu

Die Treiber von Komplexität, nämlich die Vielfalt der Elemente in Systemen und deren Verknüpfungsdichte sowie die Veränderlichkeit des Gefüges über die Zeit, wirken sich exponentiell auf die Komplexität des Geschäftes aus.

In globalisierten Wertschöpfungsnetzen erhöht sich die strukturelle Komplexität mit der Anzahl der beteiligten Standorte, der Prozesse und der damit verbundenen Schnittstellen. Oft sind trotz des Standardisierungsgedankens länderspezifische Produkt- und Ablaufvarianten zu entwickeln und zu pflegen. Parallel führt die Tendenz zur Konzentration auf Kernkompetenzen zu einer Verlagerung der Komplexität aus dem Feld der unternehmensinternen Struktur in den Bereich der dynamischen Koordination zwischen Unternehmen. Typischerweise nimmt durch diesen Komplexitätsabtausch der Anteil der Strukturkosten an den Gesamtkosten zu. Die Gesamtkomplexität verringert sich für das Unternehmen durch die Verlagerung komplexer Prozesse in den Bereich außerhalb des eigenen Unternehmens jedenfalls in der Regel nicht. Aber dieser Effekt wird oft erst erkannt, wenn die Veränderung längst vollzogen ist. Das ist eine wichtige Erkenntnis für Organisationsentwickler.

Längst bekannt und ungeliebt sind die zusätzlichen Aufwendungen durch die intensive Abstimmung zwischen den Teilprozessen in einer Wertkette. Je schlanker die operativen Abläufe im globalen Wettbewerb werden, desto anfälliger werden sie für Störungen und desto mehr Aufmerksamkeit muss deren Koordination gewidmet werden.

Auch die Verkürzung der Produktlebenszyklen und die immer weiter fortschreitende Ausdifferenzierung der Märkte, die nach einer erhöhten Innovationsfähigkeit verlangt, fördern die zusätzliche Komplexitätserhöhung.

## Starre Anordnung versus lebendiges Gefüge

**Abbildung 1.6:**     Gondeln des „London Eye"

Die Bewegung der Gondeln des „London Eye" ist weitgehend vorgegeben. Der Komplexitätsgrad der Bewegungsmöglichkeiten ist gering.

**Abbildung 1.7:**     „VolPaiute" im Freizeitpark PortAventura bei Tarragona, Spanien

Eine Tellerattraktion wie der „VolPaiute" im Freizeitpark PortAventura bei Tarragona, Spanien, führt unvorhersehbare Bewegungen durch, die zu immer neuen Konstellationen führen, obwohl alle Komponenten über eine Mechanik miteinander verbunden sind, deren Funktion einfach erfassbar ist; die Zusammenhänge sind komplex.

Komplexitätsgestaltung entwickelt sich zu dem vielleicht wesentlichsten Thema in der Wirtschaft und zu einem der wichtigsten Aufgabenfelder für Organisationsentwickler. Sie wissen, dass es kein triviales Unterfangen ist, die durch Entscheidungen veränderten Wirkungsbeziehungen zu erfassen, weil Wirkungen oft zeitversetzt eintreten oder sich in ganz anderer Ausprägung oder an ganz anderer Stelle zeigen als erwartet.

## 1.2.2 Wertnetzübergreifendes Komplexitätsmanagement

### 1.2.2.1 Wertnetze und Komplexität

Die Bedeutung des richtigen Umgangs mit Komplexität als Erfolgsfaktor wird in gut geführten Unternehmen zunehmend erkannt. In diesen Unternehmen ist die Komplexitätsgestaltung ein Bestandteil der Geschäftsprozessentwicklung geworden. Dazu grenzen Organisationsentwickler das Umfeld ihrer Organisation gedanklich von ihrem eigenen Subsystem ab und optimieren an dieser Schnittfläche ihre eigene Komplexitätsposition gegenüber ihrem Umfeld – eine nicht zu unterschätzende Herausforderung.

Aber wie können Sie als Organisationsentwickler die Komplexitätssituation Ihres Unternehmens wirklich optimieren?

In der global vernetzten Wirtschaft geht es nicht mehr um den Wettbewerb zwischen Unternehmen, sondern um den Wettbewerb zwischen Wertnetzen. Diese Veränderung legt es nahe, die Grenze zwischen dem inneren Teilsystem und dem Außensystem weiter zu fassen. Offensichtlich sieht das Komplexitätsoptimum in einem Wertnetz oder in einer Wertschöpfungskette ganz anders aus, als wenn jedes Unternehmen isoliert versucht, die eigene Position zu optimieren. Denn aus der Gesamtprozessoptimierung entsteht ein höherer Mehrwert für alle Beteiligten, der zur Verbesserung des resultierenden Leistungsangebotes und zur Verteilung an die Beteiligten zur Verfügung steht. In der Automobilindustrie wird mit den Just-in-time-Konzepten, insbesondere mit dem aus Japan stammenden Kanban, die gesamte Lieferkette einbezogen, um Lieferströme optimieren zu können. Getrieben und gesteuert wird der Kanban-Prozess vom Automobilhersteller (OEM), dem letzten Glied in der Business-to-Business-Wertkette.

*Zur Veranschaulichung möchte ich ein konkretes Beispiel aus unserer Beratungspraxis anführen, das überraschende Ergebnisse zeigte: Wir wurden von einem führenden Diamantenschmuckhersteller gerufen, der von einem seiner Hauptkunden, einer Schmuckfilialkette, mit der Erwartung konfrontiert wurde, den Absatz des Diamantenschmucks in den Filialen innerhalb von 18 Monaten um 30 Prozent zu steigern. Wir sahen uns den Geschäftsprozess an und kamen zu dem Schluss, dass sich betreffend der Fragestellung wenig verbessern ließe. Unsere systemische Vorprägung veranlasste uns jedoch, die Beteiligten überlegen zu lassen, wie der Geschäftsprozess aussehen würde, wenn der Schmuckhersteller und der Filialist ein Unternehmen wären. Bald ergaben sich ganz neue Ansatzpunkte, die nur durch ein Mitwirken des Kunden umgesetzt werden konnten. Zentrale Ergebnisse waren, dass der Schmuckhersteller maßgeblich über die Bestückung der Verkaufstheken entscheiden sollte und das Filialpersonal speziell in Diamantenschmuck schulen sollte. Der Zentraleinkauf des Filialisten würde mit seinem Lieferanten Rahmenbedingungen vereinbaren, aber nicht mehr selbst über das Sortiment und die Zuteilung der Waren entscheiden. Es zeigte sich, dass durch die Verschmelzung der Arbeitsweise zu einem durchgehenden Geschäftsprozess erheblich mehr als 30 Prozent zusätzlicher Absatz realisiert werden konnte und zusätzlich Transportkosten und Kosten für die Umarbeitung von Ladenhütern gespart sowie Mitarbeiter in beiden Unternehmen besser motiviert werden konnten. Wesentlich war noch die Frage nach der Aufteilung der erzielten Vorteile. Ein fairer Umgang miteinander ist eine Voraussetzung für nachhaltigen Erfolg. Organisationsentwickler sollten darauf achten, dass Vertrauen Zug um Zug entsteht und mit der Erfahrung in der Kooperationsbeziehung wächst.*

Analog sollten Unternehmen auch in Wertnetzen in der Gestaltung von Komplexität nicht zu kurz zu greifen. Ich rege deshalb an, die Komplexität wertnetzübergreifend zu gestalten, um indirekte, komplexitätsbedingte Kosten, die sich aus entgangenen Deckungsbeiträgen bei Blindleistungen, Kannibalisierungseffekten bei nicht abgestimmter Variantenvielfalt oder unnötigen einmaligen Leistungen, beispielsweise im Werkzeugbau, ergeben.

## 1.2.2.2 Umsetzung wertnetzübergreifenden Komplexitätsmanagements

Eine wertnetzübergreifende Komplexitätsgestaltung wird sich am ehesten durchsetzen lassen, wenn das mächtigste Glied des Wertnetzes die Initiative ergreift und das relevante Wertnetz für das Projekt gewinnt. In einem ersten Schritt sollten Sie in Ihrem Wertnetz anhand einer Sensitivitätsanalyse die wechselseitigen Wirkungszusammenhänge erfassen. Erst dann können Sie Ihr Wertnetz komplexitätsoptimiert gestalten.

Wichtige Hebel in diesem Prozess sind:

- die Gestaltung von Verträgen zwischen Mitgliedern des Wertnetzes (wertnetzumfassendes Vertragsmanagement),

- die Gestaltung eines durchgehenden Prozesses und der Schnittstellen zwischen den beteiligten Geschäftseinheiten,

- die Einführung eines wertnetzumfassenden Risikomanagements,

- die Einführung eines wertnetzorientierten Anreizsystems und

- die Einführung eines wertnetzumfassenden Informationsmanagements, einschließlich der Rückkopplungen entlang des Prozesses.

Prinzipiell stehen vier Möglichkeiten zur Verfügung, Komplexität zu gestalten:

- durch den Abbau reduzierbarer wertnetzinterner Komplexität,

- durch eine Anpassung wertnetzinterner Komplexität an gegebene externe Komplexitätsanforderungen,

- durch gestalterische Komplexitätsvermeidung mittels bewusster Komplexitätserhöhung, eine Möglichkeit, die Ihnen zunächst paradox erscheinen mag, und

- durch eine Mitgestaltung der Außenkomplexität.

## Rückbau wertvernichtender, reduzierbarer wertnetzinterner Komplexität

Suchen Sie gemeinsam systematisch nach Ansatzpunkten, die strukturelle Komplexität im Wertnetz zu verringern, indem Sie sich die beteiligten Strukturelemente und ihre Beziehungen untereinander auf Vereinfachungspotenzial ansehen. Möglichkeiten sind vor allem eine Standardisierung, eine Konzentration auf Wesentliches und eine Modularisierung.

## Anpassung wertnetzinterner Komplexität an gegebene externe Komplexitätsanforderungen

Passen Sie die Organisationsstrukturen und -prozesse in Ihrem Wertnetz an die Komplexitätsanforderungen an, indem Sie beispielsweise flexible Schnittstellen nach außen schaffen und Systeme durch die mögliche Ad-hoc-Einbindung Dritter besser skalierbar machen. So verbessern Sie die Rahmenbedingungen für den Leistungserstellungsprozess im Wertnetz.

## Komplexitätsvermeidung

Erarbeiten Sie robuste Produktstrukturen, die den Umgang mit künftigen Komplexitätserhöhungen im Umfeld des Wertnetzes bereits berücksichtigen. Einen Beitrag hierzu können modulare Produktstrukturen leisten, die eine Anpassung der Komponenten erlauben, die einem hohen Veränderungsdruck ausgesetzt sind, ohne maßgebliche kosten- und zeitrelevante Auswirkungen auf weitere Systembestandteile zu haben. Auch die wertnetzübergreifende Kopplung der unternehmenseigenen Informationsgefüge kann zu einem besseren Gesamtverständnis („Lehrt die Schiffbauer die Sehnsucht nach der Seefahrt!") und zu einer höheren Veränderungsbereitschaft des Wertnetzes führen.

## Mitgestaltung der Außenkomplexität

Durch die Ausgestaltung des Geschäftsmodells oder des Preismodells oder durch Innovationen, die Sie aus dem Wertnetz schöpfen, können Sie die Umfeldkomplexität gezielt erhöhen und die eigene Position des Wertnetzes im Markt verbessern.

Beispielsweise kann der Absatz in der Automobilindustrie durch das Hinzufügen einer neuen Fahrzeugklasse verbessert werden: BMW reagiert auf die Vorliebe der Kunden für SUVs (Sport Utility Vehicle) bei gleichzeitigem Wunsch, ein kleineres, verbrauchsgünstigeres Fahrzeug zu fahren, mit der Einführung des 1er SAV (Sport Activity Vehicle).

Das Beispiel veranschaulicht, dass die Außenkomplexität tatsächlich gezielt wertschaffend erhöht werden kann. Um nicht dem Zufall zu überlassen, ob Ansatzpunkte gefunden werden, empfiehlt es sich, im Wertnetz einen Komplexitätsmanagementprozess einzuführen. Die Aktivitäten und Ergebnisse können Sie mit Hilfe einer komplexitätsorientierten Scorecard planen und verfolgen. Diese Komplexitäts-Scorecard sollte mit den in den Unternehmen bestehenden Scorecards vernetzt und so als wertnetzübergreifendes Führungsinstrument für das Komplexitätsmanagement eingeführt werden.

### Nutzen einer aktiven Komplexitätsgestaltung für Ihr Wertnetz

Das gesamte Wertnetz, in das Ihre Organisation eingebunden ist, wird davon profitieren, wenn Sie dazu beitragen, die Komplexität aktiv zu gestalten. Die Flexibilität und die Anpassungsfähigkeit Ihrer Organisation werden gestärkt und die Gesamtrentabilität der Leistungen, die im Wertnetz erbracht werden, erhöht. Vielleicht regt **Abbildung 1.8** Ihre Lust auf Gestaltung an.

Je stärker sich Komplexität in der Führungspraxis Ihrer Organisation als Herausforderung bemerkbar macht, desto kraftvoller wird der Hebel einer komplexitätsorientierten Balanced Scorecard als eine Komponente systemisch sinnvollen Managements wirken.

---

**Abbildung 1.8:**     Die Zukunft gestalten – Detail im Atelier der Malerin Vanna in Volterra, Italien

---

---

Sie haben in diesem Abschnitt erfahren, wie Sie als maßgeblicher Treiber und Gestalter Ihres Wertnetzes das Komplexitätsprofil Ihres Wertnetzes gestalten können. Sie haben auch gesehen, wie Sie maßgeblich dazu beitragen können, dass die Wettbewerbsfähigkeit sowohl des Wertnetzes als auch Ihrer Organisation und Ihrer „Brand" ausgebaut wird.

## 1.3 Was sind Systeme eigentlich für Gebilde?

### 1.3.1 Was charakterisiert Systeme?

Wenn von Systemen die Rede ist, sollte spätestens an dieser Stelle definiert werden, was wir eigentlich unter Systemen verstehen. Ich möchte eine etablierte Definition eines Systems, wie sie im Gabler Wirtschaftslexikon zu finden ist, anführen:

> Menge von geordneten Elementen mit Eigenschaften, die durch Relationen verknüpft sind. Die Menge der Relationen zwischen den Elementen eines Systems ist seine *Struktur*. Unter *Element* versteht man einen Bestandteil eines Systems, der innerhalb dieser Gesamtheit nicht weiter zerlegt werden kann. Die Ordnung bzw. die Struktur der Elemente eines Systems ist im Sinn der Systemtheorie seine Organisation. Die Begriffe der Organisation und der Struktur sind also identisch.

Für Organisationsentwickler ist es wichtig zu erkennen, dass Systeme nicht durch die Elemente selbst definiert sind, aus denen sie sich vordergründig zusammensetzen, sondern durch die *Wechselwirkungen zwischen den Systemelementen*, die zu einem von außen sichtbaren Systemverhalten, dem sogenannten *Oberflächenverhalten*, und zu *emergenten Systemfähigkeiten* führen. Die Beziehungen zwischen den Systemelementen sind Wirkungen von Austauschprozessen, wie Material-, Energie- oder Informationsflüssen. Das Verhalten von Systemen lässt sich also nicht durch das Verhalten der einzelnen Systemelemente erklären. Aus dem Beziehungsgeflecht entsteht ein Zusammenhang, das *System*. Systeme sind von anderen Systemen durch ihre *Systemgrenzen* abgrenzbar, obwohl Systeme in der Regel auch mit anderen Systemen in Beziehung stehen. Die Systemgrenzen ergeben sich durch die Aufgabe, den Sinn oder den Zweck der Systeme. Sie werden also sinnvoll und zweckmäßig definiert. Jedes System ist wiederum Teil eines Gefüges weiterer Systeme, mit denen zusammen es die Eigenschaften der übergeordneten Systeme prägt.

Soziale Systeme, wie Unternehmen, sind Sinnsysteme. Sie erklären sich

1. aus systeminternen Vorgängen, die außerhalb des Systems nicht beobachtbar sind (Operationen), und
2. aus strukturellen Kopplungen, über die sich Systeme nach außen vermitteln.[2]

Systeme können verschiedene Systemeigenschaften annehmen, die sich entlang der folgenden Kriterien ergeben:

- Komplexität, Intensität der Wechselwirkungen,
- Selbstreferenzialität (Isolation/Wechselwirkungen mit dem Systemumfeld),
- Dynamik (diskrete/kontinuierliche Entwicklung),
- Determiniertheit,
- Autarkie (also autopoietisch, selbsterhaltend ohne Energiezufuhr von außen),
- Autonomie (selbstregelnd/gesteuert, selbstkonfiguriert/fremdkonfiguriert),

■ Stabilität (geregelt/ungeregelt),

■ Lineares/nicht-lineares Verhalten

■ und Adaptivität (sich an die Umwelt anpassendes) Verhalten (denkend, lernend).

Während sich das Systemverhalten aus den Beziehungen zwischen den Systemelementen ergibt, formt sich die *Systemstruktur* aus der Gesamtheit der Systemelemente, der Funktion dieser Systemelemente und den Wechselbeziehungen zwischen den Systemelementen.

Wie bereits einleitend bemerkt, wird in der Wirtschaftspraxis der Ruf nach *Stabilität* immer vernehmbarer. Systeme, die sich trotz veränderter Umfeldbedingungen erhalten, sind stabil. Veränderte Rahmenbedingungen können das Gleichgewicht von Systemen beeinflussen. Aus der Physik abgeleitet, können auf Systeme „Masseänderungen", Energieänderungen und/oder Informationsänderungen einwirken, die von den Systemen ausgeglichen werden müssen, wenn sie sich erhalten wollen. Masseänderungen können sich beispielsweise in Form von Nachfrageschwankungen oder Mitarbeiterfluktuation äußern. Energieänderungen können in der Schlagkräftigkeit und in der Reaktionsgeschwindigkeit gesehen werden, die wiederum maßgeblich von der Organisationsform und von den Prozessen abhängen. Informationsänderungen stehen für veränderte Wettbewerbsregeln, Gesetzesänderungen etc.

Bei der *Ausgleichsbewegung* können bzw. müssen sich Systeme durchaus selbst verändern, um sich zu erhalten. Dabei können sich die Systeme unter der Einwirkung von „Störgrößen" komplett verändern, um fortzubestehen. Obwohl dieser Zusammenhang zunächst wie ein Paradoxon erscheinen mag, wird deutlich, dass Veränderungsfähigkeit und Veränderungsbereitschaft notwendige Voraussetzungen für Stabilität sind.

## 1.3.2 Was ist eigentlich Stabilität?

Es gibt verschiedene Ausprägungen von Stabilität, die in **Abbildung 1.9** skizziert und im Anschluss kurz vorgestellt werden.

**Abbildung 1.9:** Ausprägungen von Stabilität

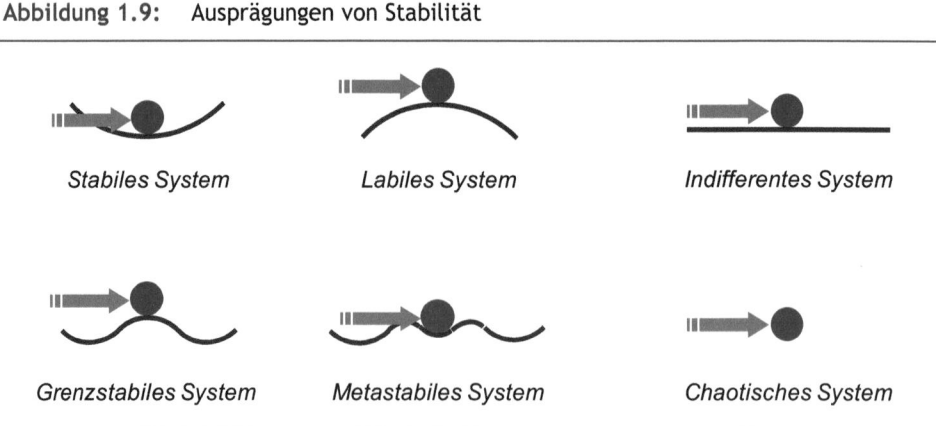

| Stabiles System | Labiles System | Indifferentes System |
| --- | --- | --- |
| Grenzstabiles System | Metastabiles System | Chaotisches System |

*Stabile Systeme* finden bei Einwirkung von Störungen zu einem neuen Gleichgewichtszustand. Ein viel zitiertes Beispiel für stabile Systeme sind Heizungsregelsysteme. Verliert ein Wohnraum Wärme an die kühlere Umgebung und fällt die Raumtemperatur unter einen kritischen unteren Grenzwert, sorgt der Heizungsregler dafür, dass Heizungswärme zugeführt wird, bis ein kritischer oberer Grenzwert erreicht ist, und stellt die Wärmezufuhr ab. Die Temperatur pendelt stabil um den Sollwert (Hysterese).

*Labile Systeme* können bei Störung aus dem Gleichgewicht geraten. Ein treffendes Beispiel für labile Systeme ist ein Unternehmen in der Vorinsolvenzphase. Mit zunehmendem Liquiditätsproblem fordern Kreditoren ihre Forderungen mit mehr Nachdruck ein; Lieferanten liefern bevorzugt gegen Vorkasse. Zudem wird es immer schwieriger und teurer, weitere Kredite zu erhalten. Auf Wechselwirkung basierende selbstverstärkende Effekte führen in der Regel schließlich zur Notwendigkeit, Antrag auf Gläubigerschutz (Insolvenzantrag) zu stellen.

*Grenzstabile Systeme* nehmen Gleichgewichtspositionen an Grenzen an. Ein Beispiel für grenzstabile Systeme ist der Kontostand bei Liquiditätsengpass. Der Kontostand wird sich an die Kontokorrentlinie anlehnen. Eine weitere Inanspruchnahme ist ja nicht möglich. Unter Vernachlässigung anderer Einflüsse wird sich der Kontostand an diesem Grenzwert stabilisieren.

*Metastabile Systeme* finden bei Einwirkung hinreichend großer Störeinflüsse neue, vordefinierte Gleichgewichtspositionen. Ein Beispiel für metastabile Systeme ist ein Ligawechsel eines Sportvereins. Ein Sportverein kann sich mit seiner Mannschaft über mehrere Jahre stabil in der ersten Liga halten. Plötzlich lässt die relative Leistung nach und der Verein steigt in die zweite Liga ab. Der Verein stützt nicht zwangsläufig ins Bodenlose, sondern kann sich durchaus in der zweiten Liga stabilisieren – und kann sich sogar den Aufstieg in die erste Liga wieder erarbeiten. Er befindet sich in der ersten Liga in einer metastabilen Situation. Ist ein gewisser Grenzwert überschritten, begibt er sich in eine neue Stabilität.

Das Gleichgewicht *indifferenter Systeme* ist immun gegen Einwirkung von Störeinflüssen, während *chaotische Systeme* ein unvorhersehbares Verhalten zeigen.

Als Beispiel für *indifferente Systeme* können Beamte herhalten. Beamte spüren betreffend ihr Beschäftigungsverhältnis in aller Regel nichts von wirtschaftlich schwierigen Zeiten. Trotz erheblichen Drucks auf den Staat bleiben ihre Beschäftigungsverhältnisse unangetastet stabil.

Es gibt Systeme, die nicht eindeutig gewissen Stabilitätsgraden zugeordnet werden können, weil komplexitätsbedingte Phänomene auftreten, die nicht vorhersehbar sind. Solche Systeme sind chaotisch. Als Beispiele für *chaotische Systeme* können das Wetter, Zusammenhänge in der Wirtschaft und das Auftreten hydraulischer Turbulenzen angeführt werden.

Die Berechenbarkeit der Reaktion hängt auch von der Komplexität des angeregten Körpers ab. Wenn ich eine Kugel auf einer Ebene anstoße, weiß ich vorher genau, in welche Richtung sie sich in Bewegung setzen wird. Stoße ich allerdings eine Maus an, kann ich das nicht wissen. Sie kann in jede mögliche Richtung loslaufen. Der Grund ist, dass eine Maus im Gegensatz zu einer Kugel ein komplexes System ist. Die Vorgänge innerhalb der Maus bleiben für mich eine Black-Box. Ähnlich verhält es sich mit anderen komplexen Systemen wie Menschen und sozialen Organisationen.

### 1.3.3    Was zeichnet stabile Systeme aus?

Es sind Selbstregelungseigenschaften, die Systeme stabil machen. Aber was heißt das genau?

Regelsysteme differenzieren sich in selbstverstärkende und stabilisierende Regelkreise. Selbstverstärkende Regelkreise sind *positiv rückgekoppelt oder mitgekoppelt*. Wird ein Ausgangssignal verstärkend auf das Eingangssignal zurückgeführt, kommt es zur Selbsterregung des Systems. Um zu verhindern, dass das System eskaliert oder kollabiert, muss es gedämpft werden. Beispiele sind der berühmte *„Teufelskreis", akustische Verzerrungen durch eine Rückkopplung zwischen Lautsprecher und Mikrofon und der Zinseszinseffekt.*

Stabilisierende Systeme sind *negativ rückgekoppelt* oder *gegengekoppelt*. Wird ein Teil des Ausgangssignals so auf das Eingangssignal zurückgeführt, dass es dem Eingangssignal entgegenwirkt, wird das Ausgangssignal in seinen Ausschlägen beschränkt und stabilisiert. Ein Beispiel ist die Populationsentwicklung in der Natur. Je größer die Population wird, desto knapper wird das Futterangebot, das dann das weitere Wachstum dämpft, stoppt oder sogar invertiert. Zu beachten ist, dass es durch eine zeitverzögerte Gegenkopplung zu einer (unbeabsichtigten) Mitkopplung kommen kann, die – wie wir aus der Elektrotechnik wissen – durch eine Frequenzkompensation verhindert werden kann. In der Wirtschaftspraxis können Wachstums- und Stabilisierungsstrategien praktiziert werden, indem solche Rückkopplungsmechanismen eingesetzt werden. Sollen Systeme stabilisiert werden, müssen negativ rückgekoppelte Mechanismen installiert und genutzt werden.

### 1.3.4    Wie erreichen Systeme stabilisierende Fähigkeiten?

Stabile Systeme stehen in permanentem Austausch mit ihrem Umfeld (Osmose) und kanalisieren die aufgenommenen Informationen gezielt in die Organisation hinein, wo diese Interpretation umgehend handlungsleitend verarbeitet wird. Außerdem verfügen stabile Systeme über viele Variationen, also eine hohe Anzahl möglicher Entwicklungen und Ausprägungen, die sich aus ihrer entsprechend hohen inneren Komplexität speist. Diese hohe Varietät ermöglicht es den Systemen grundsätzlich, sich in dynamischen Umfeldern zu verändern und neu zu stabilisieren, indem sie aus sich heraus immer neue *Fließgleichgewichte* („steady state") finden. Diesen Anpassungsprozess bezeichnet man mit Homöostase. Doch die Möglichkeit, sich zu verändern, reicht nicht aus; es muss auch tatsächlich passieren. Dabei stehen uns westlich orientierten Menschen unsere Kultur und paradoxerweise auch unser Entwicklungsstand oft im Wege, wie die **Abbildungen 1.10** und **1.11** veranschaulichen.

**Abbildung 1.10:** Der Weg von Tuareg-Nomaden in Mali ...

**Abbildung 1.11:** ... im Vergleich zu einem vorgegebenen Fußweg auf dem Außengelände einer norddeutschen Fabrik

In stabilen Systemen löst eine systeminnere Dynamik bei Einwirkung von Störkräften Ausgleichsbewegungen aus. *Stabile Systeme sind also nicht dafür ausgelegt, Impulse von außen abzuwehren, sondern bewirken aktiv eine Stabilisierung, indem sie die Impulse aufnehmen und ausregeln.*

Für eine ganzheitlich orientierte Anpassung ist es wichtig, dass keines der Systemelemente die Herrschaft über andere hat; *vielmehr erzielen stabile Systeme Lösungen ausschließlich in abgestimmter Wechselwirkung zwischen den Systemelementen.*

Die Balance beziehen stabile Systeme aus zirkular-kausal angelegten Prozessen. Das heißt, dass die Wirkungen von Handlungen den Handelnden sichtbar gemacht werden (Rückkopplungsmechanismen) und auf sie zurückfallen (*Verursacherprinzip*). Zirkular-kausal zu arbeiten bedeutet auch, dass Ergebnisse von Prozessen als „Rohstoff" wieder in andere Prozesse einfließen.

Werden diese Prinzipien von Organisationen angewandt, erfüllen sie die Voraussetzungen, Störkräfte selbst auszuregeln und sich wirksam zu stabilisieren. Die Aufgabe von Organisationsentwicklern besteht darin, darauf hinzuwirken, dass eine hinreichend hohe Varietät geschaffen wird. Vielfalt und Flexibilität sind hier die wesentlichen Stichwörter. Des Weiteren können Organisationsentwickler durch die Prozessgestaltung die Art der Zusammenarbeit beeinflussen. Hierbei kommt es auf sauber definierte und „gelebte" Schnittstellen und auf einen Kommunikationsprozess in Kreisläufen, also mit Rückkopplungsmechanismen, an.

## 1.4    Wie Organisationsentwickler die Typologie der Systemarchetypen nach Peter M. Senge für ein besseres Verständnis des Systemverhaltens einsetzen können

Komplexen Systemen liegen in der Regel repetitive Verhaltensmuster zugrunde, die durch qualitative Modelle erkannt werden können. Erst wenn das Verhaltensmuster eines Systems in seinen Strukturen erkannt worden ist, kann gezielt für eine wirksame Systemveränderung im gewünschten Sinne gesorgt werden.

Peter M. Senge hat zehn typische Verhaltensmuster systemisch beschrieben,[3] die hier zusammengefasst dargestellt werden. Die den Mustern zugrunde liegenden Systemmodelle werden jeweils herausgearbeitet. Um die beschriebenen Verhaltensmuster in der Praxis besser zu erkennen, werden sie mit Beispielen aus der Wirtschaftspraxis veranschaulicht. Schließlich werden konzeptionelle Lösungsansätze vorgestellt, die Organisationsentwicklern den Umgang mit den jeweiligen Verhaltensmustern erleichtern.

Die Ausführungen dieses Beitrages basieren auf einem bei Wikipedia veröffentlichten Text[4], der den Lizenzbedingungen der Creative Commons AttributionShareAlike 3.0 Unported DEED[5] unterliegt.

### 1.4.1    Zeitverzögerte Balance (Balancing Process with Delay)

Rückkopplungen auf Entscheidungen und Handlungen benötigen in der Regel eine gewisse Zeit, um ausbalancierende Wirkung zu zeigen. Ein Verständnis der Systemzusammenhänge hilft Organisationsentwicklern dabei, Führungskräften zu veranschaulichen, dass sie *die Zeit zum Einschwingen gewähren* und die Regelung nicht durch Intervention (verstärkte Rückkopplung) stören sollten.

Manager werden oft an kurzfristig erzielten Erfolgen gemessen. In linear verknüpften Systemen funktioniert diese Vorgehensweise recht gut, wie die Betätigung eines Lichtschalters unmittelbar zu Helligkeit führt. In komplexen Systemen sieht das aber anders aus: Es bestehen kaum zeitlich unmittelbar gekoppelte Maßnahme-Wirkungs-Effekte; vielmehr benötigt das Zusammenspiel vieler Elemente einen gewissen Zeitraum, um die „Störgröße" aus dem Management in das Wirkungsgefüge aufzunehmen und das System zu einem neuen Gleichgewicht zu führen. Manager, die ihre steuernden Eingriffe verstärken, ohne das Ergebnis bisheriger Beeinflussung abzuwarten, riskieren, dass diese Verstärkung zu einem „*Overshoot*" führt, der das System überfordert.

Ohne ein Verständnis der Wirkungszusammenhänge im System können weitere Einzelmaßnahmen zur Stabilisierung nicht gezielt ansetzen. Sie erhöhen sogar die Unberechenbarkeit des Systemverhaltens und können das System völlig zerstören. Statt in kurzen Zyklen steuernd einzugreifen, bietet es sich an, *ein sich dynamisch entwickelndes Bündel an vernetzten regelnden Maßnahmen innerhalb des Systems einzusetzen*, das Störgrößen durch das Zusammenspiel wohldosierter Maßnahmen wirksam ausregeln kann.

> Das Modell dieses Systems zeitverzögerter Balance ist ein einfacher Regelkreis, bei dem das Stellglied die Korrektur allerdings mit einer gewissen Verzögerung ausführt. Dadurch besteht nach der Einleitung der Korrektur über den Regler für eine Zeit eine Abweichung zwischen der Soll- und der Ist-Größe, die zu weiteren Regelhandlungen verleiten mag.

Beispielsweise führt eine Konzentration auf die Vertriebsaktivierung nicht unmittelbar zu neuen Kunden und Aufträgen. Werden zusätzliche Vertriebsaktivierungsmaßnahmen ergriffen, wird der Neugeschäftseingang die Möglichkeiten im Betrieb übersteigen und nicht mehr zu bewältigen sein. Werden erst jetzt Maßnahmen zur Steigerung der ausführenden Ressourcen eingeleitet, werden diese Maßnahmen nicht rechtzeitig fruchten. Die Aufträge werden nicht zufriedenstellend ausführbar sein. Oft werden in einer solchen Situation die Vertriebsmaßnahmen gekappt, um die Auftrags-Pipeline nicht noch weiter zu füllen. So entsteht ein sogenannter Schweinezyklus, also eine von großen Amplituden gekennzeichnete wellenförmige Entwicklung, die zur Instabilität und manchmal zum Kollabieren des Geschäftes führt.

Ein Lösungsansatz besteht darin, alle betrieblichen Funktionen gleichzeitig in einem ausgewogenen Verhältnis zu entwickeln und einen durchgehenden Prozess mit wirksamen Rückkopplungsmechanismen zu gestalten, der möglichst selbstregelungsfähig ist.

## 1.4.2    Eskalation (Escalation)

Mehrere Systeme, die für sich betrachtet funktionieren, können sich gegenseitig zum *Aufschaukeln* bringen, wenn die Beteiligten keine übergeordnete Perspektive einnehmen, um das Gesamtsystem in Balance zu bringen. Ein Verständnis des übergeordneten Systems, in das die beteiligten Systeme eingebunden sind, kann den Blick für Lösungen öffnen.

Das Modell dieses eskalierenden Systems besteht aus zwei Regelkreisen, die über eine Zustandsgröße miteinander verknüpft sind, deren Ausprägung von einem Regelkreis als vorteilhaft und von dem anderen als nachteilig wahrgenommen wird. Bewirkt einer der Regelkreise eine positive Rückkopplung bezüglich der Zustandsgröße, verursacht diese Rückkopplung im zweiten Regelkreis ein stärkeres Engagement in Richtung einer negativen Rückkopplung bezogen auf diese Zustandsgröße. Die Verknüpfung der beiden Regelkreise bewirkt, dass sich die Korrekturgrößen auf beiden Seiten gegenseitig aufschaukeln. Die resultierende Wirkung der beiden verknüpften Regelkreise bleibt konstant, während der Regelaufwand zur Bewahrung der Stabilität ständig steigt. Das System ist zwar stabil, aber ineffizient. Mit zunehmender Ineffizienz droht das System zu kollabieren, wenn der Korrekturaufwand von einer Seite nicht mehr erbracht werden kann.

Beispielsweise können Marktteilnehmer, die für sich betrachtet durchaus im Gleichgewicht stehen, durch die Beobachtung des Wettbewerbs dazu veranlasst werden, die Attraktivität ihres Angebotes zu steigern. So treibt der Wettbewerbseffekt zwar den Fortschritt an, erfordert aber auch immer höheren Aufwand. Dieser ständig steigende Aufwand kann ursprünglich gesunde Marktteilnehmer überfordern. Das gegenseitige Aufschaukeln gefährdet dadurch die Stabilität der Marktteilnehmer.

Interessanterweise bleibt das System auch nach dem Ausfall eines Marktteilnehmers bestehen. Die verbleibenden Marktteilnehmer finden – gegebenenfalls während einer Phase geringerer Wettbewerbsintensität – zu einem neuen dynamischen Gleichgewicht, von dem aus die Eskalation fortgesetzt wird. Eskalation ist deshalb für die Systeme „Marktteilnehmer" ein existenzkritisches Phänomen, stellt aber das Marktgeschehen selbst, das übergeordnete System, nicht in Frage.

Was zwischen Wettbewerbern im Markt gilt, gilt auch für den Wettbewerb um die Durchsetzung alternativer Technologien, Geschäftsmodelle oder Konzepte. Das Grundmuster der Eskalation zeigt sich auch in Verhandlungen und Auseinandersetzungen. Eskalation wirkt sich auf den Energie- und Rohstoffeinsatz ebenso aus wie auf die Belastung der Beteiligten in jeder Hinsicht. Die Begegnung findet auf einem zunehmend unangemessenen und unnötig hohen Niveau statt, auf dem die Beteiligten nicht mehr sicher stehen. Die hohe Anspannung kann durch eine kleine weitere „Störung", der man im Normalfall kaum Relevanz beimessen würde, zu einem tiefen Riss in bestehenden Verhältnissen und Strukturen führen.

Der Lösungsansatz besteht in einer aktiven Deeskalation, die nicht selten von Dritten in der Rolle als Moderatoren oder Schlichter herbeigeführt werden muss, solange die Situation nicht bereits kollabiert ist. Hilfreich ist es, auf der übergeordneten Ebene Regelmechanismen einzuführen, die künftige Eskalationskräfte dämpfen. Hier kommt Organisationsentwicklern eine maßgebliche Rolle als aufmerksamer Beobachter zu.

## 1.4.3 Erfolg den Erfolgreichen (Success to the Successful)

Ein Ungleichgewicht bei den Startbedingungen kann dazu führen, dass Bessergestellte relativ erfolgreicher werden und dadurch ihren Vorteil anderen gegenüber immer weiter ausbauen können. Das Phänomen der *Selffulfilling Prophecy* verstärkt diesen asymmetrischen Zuwachs an Erfolg, sobald Dritte erkennen, wer offenbar erfolgreich ist. Relevant ist dieser Zusammenhang bei der Zuteilung von Ressourcen in einem Prozess. Ein ausgewogener Prozess kann durch eine solche Konstellation verhindert bleiben.

Das Modell dieses Systems besteht aus zwei Regelkreisen, die über eine Zustandsgröße miteinander verknüpft sind. Ist ein Regelkreis bezüglich dieser Zustandsgröße positiv rückgekoppelt, bewirkt die positive Veränderung der Zustandsgröße, dass die Korrekturgröße im zweiten Regelkreis verringert wird, also relativ weniger Einfluss auf eine negative Rückkopplung der Zustandsgröße ausüben kann. Dadurch erhöht sich wiederum die Korrekturgröße des positiv rückgekoppelten ersten Regelkreises. Die Wirkung des ersten Regelkreises wird gegenüber der gegenläufigen Wirkung des zweiten Regelkreises immer größer. Die Dämpfung der Wirkung des ersten Regelkreises durch die Wirkung des zweiten nimmt beschleunigt ab und führt zur Dominanz des ersten Regelkreises, der zu eskalieren droht.

Dieses Phänomen hat praktische Relevanz. Werden Wettbewerber in einem Handelssegment mit unterschiedlichem Startkapital ausgestattet oder unterscheidet sich die Qualität der belastbaren Beziehungen, werden sich auch die operativen Möglichkeiten der Marktteilnehmer unterscheiden. Trotz zweier Geschäftsmodelle gleicher Güte wird sich ein unterfinanziertes freies Start-up-Unternehmen nicht so gut entwickeln können wie eine vergleichbare konzerngetriebene und konzernfinanzierte Initiative. Das unterschiedliche Potenzial und die unterschiedliche Geschäftsentwicklung werden von weiteren Marktteilnehmern erfasst und in ihre Entscheidungen einbezogen. Kunden wählen erfolgreichere Anbieter, um sich langfristig versorgt zu wissen. Mitarbeiter vermuten hinter erfolgreicheren Arbeitgebern sichere Arbeitsplätze und bessere persönliche Entwicklungsmöglichkeiten. Die besten Manager heuern bei den besten Unternehmen an. Lieferanten möchten mit dem Wachstum erfolgreicher Kunden selbst wachsen. Gleichzeitig sinken die Beschaffungskonditionen erfolgreicher Marktteilnehmer mit zunehmendem Geschäftsvolumen und Wachstumspotenzial, weil sowohl ihre Marktmacht als auch ihre Attraktivität steigen. Dadurch fällt es erfolgreichen Marktteilnehmern leichter, künftig erfolgreicher zu werden als weniger erfolgreichen. Dieser relative zusätzliche Erfolg geht in bestehenden Märkten außerdem zu Lasten weniger erfolgreicher Marktteilnehmer. Die zu Beginn besser ausgestattete Variante wird sich deshalb durchsetzen.

Mit diesem Wissen können natürlich auch wesentliche Entscheidungen über Technologien, die sich durchsetzen sollen, oder über Absatzkanäle, die gesichert werden sollen, beeinflusst werden. Durch Persönlichkeiten, die als erfolgreich gelten, können Kaufentscheidungen und sogar künftige Marktentwicklungen geprägt werden (*Testimonial-Effekt*). Bislang Erfolgreichen wird Gehör geschenkt; man schließt sich ihnen an und man investiert eher in die Ideen und Projekte, die von Erfolgreichen umgesetzt werden. Erfolgreichen

Projektleitern wird eher mehr Verantwortung übertragen und ihnen werden gute Projektmitarbeiter eher zuarbeiten, weshalb ein höherer Output zu erwarten ist. Deshalb können Erfolgreiche mehr bewirken, was sie noch erfolgreicher macht. Interessant ist auch, dass irgendwann andere für die Erfolgreichen diesen Erfolg bewirken und dann selbst erfolgreich werden und die Erfolgreichen an der Spitze noch erfolgreicher machen. Organisationsentwickler können diesen Effekt natürlich auch für ihre Ziele einsetzen.

Wichtig ist aber auch zu erkennen, dass solche Modelle eine relativ bessere Ausgangsposition haben, die an bestehende Praktiken anschließt und an deren Erfolg die Mehrheit der Marktteilnehmer glaubt, weil das Modell einfacher zu verstehen ist als ein anderes, das sogar den größeren Nutzen bringen würde, oder weil das Modell weniger Veränderungen von den Beteiligten voraussetzt. Schließlich können durch dieses Prinzip Systeme auch bewusst aus dem Gleichgewicht gebracht werden.

Erst eine umfassende Systembetrachtung hilft, die limitierenden Faktoren zu erkennen und sie zu korrigieren. Eine Korrektur kann durch einen Mechanismus auf der höher gelegenen Systemebene erfolgen, durch den die limitierenden Faktoren ausgeglichen werden. Dies ist dann sinnvoll, wenn für das Gesamtsystem ein ausgeglichenes Verhältnis zwischen den Subsystemen wichtig ist. Beispielsweise mag es für ein Unternehmen erfolgskritisch sein, dass sowohl der Vertrieb als auch die Produktentwicklung gut ausgeprägt sind. Dann gilt es zu vermeiden, dass eine der beiden Funktionen durch ungünstig gesetzte Anfangsbedingungen verkümmert.

Wird auf der Metaebene keine wirksame korrigierende Maßnahme eingeleitet, kann das benachteiligte Subsystem Interesse daran haben, in der gegebenen Konstellation zu überleben, sei es aus Egoismus oder aus der Auffassung heraus, dass die eigene Einheit für das Gesamtsystem wichtig ist. Den motivierten Kampf um das Überleben kann die benachteiligte Einheit, beispielsweise eine Abteilung, durchaus durch Mehrleistung, Kreativität und geschickte Positionierung gewinnen.

## 1.4.4     Grenzen des Wachstums (Limits to Growth)

Systeme, die aufgrund positiver Rückkopplungen wachsen, können von Faktoren, die mitgekoppelt sind, in ihren Wachstumsbestrebungen beeinflusst werden. Sobald solche Faktoren nicht mehr unbegrenzt verfügbar sind, werden Systeme in ihrem Wachstum gedämpft oder sogar am Fortbestehen gehindert.

Industrielle Prozesse, die an die Verfügbarkeit von Rohstoffen geknüpft sind, können sich nur dann frei entwickeln, wenn diese Rohstoffe in der erforderlichen Menge verfügbar sind. Ist die Verfügbarkeit begrenzt, begrenzt diese unmittelbar den industriellen Prozess.

Ein sparsamerer Umgang mit sich verknappenden Ressourcen löst das eigentliche Problem nicht, sondern zögert das Ende lediglich hinaus; vielmehr ist ein Umstieg auf beliebig verfügbare oder erneuerbare Ressourcen in Kombination mit einer ausgeglichenen Nutzungs-Erzeugungs-Balance sinnvoll.

Das Modell des Systems, das die Grenzen des Wachstums zeigt, besteht aus zwei über eine begrenzte Ressource verknüpften Wirkungssystemen. Während das erste System steigenden Bedarf an dieser Ressource geltend macht und über die Bereitstellung der Ressource wächst, bildet das zweite System die Entwicklung der Ressourcenbasis durch den Einfluss der Nachfrage nach der Ressource ab. Mit zunehmender Ausbeutung der Ressource nimmt die Verfügbarkeit ab. Folglich wird der Zugriff des ersten Regelkreises auf die Ressource erschwert. Dieser erschwerte Zugriff auf die Ressource senkt das Wachstum des ersten Systems. In der Summe erfolgt durch die Verknüpfung der beiden Wirkungskreise eine stabilisierende Regelung.

In der Praxis kann beobachtet werden, dass oft nicht Einzelne die Ressourcen ausbeuten, sondern verschiedene, voneinander unabhängige Marktpartner um dieselben Ressourcen kämpfen und diese kollektiv und sogar im Wettbewerb ausbeuten. Ein Verzicht auf diese Praxis im Alleingang würde einen Marktpartner womöglich kurzfristig relativ schlechterstellen als seine Wettbewerber. Deshalb weichen ganze Branchen oft nicht von bestehenden Praktiken ab, obwohl alle Branchenteilnehmer sehenden Auges auf eine Sackgasse zusteuern und die Renditen bereits abnehmen. Die Herausforderung besteht darin, diese kollektiven Aktivitäten sinnvoll zu beeinflussen. Die Komplexität macht es so schwierig, gegen den Klimawandel vorzugehen.

Der Impuls dazu kann von außen kommen; so mögen Kunden geneigt sein, ihren Bedarf außerhalb ihres angestammten Lieferantenkreises zu decken, dessen Ressourcen begrenzt sind. Dazu können sie Lösungen entwickeln, die die knappen Ressourcen nicht benötigen, indem sie beispielsweise durch veränderte Konstruktionen den Einsatz anderer Materialien ermöglichen oder zu einer Veränderung des Energiemix zugunsten erneuerbarer Energieträger beitragen. Auch steuernde Mechanismen können zu einer Veränderung der Praktiken beitragen, wenn sie das Festhalten an nicht zukunftsfähigen Praktiken sanktionieren, wie es beispielsweise bei staatlichen Lenkungsmaßnahmen zur Kompensation von $CO_2$-Emissionen durch den Handel von $CO_2$-neutralisierenden Zertifikaten der Fall ist. Der Impuls kann aber auch aus dem Kreis der Beteiligten kommen, wenn für Einzelne entweder der Leidensdruck zu hoch wird oder sie Chancen für eine Profilierung und einen Durchbruch sehen.

Aus systemischer Perspektive wirken die Grenzen des Wachstums als Treiber eines ausgleichenden Mechanismus. Marktteilnehmer, die diesen Mechanismus erkennen, können sich auf künftige Szenarien besser vorbereiten. Organisationsentwickler können die Führungskräfte in ihren Unternehmen auf solche Konstellationen aufmerksam machen und anregen, rechtzeitig nach brauchbaren Alternativen zu suchen.

## 1.4.5    Problemverschiebung (Shifting the Burden)

Werden die tatsächlichen Gründe dafür, dass ein System nicht ausbalanciert funktioniert, unbewusst oder bewusst nicht erkannt und behoben, sondern lediglich „Symptome behandelt", wird das eigentliche Problem verschleiert. In der Regel werden sogar Nebenwirkungen der *Symptombehandlung* auftreten, die ja einen Eingriff in das System darstellt.

Diese Nebenwirkungen lösen womöglich andere Probleme aus, die das ursprüngliche Problem überlagern oder es verschieben – das ursprüngliche Problem hat sich verändert. Werden nun wiederum nur die Symptome dieser lateralen Folgeprobleme behandelt, kann sich die Problemlage weiter vom Kernproblem wegbewegen und verändern. Die jeweilige wirkliche Problemursache wird mit der zunehmenden Komplexität, die sich aus der Wechselwirkung zwischen den Folgeproblemen und deren Beseitigungsversuchen ergibt, immer weniger ergründet, geschweige denn behandelt.

> Das Modell dieses problemverschiebenden Systems besteht aus zwei miteinander über die Symptome eines Problems verknüpften Wirkungskreisen. Der erste Wirkungskreis beseitigt die Symptome durch eine reine Symptombehandlung. Dadurch, dass die Symptome verringert werden, wird der zweite Wirkungskreis, der, ebenfalls getriggert über die Intensität der Problemsymptome, wirksame Lösungen herbeiführen könnte, gedämpft bzw. ganz außer Kraft gesetzt. Infolge der Symptombehandlung bewegt sich das Problem selbst weiter. Es mutiert zu einem anderen, gegebenenfalls sogar größeren Problem mit neuen Symptomen. Wegen der Dominanz des ersten Wirkungskreises werden wiederum nur die Symptome des veränderten Problems behandelt und dadurch erneut der Wirkungskreis, der eine wirksame Lösung herbeiführen könnte, unterdrückt. Das Modell schaukelt sich zu immer größeren Problemen auf, die ungelöst bleiben, bis das System kollabiert.

Sowohl in der Politik als auch in der Wirtschaftspraxis können solche Problemverschiebungen beobachtet werden. In der Wirtschaftspraxis werden Problemursachen oft nicht erkannt, weil – bedingt durch ungeeignete Aufbauorganisationen in Unternehmen – kein hinreichendes systemisches Verständnis ausgeprägt ist. So werden funktionenübergreifende Zusammenhänge nicht erkannt. Außerdem ist es häufig aufgrund der funktionalen Fragmentierung nicht möglich, ganzheitliche Lösungsansätze zu finden; die einfache Aneinanderreihung funktionaler Exzellenzen lässt keine übergreifenden Ansätze zu.

Oft spielt allerdings auch die kurzfristige Erfolgsorientierung eine entscheidende Rolle. Vorhaben, Probleme grundsätzlich zu lösen, passen oft nicht in die kurzen Zyklen der gegebenen Anreizschemata. Ganzheitlich angelegte Projekte erscheinen zunächst zu unspezifisch, ihre Wirkung tritt oft erst mit Verzögerung ein, und – vor allem – es gibt oft gar keinen Verantwortlichen für die Gesamtsicht, sofern das Top-Management-Team diese Verantwortung nicht gemeinschaftlich wahrnimmt. So werden Budgets eher für abgegrenzte, funktional ausgerichtete symptomatische Maßnahmen freigegeben als für angemessene systemisch angelegte Maßnahmen. Auf diese Weise wird innerhalb der Lenkungsgremien das Einleiten langfristiger Maßnahmen oft erstaunlich lange erfolgreich „überbrückt". Dieses fehlgelenkte Verhalten kann in Unternehmen zu Suchterscheinungen führen. Denn häufig muss immer weiteres Geld eingesetzt werden, um die auftretenden Symptome zu dämpfen, während die eigentliche Erkrankung unbehandelt bleibt und immer neue „Symptomtriebe" hervorbringt. Tatsächlich erfordern die neuen Symptome oftmals eine gesteigerte Aufmerksamkeit und lenken vom eigentlichen Problem ab. Immer mehr Energie und Aufmerksamkeit werden in das Trouble-Shooting und in die Kapitalbeschaffung für weitere Ad-hoc-Maßnahmen gelenkt. Dabei nimmt die Fähigkeit der Organisation, das eigentliche Problem zu bewältigen, immer weiter ab – wie bei einer Suchtkrankheit.

Das Prinzip der Problemverschiebung wird also angewendet, weil die Handelnden entweder die Problemursache wirklich nicht erkennen oder weil sie sich nicht zu der richtig erkannten Ursache bekennen möchten. Ersteres kann durch eine intensive Auseinandersetzung der Entscheidungsträger mit Komplexität überwunden werden. Statt weiterer „Kurzfristmaßnahmen" sollte durch eine umfassende Systemanalyse die zugrunde liegende Ursache identifiziert und beseitigt werden. Letzteres kann durch ein Schärfen des Bewusstseins der Entscheidungsträger für die Auswirkungen systemisch zu kurz greifenden Handelns vermieden werden. Auch die zunehmend bessere Informiertheit der Öffentlichkeit, unterstützt durch die Verfügbarkeit neuer Foren wie internetbasierter Blogs, hilft, systemisch falsche Entscheidungen bereits im Vorfeld zu verhindern. Das Beispiel der öffentlichen Auseinandersetzung um das Stuttgarter Bahnhofsprojekt, die im Jahr 2010 in das von Heiner Geissler moderierte Schlichtungsverfahren mündete, veranschaulicht den neu durchgesetzten Anspruch der Bürger auf Mitgestaltung trotz parlamentarisch bereits anders getroffener Entscheidungen. Die kollektive Intelligenz kann – richtig eingesetzt – helfen, komplexe Situationen umfassender und dadurch angemessener zu beurteilen sowie Problemursachen besser zu erkennen und angemessene Entscheidungen zu treffen.

Wege zu finden, wie die kollektive Intelligenz in Organisationen stärker genutzt werden kann, ist ein lohnendes Betätigungsfeld für Organisationsentwickler.

## 1.4.6    Scheiternde Korrekturen (Fixes that Fail)

Ist ein Problem (Ansprechen einer elektrischen Sicherung) nach dem Einleiten einer vermeintlich korrektiven Maßnahme (Austausch einer Sicherung) nicht gelöst, sondern tritt wiederholt in derselben Form auf, wird häufig dieselbe Maßnahme in verstärkter Dosierung angewendet (stärker dimensionierte Sicherung), mit dem Ergebnis, dass das Problem in verstärkter Form äußert (Kabelbrand).

Ein kurzfristig ausbalanciert scheinendes System erhält durch den Eingriff einen das Problem verstärkenden Impuls. Offenbar ist die Art der Maßnahme nicht wirksam. Eine gründliche Fehlersuche kann das eigentliche Problem beseitigen.

> Das Modell dieses Systems besteht aus einem einfachen Regelkreis, der durch einen weiteren überlagert wird. Während der zugrunde liegende Regelkreis sich scheinbar stabilisiert, vergrößert sich mit verzögerter Wirkung der Einfluss des überlagernden Regelkreises, der gegenläufig wirkt. Die scheinbare Stabilisierung wird von dem überlagernden Wirkungskreis plötzlich empfindlich gestört.

Weist eine Geschäftseinheit eines Konzerns Ergebnisse aus, die vom Plan abweichen, wird regelmäßig das Reporting über die geplanten Aktivitäten intensiviert, damit solche Überraschungen künftig ausbleiben. Mit verschärftem Reporting bleiben der Geschäftseinheit allerdings geringere Freiheitsgrade und weniger Ressourcen für das operative Geschäft. Infolgedessen mangelt es den Verantwortlichen „an der Front" oftmals an Flexibilität, sich auf veränderte Geschäftsmöglichkeiten einzustellen. Neuen Chancen, die zum Zeitpunkt der Planerstellung noch nicht bekannt waren, werden nicht mehr wahrgenommen, während weiterhin Ressourcen in solche Initiativen gesteckt werden, deren Chancen sich mittlerweile deutlich verschlechtert haben, nur weil sie auf der Reporting-Agenda stehen. Die gesteigerten Reporting-Anforderungen haben die Agilität der Geschäftseinheit herabgesetzt und die Leistungsfähigkeit verschlechtert. Der bessere Lösungsansatz besteht darin, einen Mechanismus einzuführen, der sicherstellt, dass jederzeit identifiziert wird, welche geschäftlichen Initiativen Erfolg versprechend sind, und eine entsprechende Umsetzungsfreiheit innerhalb eines vereinbarten Rahmens zu gewähren. Auf diese Weise wird gewährleistet, dass sich die Geschäftseinheit „dicht am Markt" bewegt und erfolgreich bleibt.

## 1.4.7     Abrutschende Ziele (Eroding Goals)

Wird ein Ziel nicht erreicht, wird häufig nicht der ergriffene Lösungsansatz zur Zielerreichung hinterfragt, sondern das Ziel selbst als unerreichbar in Frage gestellt und in eine erreichbare Region gesenkt oder verschoben. Dadurch, dass der Erfolgsdruck herausgenommen wird, entziehen sich die Beteiligten dem Zwang, nach wirklich greifenden Lösungsansätzen zu suchen.

> Das Modell dieses Systems abrutschender Ziele besteht aus zwei über einen Soll-Ist-Vergleich gekoppelten Wirkungskreisen. Die Differenz zwischen Soll und Ist kann durch zielgerechtes Handeln verringert werden, was der erste, handlungsgeregelte Wirkungskreis versucht, oder durch eine moderatere Zielfestlegung, was der zweite, erwartungsgeregelte Wirkungskreis in Abhängigkeit der Ausprägung des Drucks auf das Erreichen des Ziels versucht.

In der Unternehmenspraxis trifft man häufig auf abrutschende Ziele. Kostenargumente, die im Laufe eines Produktlebenszyklus aufkommen, können zu Zugeständnissen betreffend die Qualität oder den Service gegenüber der ursprünglichen Absicht führen. Kurze Time-to-Market-Bedingungen können einen geringeren Reifegrad der zu entwickelnden Marktleistungen rechtfertigen, als zunächst geplant war. Hohe Kosten für die Einführung neuer Technologien können bewirken, dass Schadstoffemissionen länger toleriert werden, als eigentlich vorgesehen war. Politische Interessen können bewirken, dass Verhandlungsziele aller beteiligten Parteien zurückgenommen werden. Ein Konsens auf deutlich niedrigerem Niveau als geplant wird anschließend nicht selten von allen Beteiligten immer noch als Erfolg gefeiert.

In manchen Fällen mag es sinnvoll sein, von Zielen abzurücken, wenn sich nämlich die Ziele aufgrund falscher Einschätzung wirklich als unerreichbar herausstellen oder wenn sich die Rahmenbedingungen verschieben und eine Überprüfung der Sinnhaftigkeit der Ziele nahelegen. In anderen Fällen sollte ein Abrutschen der Ziele vermieden werden.

Dazu bietet es sich an, dass Organisationsentwickler die gegebenen Entscheidungsstrukturen kritisch hinterfragen und gegebenenfalls neue Organisations- und Führungsmodelle in Erwägung ziehen und vorschlagen.

## 1.4.8     Ungewollte Gegnerschaft (Accidental Adversaries)

Gut miteinander kooperierende Systeme können sich gegenseitig unterstützen. Konkurrieren sie aber um dieselben Ressourcen oder um dieselben Märkte, können sie sich auch in ihrer jeweiligen Entwicklung behindern.

> Das Modell dieses Systems, das zu einer ungewollten Gegnerschaft führen kann, besteht aus zwei positiv rückgekoppelten, einfachen Wirkungskreisen. Die beiden Kreise sind miteinander gekoppelt. Beide Systeme sind zweifach miteinander verknüpft. Zunächst verstärkt eine wechselseitige Kooperation des ersten Wirkungskreises mit dem zweiten den Erfolg beider Wirkungskreise. Andererseits wirken sich die erfolgsfördernden Initiativen des ersten Kreises gleichzeitig negativ rückgekoppelt auf den Erfolg des zweiten Kreises aus und umgekehrt. Die beiden Verknüpfungen, die die beiden Wirkungskreise verbinden, wirken gegenläufig und dämpfen sich gegenseitig. Für die Gesamtwirkung ist entscheidend, welche Wirkung dominiert.

Positive Rückkopplungen werden also möglicherweise durch negative Rückkopplungen überlagert.

In der Unternehmenspraxis kann das Phänomen der ungewollten Gegnerschaft in verschiedenen Ausprägungen beobachtet werden. Direkte Wettbewerber, die ihre Beschaffungsaktivitäten zusammenlegen, können relative Wettbewerbsvorteile weniger gut ausbilden. Sich inhaltlich ergänzende Technologieunternehmen, die in einem regionalen Industrie-Cluster zusammenarbeiten, konkurrieren in der Region um knappes hochqualifiziertes Personal. Dadurch verschlechtern sich die Entwicklungsmöglichkeiten für jedes der kooperierenden Unternehmen. Unternehmen, die mit alternativen Marktleistungen um dieselbe Marktgesamtheit konkurrieren, können sich zwar in den operativen Prozessen ergänzen, werden sich aber im Absatzmarkt gegenseitig hemmen.

Solche Situationen können durch eine gründliche Analyse und Abstimmung des Systems, das sich aus einer Kooperation ergibt, entschärft werden. Mögliche Lösungsansätze sind eine Einigung auf unterschiedliche Ressourcen, Verfahren und Kundensegmente. *Organisationsentwickler könnten künftige Kooperationsgelegenheiten durch eine entsprechende Systemanalyse ex ante auf solche negativen, überlagernden Rückkopplungseffekte abklopfen und auf Chancen und Risiken hinweisen. Sie haben den Vorteil, dass sie nicht zu stark involviert sind und deshalb emotionsfreier urteilen können.*

## 1.4.9     Tragödie der Allmende (Tragedy of the Commons)

Wird ein allgemein nutzbares Gut (eine Allmende) von zu vielen Nutzern in Anspruch genommen, kann sein Nutzen für den Einzelnen durch Nebeneffekte, die mit der Nutzung durch viele verbunden sind, stark abnehmen. Das Gut wird durch starke Nutzung durch viele für den Einzelnen also zeitweise entwertet.

Das Modell des Systems, das zur Tragödie der Allmende führen kann, besteht aus zwei jeweils positiv rückgekoppelten Wirkungskreisen, die über eine begrenzte Ressource miteinander verknüpft sind. Die Besonderheit dieses verknüpften Wirkungsgefüges ist, dass die Intensität der kumulierten Nutzung der limitierten Ressource direkt den Nutzen beeinflusst, der den Beteiligten über die Einzelwirkungskreise zufließt. Erreicht die kumulierte Nutzung der Ressourcen eine überkritische Größe, regelt das Gesamtsystem diese zu starke Nutzung selbständig aus.

Der Mechanismus der Tragödie der Allmende wirkt also stabilisierend, ähnlich dem Mechanismus der Grenzen des Wachstums. Die Stabilisierung wird aber nicht von der Knappheit der Ressource, sondern von der abnehmenden Attraktivität der Ressource ausgelöst.

Je mehr Menschen sich mit Kraftfahrzeugen fortbewegen, desto voller werden die Straßen und desto mehr Zeit benötigen diese Menschen, um mit ihren Fahrzeugen ihr Ziel zu erreichen. Der Nutzen, den die Menschen aus der Nutzung ihrer Fahrzeuge beziehen, nimmt ab und veranlasst sie, ihre Fahrzeuge seltener zu verwenden und stattdessen auf öffentliche Verkehrsmittel umzusteigen oder ihre Mobilität einzuschränken. Dadurch regelt sich die Verwendung der Kraftfahrzeuge mit der Entwicklung des Nutzens.

Es gibt auch in der Unternehmenspraxis treffende Beispiele für die Tragödie der Allmende. Die Automatisierung von Fertigungsabläufen wird so lange zunehmen, wie weitere Automatisierungsprojekte zusätzlichen Nutzen versprechen. Sobald eine zunehmende Automatisierung keinen zusätzlichen Nutzen mehr verspricht, wird sie nicht mehr vorgenommen.

Organisationen differenzieren sich so lange weiter aus, bis die positiven Spezialisierungseffekte vom anfallenden Koordinationsaufwand übertroffen werden. So nimmt der resultierende Nutzen weiterer Differenzierung mit zunehmender Differenzierung ab. Das System stabilisiert sich über den Nutzen.

Der Zugriff verschiedener Fachabteilungen der Produktentwicklung auf Prüfstände in der Entwicklung hat zunächst Vorteile. Das Investitionsvolumen kann für jede der beteiligten Fachabteilungen niedrig gehalten werden. Greifen allerdings viele Fachabteilungen auf denselben Prüfstand zu, wird die Verfügbarkeit zum limitierenden Faktor. Mit zunehmender Inanspruchnahme der Prüfstandskapazität durch die Fachabteilungen nimmt die Wartezeit zu und mit ihr der Nutzen für jede Fachabteilung ab. Ab einer kritischen Inanspruchnahme wird die Investition in einen weiteren Prüfstand sinnvoll.

Erst wenn viele die Nutzung einstellen, wird der Nutzen von den Verbleibenden wieder wahrgenommen. Bei ungeregelten Systemen kommt es zu zyklischen Effekten. Durch eine sinnvolle Abstimmung zwischen den Beteiligten können diese zyklischen Schwankungen verringert und eine quasistabile Situation um ein Optimum herum herbeigeführt werden. Organisationsentwickler können die organisatorischen Voraussetzungen für eine regelmäßige Abstimmung schaffen.

## 1.4.10    Wachstum und Unterinvestition (Growth and Underinvestment)

Die Nutzung bestehender Ressourcen kann zu hoher Leistungsfähigkeit führen, wird aber – unter der Annahme, dass keine neuen Ressourcen erschlossen werden – gegen einen Grenzwert laufen.

> Das Modell dieses Systems, das Unterinvestition und Wachstum in einen Zusammenhang setzt, besteht aus drei miteinander verketteten Wirkungskreisen. Die Nutzung abnehmender Ressourcen (beeinflussender Wirkungskreis) begrenzt das Leistungsvermögen und das weitere Wachstum eines Hauptwirkungskreises. Wenn über einen weiteren Wirkungskreis gleichzeitig dafür gesorgt wird, dass in die Erschließung neuer Ressourcen investiert wird, kann das Leistungsvermögen des Unternehmens gehalten bzw. gesteigert werden.
>
> Dieses Modell verknüpft das Modell der Grenzen des Wachstums mit dem Modell abrutschender Ziele. Die Leistungsziele sollten auf einem hinreichend abstrakten Niveau formuliert werden, das gedankliche Bewegungsfreiräume erlaubt.

Unternehmen, die sich mit abnehmendem Grenznutzen konfrontiert sehen, sind nicht unbedingt dazu gezwungen, ihre Leistungsziele zu senken. Oft kann die drohende Grenze des Wachstums durch radikal neu gestaltete Prozesse, durch neue Verfahren, einen Technologiesprung, neu definierte Märkte, neue Absatzkanäle oder eine veränderte Rohstoffbasis abgewendet werden.

Nur wenn rechtzeitig in neue Möglichkeiten investiert und damit bewusst eine vorübergehende Senkung der Leistungsfähigkeit in Kauf genommen wird, kann sich weiterer Erfolg in einer folgenden Phase einstellen.

Die vorgestellten Archetypen von Systemen können helfen, Problemlösungen zu finden und für die Praxis zu erschließen. Erst wenn das typische und repetitive Verhalten vorliegender Systeme grundsätzlich erkannt wird, können systemisch sinnvolle Lösungen gefunden werden.

Die Herausforderung besteht darin, Wirtschaftsgefüge überhaupt als Systeme aufzufassen, diese dann auf den treffenden Archetypen zurückzuführen und Lösungsansätze konsequent daraus abzuleiten. Hier können Organisationsentwickler gute Vorarbeit leisten. Sie können das Verständnis für das Verhalten von Systemen in ihren Unternehmen gezielt fördern. Dazu bieten sich sowohl Schulungsmaßnahmen als auch gelebte Praxisfälle, sogenannte *Living Cases*, an, anhand derer die Wirkungszusammenhänge anschaulich erfasst werden können.

# 2 Systemisch sinnvolles Management

Im zweiten Kapitel erfahren Sie konkret, was Sie in der Praxis als Organisationsentwickler tun können, um Ihre Organisation gezielt systemisch zu beeinflussen.

Abschnitt 2.1 gibt einen Überblick über systemisch sinnvolles Management. In Abschnitt 2.2 wird beschrieben, wie wirksame Regelmechanismen in Organisationen eingeführt werden können. Dabei wird auf die Funktionsweise von Regelsystemen und insbesondere auf den Einfluss der Qualität von Regelsystemen auf die Systemstabilität eingegangen. Abschnitt 2.2 schließt mit Hinweisen auf eine geeignete Organisationsform, die die Selbstregelungsfähigkeit fördert. Abschnitt 2.3 führt die Grundzüge der Gruppendynamik ein und gewährt einen Einblick in das Schwarmverhaltens und die Schwarmbildung, zwei Aspekte, die sowohl für das Verständnis als auch zur Gestaltung von Organisationen nützlich sein können. Da es in Wirkungsgefügen immer um den handlungsleitenden kommunikativen Austausch zwischen Individuen oder Gruppen geht, erscheint es sinnvoll, in Abschnitt 2.4 praxisrelevante Elemente aus der Spieltheorie vorzustellen.

## 2.1 Systemisch sinnvolles Management als Schlüssel zu nachhaltigem Erfolg

*Systemisches Management* sollte nicht als ein weiteres Schlagwort aus der Beratungszunft abqualifiziert werden; vielmehr wurde im Verlauf der vorliegenden Lektüre bereits deutlich, dass Systemisches Management – ich ziehe es vor, treffender von „systemisch sinnvollem Management" zu sprechen – die natürliche Auseinandersetzung mit dem Thema Organisation und Führung ist. Die aktuelle wirtschaftliche Entwicklung führt uns anschaulich vor Augen, dass die bisherigen Führungsansätze nicht (mehr) greifen. Warum ist das so? Was hat sich denn so sehr geändert, dass bislang bewährte Vorgehensweisen keine Wirkung mehr zeigen?

### Vielfältig statt eingleisig

Wenn wir die globalen Entwicklungen betrachten, stellen wir eine fortschreitende Globalisierung, eine damit einhergehende Vernetzung, eine Digitalisierung vieler Abläufe und eine erheblich größere Vielfalt fest, die die **Abbildungen 2.1** und **2.2** veranschaulichen. Hinter diesen Entwicklungen erkennen wir eine zunehmende Komplexität, aus der das Phänomen des Nicht-Wissens entsteht, und eine Entmaterialisierung. Dies sind die eigentlichen Treiber für die Veränderungen, die wir um uns herum wahrnehmen. Tangible Assets nehmen an Bedeutung ab, während sich aus der Verbindung von Elementen neue Eigenschaften und Fähigkeiten ergeben, die Wert schaffen. Es gibt immer weniger eindeutige Ursache-Wirkungs-Beziehungen; vielmehr ergibt sich aus der multiplen Verknüpfung aller Einheiten miteinander ein komplexes Rückkopplungsgefüge. Jede Handlung löst eine Reaktion aus, die ihre Wirkung indirekt und zeitlich versetzt entfalten kann.

Abbildung 2.1:     Vielfalt am Obst- und Gemüsestand der Boqueria, Barcelona

Abbildung 2.2:     „Eingleisigkeit" am Beispiel eines Krangleises in Lahnstein
                   am Rhein

Die Keime für Erfolg in einer vernetzten Welt finden wir also in der Pluralität, dem So-wohl-als-auch, in der Kommunikation und im Verständnis für die Effekte von Verbindun-gen in offenen Netzwerken. Dabei wird auch offensichtlich, wie wenig der Einzelne eigent-lich bewegen kann. Es wird auch deutlich, dass jeder von uns Teil eines vernetzten Sys-tems ist. Je intensiver wir im System interagieren, desto größer werden unsere persönli-chen Einflussmöglichkeiten, desto marktgerechter entwickeln wir uns selbst und desto höher ist unser Marktwert. Vernetzte Gefüge bringen auch den besten Kundennutzen hervor und schaffen den größten Wert für alle Beteiligten – auch für die Gesellschafter der eingebundenen Unternehmen. Klassisches Machtverhalten dagegen führt in Netzwerken in die Isolation. Systemisch denken und handeln heißt, erst Nutzen zu schaffen, bevor Anerkennung in Form von Gewinnen zurückfällt. Systemisch denken und handeln heißt auch, den Nutzen am Ganzen zu beurteilen, nicht an einem Teilbereich. Weil Manager und auch die Organisationen, die sie führen, (nur) Teile eines übergeordneten Systems sind, müssen sie lernen, in Ergänzungen zu denken und sicherzustellen, dass die Keime für neue Werte gedeihen können. Aus dieser Aufgabe ergeben sich die Anforderungen an Organisationsentwickler in komplexen Umfeldern:

- Manager müssen Paradigmata in Frage stellen, ihr eigenes Verhalten reflektieren und verschiedene Perspektiven annehmen. Sie müssen „Freiheit von Mustern" erreichen.

- Manager sollten Vielfalt als Keim für Neues kultivieren und gewisse Redundanz durchaus als Voraussetzung für Entwicklung wertschätzen, statt sie als vermeidbare Kostenpositionen zu betrachten. Betriebliche Monokulturen schneiden die Quelle für Neues ab. Zu schlanke, „stream-lined" Organisationen laufen sogar Gefahr zu erstar-ren, weil sie sich nicht mehr anpassen können. Je komplexer das Umfeld eines Unter-nehmens ist, desto komplexer muss das Unternehmen selbst sein, um die Umfeldkomplexität bewältigen zu können.

- Manager sollten dafür sorgen, dass neue Möglichkeiten erkannt werden, statt auf Kon-tinuität zu setzen. Sie sollten den Weg zur „Freiheit zu Neuem" ebnen.

- Manager sollten sich und ihre Organisationen flexibel halten, um Chancen wahrneh-men zu können. Das heißt, dass sie Entscheidungen so treffen sollten, dass sie durch die Entscheidung künftig Möglichkeiten gewinnen und ein Höchstmaß an Anpas-sungsfähigkeit erreichen. In diesem Sinne ist beispielsweise die strategische Beweg-lichkeit wertvoller als eine sauber ausgearbeitete Strategie selbst.

- Nicht Einzelleistungen, sondern Leistungen, die gemeinsam mit Netzwerkpartnern und abgestimmt mit dem Umfeld gestaltet werden, sind erfolgreich. Diese Arbeitswei-se impliziert ein Wirken in Kreisläufen. Der Natur nachempfunden sollten Manager die Wirkungen ihres Handelns auf die Ursachen zurückführen, also beispielsweise Erlöse aus Netzwerkleistungen transparent und fair zuweisen und prozessuale sowie stoffli-che Kreisläufe schließen.

- Organisationen definieren sich durch ihre Abläufe und durch ihre Interaktion mit ih-rem Umfeld, nicht durch Strukturen. Das Wesentliche ist das, was an den Schnittstellen zwischen Einheiten oder Funktionen passiert. Neues entsteht oft am Rand des eigenen

Aktivitätenfeldes, weil hier ein besonders fruchtbarer Austausch mit anderen Disziplinen erfolgen kann. Manager sollten deshalb durchlässige Schnittstellen schaffen und die Kompetenz und Handlungsfähigkeit der Teams vor Ort stärken. Am besten lässt sich dieses Ergebnis in einer fraktalen Organisationsform erreichen, einer Struktur, die auf jeder Ebene alle wesentlichen Funktionen vorhält und den Teil-Teams ein hohes Maß an Autonomie einräumt.

■ Manager sollten als Teil eines Systems die Voraussetzungen für Selbstregelung schaffen und Regelprozesse fördern. Sie können nur in der Verbindung mit ihrem Umfeld wirken. Jede Entscheidung löst direkte oder indirekte Rückwirkungen aus. Manager müssen lernen, dass sie in diesem Sinn selbst auch ein Teil der Veränderung sind. Indem Manager die Fähigkeit zur Selbstregelung fördern, verleihen sie ihren Organisationen eine hohe Stabilität im Sinne einer Lebensfähigkeit, die sich aus einer guten Anpassungsfähigkeit in einer komplexen und veränderlichen Welt speist. Prozesse der Selbstorganisation sind nicht nur eine Form, Stabilität zu erreichen, sondern eine notwendige Voraussetzung zur Bewältigung der Herausforderungen in komplexen Systemen. Den Prinzipien der Kybernetik entnehmen wir die Einsicht, dass komplexe Systeme prinzipbedingt nicht top-down beherrscht werden können und deshalb nicht top-down organisiert und geführt werden dürfen.

Aus systemtheoretischen Überlegungen wissen wir, dass Komplexität ein Maß für Freiheitsgrade ist. Eine zunehmende Komplexität, wie wir sie in vielen wirtschaftlichen Umfeldern beobachten können, bedeutet also eine steigende Anzahl möglicher Ereignisse und Entwicklungen, also höhere Unsicherheit, die gerade in Krisenzeiten so oft zitiert wird. Allerdings hat Komplexität auch eine andere Seite: Im selben Maße, in dem Risiken zunehmen, bietet eine hohe Komplexität auch Chancen, für die sich Manager aufnahmebereit halten sollten. Wieder haben wir es mit dem Sowohl-als-auch zu tun. Systemisches Denken heißt, uns um Gleichgewichte zu bemühen, Gegensätze nicht als Quellen für Konflikte zu betrachten, sondern sie als etwas Natürliches und Notwendiges zu akzeptieren und zu verstehen, dass es immer Verbindungen gibt. So kann auch die Koexistenz verschiedener Auffassungen, die sich prima vista ausschließen, als Quelle für Veränderungsfähigkeit und Lebendigkeit aufgefasst und begrüßt werden.

Gerade in schnell veränderlichen Umfeldern, die sich durch unerwartete Unstetigkeiten auszeichnen, ist das Verständnis für die Komplexität als Quelle der Veränderung notwendig, um eine neue Orientierung zu gewinnen. Diese Orientierung klammert sich nicht an den Status quo, sondern fußt auf der permanenten Veränderung als natürlichem Vorgang. Sie hält das Bewusstsein für Risiken präsent und erleichtert es uns, Möglichkeiten zu ergreifen und sie in künftige Gegenwarten zu überführen. Damit meine ich, künftige Fähigkeiten und Verbindungen zu entwickeln, die in diesen erwarteten Gegenwarten voraussichtlich gebraucht werden. Noch etwas: Künftige Gegenwarten sind nicht Szenarien, die wir uns wünschen oder vorstellen können. Künftige Gegenwarten ergeben sich aus den kollektiven Erwartungen aller Beteiligten betreffend die Entwicklung. Deshalb ist es besonders wichtig, zuzuhören, zu beobachten, verschiedene Perspektiven einzunehmen und erst dann Schlüsse zu ziehen.

Systemisch denkenden Organisationsentwicklern geht es dabei nicht darum, dass ihre Unternehmen aus dem künftigen Umfeld herausragen; sie bemühen sich vielmehr darum, sie wieder etwas besser in das künftige Umfeld einzupassen. Der oft missverstandene, der Evolution entlehnte Satz: „The fittest will survive" bezieht sich auf das geeignete Zusammenpassen – der Bestangepasste überlebt – (engl.: to fit), nicht auf Höchstleistung. Das verstehe ich unter systemischer Anpassung. Die Höchstleistung ist vielmehr dann erreicht, wenn eine Harmonie zwischen dem Wirken des Umfeldes und dem eigenen Wirken erreicht ist. In dieser idealen Konstellation schwinden Spannungen und alles fließt viel einfacher und natürlicher. Der Druck, dem wir uns aussetzen – und den wir selbst aufbauen –, wenn wir nicht systemisch denken und handeln, entfällt.

Es ist nicht trivial, in einem wirtschaftlichen Umfeld, das klare Erwartungen formuliert, plötzlich zu beginnen, systemisch zu arbeiten, besonders wenn der Druck hoch ist. Aber ist es nicht genau dieser Moment, der den Impuls geben kann, nicht mehr in die Richtung zu gehen, in der offensichtlich die Widerstände unüberwindbar hoch geworden sind und aller Voraussicht nach weiter zunehmen? Ist dies nicht der Moment, von Konzepten, die nicht zum Erfolg führen, loszulassen?

Stabilisieren Sie Ihre Organisation durch systemisch sinnvolles Management. Gewinnen Sie Orientierung, die auf Veränderung baut und nicht durch Veränderung zerrüttet wird. Gewinnen Sie natürlichen Einfluss, indem Sie aus innerer Stärke im Einklang mit Ihrem Umfeld wirken. Es lohnt sich!

## 2.2 Wie können wirksame Regelmechanismen eingeführt werden?

In Abschnitt 2.1 wurde deutlich, dass in komplexen Umfeldern nicht die besseren Individuen, sondern die abgestimmteren Teams und die besseren Regelsysteme zu überlegenen Organisationen führen.

Regelsysteme leben aus den Beziehungen und Rückkopplungen zwischen den in betrachtete Systeme eingebundenen Elementen. Es geht also vor allem um Beziehungen. Der französische Marketing-Professor Bernhard Cova sagte treffend: „The link is more important than the thing." Auch der österreichisch-britische Ökonom und politisch interessierte Philosoph Friedrich A. Hayek empfahl bereits, nicht mehr von „konkreten Einzeldingen", sondern künftig von „abstrakten Relationen" auszugehen – eine für viele Manager ungewöhnliche Perspektive, die Sie als Organisationsentwickler fördern und formen können. Auf die Gestaltung dieser Verbindungen gehen die folgenden Abschnitte ein.

### 2.2.1 Wie funktionieren Regelsysteme?

Regelsysteme sind als Systeme mit Rückkopplung definiert, in denen also ein Teil der Ausgangsgröße direkt oder in modifizierter Form auf den Eingang zurückgeführt ist. Im technischen Bereich ist der Begriff „Regelung" nach DIN 19226 folgendermaßen definiert: „Die Regelung ist ein Vorgang, bei dem fortlaufend eine Größe, die Regelgröße (im Sinne der zu regelnden Größe), erfasst, mit einer anderen Größe, der Führungsgröße, verglichen und im Sinne einer Angleichung an die Führungsgröße beeinflusst wird." Natürlich kennen wir Regelsysteme nicht nur aus technischen, sondern auch aus wirtschaftlichen, biologischen und sozialen Umfeldern sowie aus kombinierten Umfeldern.

Unter *Regelung* verstehen wir einen fortlaufenden Vorgang, bei dem die Regelgröße (der Ist-Wert der Ausgangsgröße) kontinuierlich mit einem Soll-Wert verglichen wird und die Differenz als Rückkopplungswert in den künftigen Regelvorgang einfließt, der Vorgang sich also fortlaufend selbst justieren kann. Davon abzugrenzen ist die *Steuerung* als punktueller Auslöser von Veränderung. Die Soll-Größe liegt bei einem Steuerungsvorgang – anders als bei einer Regelung – außerhalb des zu steuernden Systems.

Viele Organisationen werden im steuernden Sinne geführt. In dynamischen, komplexen Umfeldern stößt das Führungsprinzip der Steuerung allerdings an seine Grenzen, während Regelungsmechanismen ihre Stärke gerade hier ausspielen können. Steuernde Einheiten können in komplexen Situationen prinzipbedingt keine guten Entscheidungen treffen, weil sie nur über unvollständige Information verfügen. Des Weiteren machen sich gesteuerte Organisationen von der Steuerung abhängig. Entfällt nämlich der „Steuermann", wird die Organisation tatsächlich führungslos. Geregelte Organisationen verfügen dagegen aus sich heraus über die entscheidungsrelevante Information und sind aufgrund ihrer verteilten und redundanten Kompetenzen erheblich weniger anfällig gegen Störungen.

### Regelkreise mit verstärkender Wirkung

Wirken Rückkopplungssignale in einem sogenannten positiven Rückkopplungsprozess, wird sich die Ausgangsgröße des Systems immer weiter verstärken oder immer weiter verringern.

Viele Systeme in der Wirtschaft sind nach diesem Verstärker- bzw. Minimierungsprinzip angelegt. Sie führen in der Praxis beispielsweise zu einem Wachstumsdrang bzw. zu immer weiteren Sparzyklen. Dabei werden die Strukturen zunehmend instabil und können kollabieren. Beispiele hierfür sind die „Blasen", wie sie um die letzte Jahrtausendwende im Bereich internetbasierter Geschäftsmodelle oder 2007 an den Kreditmärkten zu beobachten waren.

### Regelkreise mit stabilisierender Wirkung

Wenn das Rückkopplungssignal einen *negativen Rückkopplungsprozess* auslöst, kann dies zu einer Gegensteuerung bzw. Gegenkopplung und zu einem Gleichgewichtszustand führen. Dieses Dämpfer- bzw. Tilgerprinzip, das Störgrößen dynamisch ausregelt bzw. ausgleicht, führt zu Stabilität.

## 2.2.2 Welchen Einfluss haben Regelsysteme auf die Stabilität?

Antworten auf die Frage nach der sinnvollen Ausgestaltung der Verbindungen beziehen wir aus der *Kybernetik*. Die kybernetischen Prinzipien, deren Grundlagen Norbert Wiener erarbeitete und 1928 vorstellte, erklären die (systemischen) Fähigkeiten von Systemen, insbesondere die Fähigkeit, Regelvorgänge selbst auszuführen. Auf einer ersten Stufe wird der Anforderung, *Gleichgewicht zu halten*, entsprochen, während auf einer zweiten Stufe die Problemstellungen der *Instabilität*, der *Flexibilität* und der *Evolution* bewältigt werden. Unternehmen brauchen beides: In laufenden Geschäftsprozessen müssen sie Stabilität halten, während sie unter veränderten Verhältnissen immer wieder neue Gleichgewichts-konstellationen finden müssen. Je komplexer ein System ist, desto nicht-linearer kann die Wirkung der Rückkopplungen seiner Ausgangsgrößen werden. Indirekte, also über Zwi-schenglieder auf die Eingangsgröße wirkende Rückkopplungseffekte können sowohl in unberechenbarer Form und Größe als auch zeitversetzt auftreten.

Eine wesentliche Erkenntnis der Kybernetik besteht darin, *dass in komplexen Umfeldern stabile Zustände nicht immer aufrechterhalten werden können*. Um ein System überlebensfähig zu halten, ist es manchmal sogar erforderlich, Stabilitätszustände zu verlassen, Instabilitä-ten grundsätzlich zu akzeptieren und dadurch Möglichkeiten zuzulassen, die Wege zu neuer (wiederum vorläufiger) Stabilität erschließen. *Es geht nicht um die Erhaltung eines bisherigen Zustandes, sondern um das Fortbestehen des Systems, der Organisation.* In dynami-schen, komplexen Umfeldern können sich Systeme manchmal nur durch Loslassen vom Status quo weiterentwickeln und dadurch überleben. Würden sich Systeme dieser Flexibi-lität verschließen, könnte die gewohnte Stabilität nur mit immer höherem Aufwand quasi gegen die Natur des Umfeldes erhalten werden, bis der Aufwand schließlich nicht mehr geleistet werden kann und das System aufgegeben werden muss.

Organisationsentwicklern möchte ich eine Empfehlung von Marc Aurel mitgeben, die heute mindestens dieselbe Relevanz hat wie im zweiten Jahrhundert nach Christus:

> „Richte stets deine Aufmerksamkeit auf alles, was infolge einer Umwand-lung geschieht, denn in diesem Prozess befinden sich alle Dinge, und auch du selbst. Gewöhne dich daran, zu begreifen, dass die Natur nichts so sehr liebt, wie die Dinge umzuwandeln und immer Neues ähnlicher Art hervor-zubringen. Denn jedes Ding ist gewissermaßen Samen dessen, was aus ihm werden kann." Marc Aurel, römischer Kaiser (121-180 n. Chr.)

Die Kybernetik bietet Organisationsentwicklern Methoden an, *Systeme mit wirksamen Re-gelmechanismen zu versehen*, so dass sie sich auch bei Einwirkung von Störgrößen im Gleichgewicht halten und weiterentwickeln können. Funktioniert die Regelung ohne In-tervention von außen, haben wir eine Selbstregelung erreicht. Selbstregelungsmechanis-men, die innerhalb eines angemessenen Regelwerkes greifen, machen es sogar möglich, große Organisationen effektiv zu führen, die nur indirekt führbar sind. Aus systemischer Sicht besteht deshalb die eigentliche Führungsaufgabe darin, Organisationen mit Selbstregelungsfähigkeiten zu versehen. Um diese anspruchsvolle Aufgabe bewältigen zu können, müssen sich Organisationsentwickler mit der Wirkungsweise von Regelsystemen vertraut machen.

### 2.2.3  Wie gelingt es Organisationsentwicklern, den Blick der Manager auf Beziehungen zu lenken?

Organisationsentwickler können Managern dabei helfen, einen *Perspektivenwechsel* vorzunehmen.

Organisationen sollten von Managern nicht als in sich geschlossene Konstrukte, sondern als offene, atmende und sich ständig neu formende, dynamische Gefüge aufgefasst werden, deren Elemente über ihre Beziehungen zueinander regelnd wirken. Manager, die über die engeren Grenzen hinausblicken, können das Potenzial, das natürliche Regelsysteme bergen, besser erfassen und nutzen.

Manager, die außerdem die Entwicklung der Wirkungsgefüge über die Zeit, also die dynamischen Relationen zwischen Dingen, Menschen und Organisationen, in ihre Überlegungen einbeziehen, berücksichtigen, dass Entscheidungen und Handlungen in Beziehungsgefügen zeitlich verzögert und „über Umwege" auf die Auslöser zurückwirken.

Dabei treten komplementäre Zusammenhänge und ambivalente Zustände auf, an denen wir erkennen können, dass Lösungen komplexer Probleme oft in „Sowohl-als-auch"-Ansätzen zu finden sind.

Nicht in der Simplifizierung, sondern im verstehenden Belassen von Zusammenhängen in ihrer Komplexität liegt die eigentliche Quelle von Wertzuwachs. An den Schnittstellen zwischen verschiedenen Funktionen, Disziplinen und Denkweisen liegt enormes *Potenzial für Neues, hier kann Wert entstehen, und zwar unmittelbar aus dieser Vielfalt und Unbestimmbarkeit heraus.* Um diese Quelle zu erschließen, sind nicht vorrangig Kapital und Boden, sondern intellektuelle und soziale Fähigkeiten erforderlich. Wenn Manager mit dieser neuen Vielfalt und Unbestimmbarkeit umgehen möchten, bedarf es vor allem des gegenseitigen Verständnisses durch eine bereichernde Kommunikation gerade an den Schnittstellen. Dieses Verständnis kann von Organisationsentwicklern gefördert werden.

### 2.2.4  Welchen Einfluss hat die Organisationsform auf die Selbstregelungsfähigkeit?

Die Organisationsform spielt eine erfolgskritische Rolle dabei, Vielfalt und Verständnis zu fördern.

Organisationsformen, die *Selbstregelung* fördern, werden den Anforderungen in komplexen Umfeldern eher gerecht als andere. Sie stellen nämlich auf natürliche Weise sicher, dass die Interessen aller eingebundenen Beteiligten unmittelbar berücksichtigt werden, denn hier treffen sie aus eigener Motivation heraus zusammen, um gemeinsam etwas zu bewirken. Es gilt das Beitragsprinzip, das sich aus dem Anreiz trägt, mehr Nutzen aus der späteren Verteilung des Wertes der gemeinsam erstellten Leistung zu erwarten, als vorher Beiträge dafür zu leisten sind.

Als geeignete Organisationsformen zur Lösungsfindung in komplexen Systemen bieten sich die *nicht-hierarchisch verstandene Linienorganisation, die Projektorganisation und die fraktale Organisation* an. Das haben sowohl Studien als auch unsere Beratungspraxis gezeigt. Eine fraktale Organisationsform eignet sich am besten für Umfelder, in denen Projekte akquiriert und in kreativer Weise abgewickelt werden. Für Produktionsumgebungen eignen sich Linienorganisationen, die nicht-hierarchisch verstanden und gelebt werden und in denen Manager ihre Aufgabe darin sehen, ihre Teams zu selbständigem und verantwortungsvollem Entscheiden zu führen. Die Form der Projektorganisation eignet sich vor allem für Veränderungsprozesse, aber auch für schlagkräftige Arbeit „an der Front", beispielsweise für anspruchsvolle, individuell zu erbringende Kundenprojekte.

Sowohl die *Projektorganisation* als auch die *fraktale Organisation* beziehen ihre besondere Wertschöpfungsstärke aus den Möglichkeiten, die sich aus der Vielfalt ergeben, aus der hohen Eigenmotivation der Beteiligten, aus der hohen Entscheidungskompetenz vor Ort sowie aus der Flexibilität bei der Zusammenstellung der Teams und bei der Entscheidungsfindung – bei vergleichsweise geringen Transaktionskosten, denn Kontrollen und Reporting-Wege entfallen weitgehend. Die hohe Entwicklungs- und Anpassungsfähigkeit schlägt eine hierarchisch strukturierte und kontrollierte Organisation.

*Projektorganisationen* werden zur Lösung zeitlich begrenzter Aufgabenstellungen ad hoc gebildet. Sie zeichnen sich durch eine interdisziplinäre Besetzung des Projekt-Teams aus. Die Vielfalt begünstigt Ergebnisse, die das Ganze berücksichtigen und deshalb breite Akzeptanz erhalten und nachhaltig wirken.

Bei der Einführung *fraktaler Organisationsformen* können Organisationsentwickler folgendem Muster folgen: Zunächst werden in Abhängigkeit mit dem Charakter des Geschäftes die wesentlichen Prozesse identifiziert. Bei einem Lohnfertiger, der laufend in bestehende Lieferketten hinein liefert, werden andere Geschäftsprozesse relevant sein als bei einem Anlagenbauer, der reines Projektgeschäft betreibt, oder bei einem Dienstleister. Diese Prozesse werden dann praxisorientiert gestaltet. Im nächsten Schritt werden alle Funktionen, die erforderlich sind, um diese Prozesse ausführen zu können, bestimmt und in den Märkten angelegt. Dieselben Prozesse werden dann in einem Strukturbaum auf jeder höheren Ebene ebenfalls in identischer Weise angelegt und mit Ressourcen belegt. Die Anzahl der Strukturebenen richtet sich allein nach den Erfordernissen und sollte so gering wie möglich gehalten werden, um die Strukturkosten zu begrenzen. Wo kein Mehrwert für die nächsttiefere Ebene geleistet werden kann, besteht keine Notwendigkeit für entsprechenden Aufwand. Dieser Mehrwert speist sich vor allem aus Orientierung und Beziehungsgewinn. Die Ebenen sind nicht im klassischen, hierarchischen Reporting-Sinne zu verstehen, sondern sollen ausschließlich der Zusammenfassung von Verbindungen dienen. Ein wesentliches Charakteristikum fraktal organisierter Strukturen ist ja gerade, dass Entscheidungen nicht an der „Spitze" und nicht an den Knotenpunkten getroffen werden, sondern sich im kommunikativen, sachbezogenen Austausch in den Teams quasi „zwischen den Stellen bilden".

Allerdings hat die hierarchische Linienorganisation auch in komplexen Umfeldern ihre Bedeutung. Hierarchien geben Sicherheit und Entwicklungsperspektiven. In der Beratungspraxis der Dr. Boysen Consulting hat sich eine Kombination nicht-hierarchischer mit straffer hierarchischer Linienorganisation bewährt. Und zwar werden Lösungsvorschläge in einer bewusst nicht-hierarchisch angelegten Parallelwelt neben der Hierarchie entwickelt und abgestimmt, bevor sie dann der Hierarchie zur Umsetzung übergeben werden. Dabei wirkt die nicht-hierarchisch angelegte Parallelwelt als Unterstützung des formalen Managements. Näheres hierzu wird in Abschnitt 3.2.4 zum „CyberPractice"-Ansatz ausgeführt.

Eine Abgrenzung zu bestehenden Lösungsansätzen in taxisch angelegten (top-down Vorgaben) und polyzentrisch angelegten Organisationsformen geht aus **Abbildung 2.3** hervor.

**Abbildung 2.3:**    Organisationsformen und Problemlösungsarten

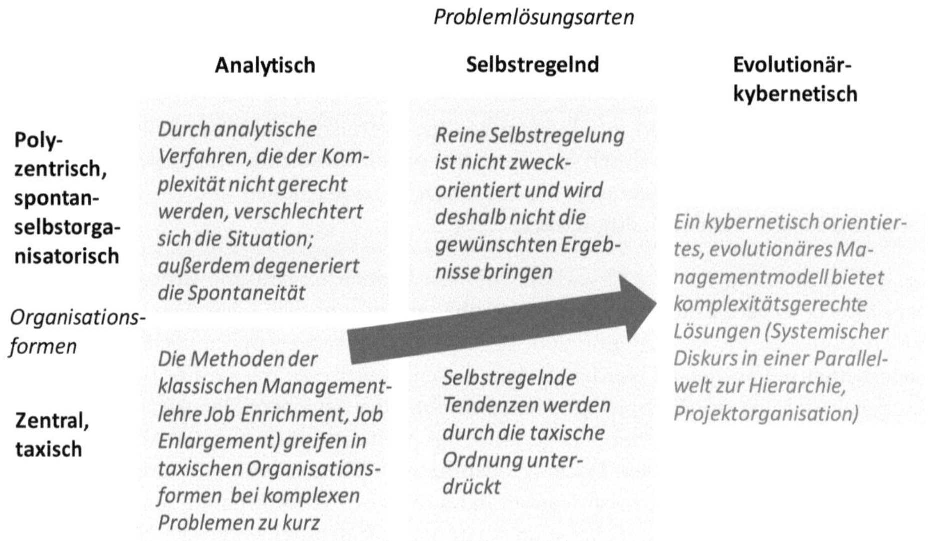

Problemlösungsarten

|                          | **Analytisch** | **Selbstregelnd** | **Evolutionär-kybernetisch** |
|--------------------------|----------------|-------------------|------------------------------|
| **Poly-zentrisch, spontan-selbstorga-nisatorisch** | Durch analytische Verfahren, die der Komplexität nicht gerecht werden, verschlechtert sich die Situation; außerdem degeneriert die Spontaneität | Reine Selbstregelung ist nicht zweck-orientiert und wird deshalb nicht die gewünschten Ergebnisse bringen | Ein kybernetisch orientiertes, evolutionäres Managementmodell bietet komplexitätsgerechte Lösungen (Systemischer Diskurs in einer Parallelwelt zur Hierarchie, Projektorganisation) |
| Organisations-formen |  |  |  |
| **Zentral, taxisch** | Die Methoden der klassischen Managementlehre Job Enrichment, Job Enlargement) greifen in taxischen Organisationsformen bei komplexen Problemen zu kurz | Selbstregelnde Tendenzen werden durch die taxische Ordnung unterdrückt |  |

Quelle: Eigene Weiterentwicklung einer Darstellung von Fredmund Malik in: Die Strategie des Managements komplexer Systeme, Stuttgart 1992, S, 346

## 2.3 Wie kann die Schwarmintelligenz für Unternehmen erschlossen werden?

In komplexen und dynamischen Umfeldern wird eine hohe Anpassungsfähigkeit verlangt. Leider sind Organisationen häufig zu träge, um rasch und effektiv auf Umfeldveränderungen reagieren zu können. Reaktionen innerhalb von Organisationen erfolgen oft auch nicht einheitlich ausgerichtet, sondern in ganz unterschiedlichen Ausprägungen, so dass es der Organisation an Zug- und Schlagkraft fehlt. Das ist eine besondere Herausforderung für Organisationsentwickler.

Die oben favorisierte Kombination von hierarchischen mit nicht-hierarchischen Elementen kann die organisationale Anpassungsfähigkeit, die Zug- und die Schlagkraft deutlich erhöhen.

Im Tierreich beobachten wir eine rasche und konsequente Reaktion ganzer Schwärme auf Impulse. Schwärme bewegen sich wie ein einheitlicher Organismus. Dabei ist keines der gleichartigen Tiere als Leittier definiert: Vielmehr beobachten alle Tiere aufmerksam ihr Umfeld. Bemerkt ein Schwarmtier eine Gefahr oder eine Beutequelle, ändert es unmittelbar seine Richtung. Diese Bewegung ist für alle benachbarten Tiere ein Signal, das sie aufnehmen und sofort nachahmen. Deren Nachbarn wiederum nehmen diese Bewegungsänderung auf und setzen sie ebenfalls um, bis der gesamte Schwarm die Veränderung durchgeführt hat. Man nennt dieses schnelle Weiterleiten von Alarmsignalen Trafalgar-Effekt.

Schwarmtieren ist dieser Kopierimpuls – anders als uns Menschen – genetisch angeboren. Die einzelnen Tiere profitieren durch ihre Organisation im Schwarm von der kollektiven Beobachtung aller Tiere im Schwarm. Der Schwarm wird eng zusammengehalten, weil die Tiere im Inneren des Schwarms die höchste Überlebenschance haben, denn

- hier sinkt die Wahrscheinlichkeit, dass sie gefressen werden,

- hier steigt die Wahrscheinlichkeit, sich paaren zu können und den Schwarm zu verstärken, und

- ein Schwarm kann Räuber besser abschrecken als einzelne Tiere.

Schwarmverhalten ist also rational und sinnvoll. Was hindert uns daran, in Unternehmen Schwarmverhalten zu implementieren, so dass alle Organisationsmitglieder rasch gemeinsame Bewegungen ausführen?

Mit diesem für Organisationsentwickler relevanten Thema befassen sich vor allem Verhaltensforscher. Auch Andreas Remer und Sophia Lux von der Universität Bayreuth haben sich mit dieser Materie auseinandergesetzt und kommen zu interessanten Ergebnissen, die als Hinweise für Unternehmen dienen können. Remer und Lux stellen nämlich fest, dass das Erfolgskonzept von Schwarmtieren auf dem Zusammenhalt und der Fähigkeit zur schnellen Selbstkoordination beruht.[6] Sie bemerken, dass das Schwarmverhalten bedingungsloses Vertrauen voraussetzt.[7] Für Organisationsentwickler besteht eine Herausforderung also darin, in ihren Unternehmen ein gewisses Maß an Selbstkoordination zu erreichen. Bedingungsloses Vertrauen wird es in sozialen Organisationen (zum Glück) nicht geben; wichtig ist aber die Erkenntnis, dass ein gewisses Grundvertrauen den Schwarmeffekt begünstigt.

In diesem Zusammenhang ist es interessant zu erfahren, welche Kräfte soziale Gemeinschaften überhaupt zusammenhalten. Ein Blick in die Literatur zeigt, dass soziale Gemeinschaften zunächst durch die Homogenität ihrer Mitglieder zusammengehalten werden.[8] Wenn Gemeinschaften wachsen, beginnen die Mitglieder irgendwann, mehr Wert aus der Heterogenität und der damit verbundenen Komplementarität zu schöpfen.[9] Größere Gemeinschaften können deshalb überraschenderweise den Zusammenhalt der Mitglieder stärken, indem sie eine Individualisierung ihrer Mitglieder fördern. Die Aufgabe von Organisationsentwicklern in größeren Unternehmen sollte deshalb nicht darin gesehen werden, eine möglichst große Homogenität zwischen den Mitarbeitern und zwischen den Geschäftseinheiten herzustellen, sondern die Verschiedenartigkeit zu fördern und den Nutzen daraus zu kanalisieren. Dadurch entsteht ein Schwarm, dessen kollektive Intelligenz erschlossen werden kann.

Offen ist noch die Frage, wie Schwärme einerseits von den Beobachtungen und Reaktionen einzelner Schwarmmitglieder profitieren und andererseits als Schwarm geschlossen auftreten. Forscher führen das Funktionieren von Tierschwärmen auf drei einfache Regeln zurück:

- Vermeide Kollisionen,

- orientiere dich an deinen fünf bis sechs unmittelbaren Nachbarn

- und bleib in der Gruppe.

Diese Regeln basieren auf einem ausgeglichenen Zusammenspiel zwischen Abstoßung (Kollisionsvermeidung), individueller Orientierung und Anziehung (Zusammenhalt).

Aus der Beobachtung von Schwärmen lernen wir, dass die in Schwärme eingebundenen Individuen ihre eigene Position dann optimieren, wenn sie den Fluss des Schwarm-Stroms erkennen und ihn verstärken, statt ihn zu stören. Schwarmtiere folgen, wenn sie an einen Engpass kommen, weiter dem Strom des Schwarms, der die Geschwindigkeit erhöht, den Abstand zwischen den Tieren aber erweitert, um den Durchsatz durch den Engpass zu verbessern und eine „Verstopfung" zu vermeiden. Gleichzeitig werden Schwarmtiere in einer Engpasssituation hoch wachsam für neue Organisationsmuster des Schwarms, die sich bei veränderten Randbedingungen ad hoc ergeben können. Sobald sich neue Formationen bilden, lösen die Tiere ihre bisherigen Muster auf und folgen den neuen Formationen.[10]

In Anlehnung an Tierschwärme kann vermutet werden, dass das effektive „Schwarmverhalten" insbesondere die Anpassungsfähigkeit von Unternehmen fördern kann, indem das gegenseitige Vertrauen der Mitglieder gestärkt und die Mitglieder über den Zweck und die Arbeitsweise der Organisation möglichst gut aufgeklärt werden. Die Anpassungsfähigkeit von Unternehmen kann offenbar durch sinnstiftende, systemische Führung maßgeblich verbessert werden, die einfache und klare Regeln, eine gute direkte Kommunikation zwischen den Mitgliedern und eine unmittelbare Handlungsfähigkeit der Einzelnen hervorbringt und fördert. Aber dazu gehört auch, sich von bisher bewährten Mustern entschlossen zu trennen, wenn sich die Rahmenbedingungen ändern (Paradigmenwechsel).

Wie gelangt ein Schwarm beziehungsweise eine Gruppe zu *der* richtigen Entscheidung? Sehen wir uns dazu zunächst das Gruppenverhalten an. In Gruppen wirken zwei Kräfte:

1. eine regelmäßig hohe Entscheidungskompetenz des Durchschnitts bzw. der Mehrheit der Gruppenmitglieder und

2. eine Gruppendynamik.

Anhand eines Beispiels[11] sei die Entscheidungskompetenz der Gruppe veranschaulicht:

Fragen wir 100 beliebige Personen danach, welcher der vier Politiker (a) Helmut Schmidt, (b) Konrad Adenauer, (c) Willy Brand und (d) Ludwig Erhard kein deutscher Bundeskanzler war, und nehmen an, dass 68 Prozent der Befragten überhaupt keine Ahnung haben, während 15 Prozent zumindest wissen, dass einer der zur Auswahl stehenden Politiker Bundeskanzler war, zehn Prozent immerhin von zwei der Kandidaten wissen, dass sie Bundeskanzler waren, und nur sieben Prozent alle drei Bundeskanzler sicher erkennen. Dann entscheiden sich 17 der völlig Ahnungslosen statistisch betrachtet richtig für Ludwig Erhard. Fünf Prozent derjenigen, die einen Kandidaten erkennen, entscheiden sich richtig für Ludwig Erhard. Weitere fünf Prozent derjenigen, die zwei Bundeskanzler erkennen, entscheiden sich richtig für Ludwig Erhard. Schließlich entscheiden sich die sieben Prozent Wissenden richtig für Ludwig Erhard. So entscheiden insgesamt 17+5+5+7=34 Prozent richtig, während sich durchschnittlich nur 22 Prozent für jeden der drei anderen Kandidaten entscheiden. Das ist eine erstaunlich deutliche Mehrheit für die richtige Antwort, obwohl nur sieben Prozent die richtige Antwort sicher wissen. Wegen der statistisch bedingten Streuung wird es umso sicherer, dass sich die richtige Antwort herauskristallisiert, je größer die Gruppe der Befragten ist.

Dieser Effekt wurde von Marquis de Condorcet Ende des 18. Jahrhunderts nachgewiesen und ist als das *Jury-Theorem* in die Literatur eingegangen. Eine wesentliche Voraussetzung für den Effekt ist, dass sich die Personen nicht abstimmen, sondern unabhängig voneinander ihre Meinung kundtun. Werden Debatten geführt, funktioniert diese Gruppenintelligenz nicht, weil die Gruppendynamik sie vernichtet. Gruppendenke, die eine freie und offene Meinungsäußerung der Mitglieder verhindert, entsteht aus Anpassungsdruck und Eingeschränktheit sowie Selbstüberschätzung der Gruppe. Eine solche Gruppendenke kann beispielsweise den Blick für das Ganze in Unternehmen versperren, weil jeder stark von Abteilungsinteressen geprägt ist.

Ein Lösungsansatz, der die Gruppendenke schrittweise auflösen kann, ist die *Delphi-Methode*. Dabei sollen sich die Befragten unabhängig voneinander informieren, sich eine Meinung bilden und diese Meinung kundtun. Die Meinungen und Argumente aller Befragten werden gesammelt, aufbereitet und den Befragten wieder zur Verfügung gestellt.

Mit Hilfe der Rückmeldung aller erhalten die Befragten dann die Gelegenheit, ihre Meinung zu schärfen und noch einmal abzustimmen. Diese Schleife kann mehrfach wiederholt werden, bis sich ein hinreichend abgestimmtes Meinungsbild ergibt. So kann der Weg von einem offenen Meinungsbildungsprozess, der möglichst viel Vielfalt zulässt, zu einem abgestimmten Ergebnis mit eingeschränkter Vielfalt beschritten werden, ohne der Falle der Gruppendenke ausgesetzt zu sein. Ein solcher Prozess kann in Organisationen durch zyklisch tagende Experten-Teams umgesetzt werden, die informiert diskutieren und Handlungsempfehlungen erarbeiten und mit dem jeweiligen Ergebnisstand wieder in ihre Arbeitsgruppen zurückkehren, um die Ergebnisse zu erproben, bevor sie wieder tagen.[12] Die finalen Handlungsempfehlungen werden dann einem kleinen Gremium zur Entscheidung vorgelegt. Bei dieser Vorgehensweise kommen die wesentlichen Elemente angewandter Komplexität zum Einsatz: Vielfalt, lokale Interaktionen, nicht-lineare Reaktionen, positive Rückkopplung und die spontane Entstehung von Mustern.[13]

Die spontanen Interaktionen zwischen vernetzten Individuen sind es, die den Übergang von der Gruppenintelligenz zur Schwarmintelligenz ermöglichen. Je flexibler Verbindungen eingegangen oder aufgelöst werden können, desto höher ist die Anpassungsfähigkeit von Organisationen. Festvernetzte Strukturen ermöglichen keine neuen Verbindungen. Die Fähigkeiten festvernetzter Strukturen laufen deshalb Gefahr zu erstarren. Die Schwarmintelligenz, aus der spontan neue Lösungen hervorgehen können, kann sich umso mehr entfalten, je offener die Vernetzung angelegt ist. Organisationsentwickler sollten vor allem darauf achten, dass möglichst viele Beziehungen nach außen, in andere Organisationen hinein, bestehen, die bei Bedarf aktiviert werden können. Je geringer die soziale Distanz zu anderen lokalen Clustern ist, desto besser sind die organisationale Wahrnehmungsfähigkeit und die organisationale Reaktionsfähigkeit ausgebildet.

In der Übergangsphase zu einer Schwarmorganisation, die sich selbstregelnd stabilisiert, müssen Organisationsentwickler dafür sorgen, dass sowohl Manager als auch Mitarbeiter sinnvolle Verbindungen aufbauen und unterhalten.

## 2.4 Spieltheorie als Grundlage einer fruchtbaren Gestaltung systemischer Wirkungszusammenhänge

*Systeme erklären sich durch die Interaktionen zwischen ihren Elementen. Die Spieltheorie befasst sich mit der Erklärung von Interaktionen, insbesondere mit der Frage, wie in wechselseitiger Abhängigkeit Entscheidungen getroffen werden und welche Wirkungen diese erzielen. Die Spieltheorie stellt Modelle für einmalige und wiederholte Spiele, für asymmetrische Information, für Signalspiele und für evolutionäre Spiele bereit, die sich dazu eignen, Grundmuster in Interaktionen zu erkennen und Handlungsoptionen systematisch zu bewerten. Deshalb bietet sich die Spieltheorie als eine nützliche Disziplin sowohl zur Erklärung von Systemen als auch für systemisch sinnvolles Management an.*

In diesem Abschnitt gehe ich ausschließlich auf Entscheidungssituationen ein, deren Ergebnisse sich aus der Wechselwirkung mit anderen Entscheidungsträgern ergeben, also auf Situationen, in denen die Entscheidung Dritter das Ergebnis der eigenen Entscheidung beeinflusst. Ergebnisse von solchen Entscheidungssituationen in Wirkungsgefügen fallen oft überraschend aus. Sie sind entweder instabil oder ineffizient. Ein unzureichendes Verständnis der Zusammenhänge (missing „big picture"), das opportunistische Streben der Beteiligten nach individuellen Vorteilen sowie Misstrauen führen im Unternehmensalltag immer wieder zu Situationen, in denen kein Optimum in der Zusammenarbeit erreicht wird, obwohl dies möglich wäre.

*Wie kann die Spieltheorie dabei helfen, die Ergebnisse für alle Beteiligten zu verbessern?*

Dass Vertrauen und eine gute Kommunikation entscheidenden Einfluss auf die Zusammenarbeit haben, bedarf eigentlich keiner Erwähnung. Aber welche Indizien rechtfertigen wie viel Vertrauen? Was ist unter guter Kommunikation wirklich zu verstehen? Diese Fragen sind nicht trivial. Erreichen wir gute Kommunikation dann, wenn sich jeder Einzelne rational verhält? Am Beispiel des viel zitierten *Gefangenendilemmas*[14] erkennen wir, dass rationales Verhalten auf individueller Ebene zu kollektiver Selbstschädigung führen kann, die als *Kollektivgutprobleme* ($CO_2$-Emission, Wasserverschmutzung) oder *soziales Dilemma* (soziale Umverteilung, Krankenkassensysteme) erfahren wird. Die Grundstruktur von Kollektivgutproblemen und sozialen Dilemmata ist, dass mehrere bis viele Akteure, die in wechselseitiger Interdependenz stehen, sich aber nicht unmittelbar miteinander abstimmen können, jeweils über verschiedene Handlungsalternativen verfügen; dabei bestehen *symmetrische Auszahlungsmöglichkeiten*.

Auf den Zusammenhang, dass sich irrationale, nicht optimale gesellschaftliche Zustände durchaus als Konsequenz strikt rationalen Handelns individueller Akteure ergeben können, machten schon Brian M. Barry und Russel Hardin in „Rational Man and Irrational Society" aufmerksam.[15] Offenbar fallen *individuelle und kollektive Rationalität* oft auseinander. Dadurch bleiben die Ergebnisse ineffizient. Lösungsmöglichkeiten werden entweder nicht erkannt oder können nicht erreicht werden.

Der amerikanische Mathematiker und Begründer der Kybernetik Norbert Wiener drückte bereits 1966 in seinem einflussreichen Werk „Mensch und Menschmaschine" aus, „[…,] dass die Gesellschaft nur durch das Studium der Nachrichten und der zugehörigen Kommunikationsmöglichkeiten verstanden werden kann"[16]. Tatsächlich ist ein gutes Verständnis der Kommunikation der Schlüssel zu Stabilität *und* zu einer höheren Effizienz. Kommunikation ergibt sich durch das Aussenden, Empfangen und Deuten von Signalen. Das Spektrum der Möglichkeiten, die diese Aktivitäten bergen, ist nicht zu unterschätzen. Häufig ist Information asymmetrisch verteilt, Signale können ehrlich oder (bewusst) falsch (Drohungen, Bluff) sein. Es können *unvollständige Informationen* vorliegen oder *Rationalitätslücken* bestehen, die zu falschen Entscheidungen führen; *strategische und taktische Interdependenzen* zwischen Beteiligten können auch infinite Regresse hervorrufen, die unlösbar erscheinen.

Spieltheoretische Ansätze, die sich mit Entscheidungen in Situationen strategischer Interdependenz befassen, können helfen, Interaktionsstrukturen zu verstehen, Möglichkeiten besser einschätzen zu können und gute Lösungswege zu erkennen. Die Spieltheorie ist eine mathematische Disziplin. Mithilfe der Mathematik können Methoden und formale Modelle bereitgestellt werden, um soziale Interaktionen präzise zu beschreiben.[17] Mit Hilfe der Mathematik lassen sich soziale Interaktionen formal und präzise zu beschreiben. Für ein grundsätzliches Verständnis der spieltheoretischen Ansätze ist es aber nicht erforderlich, sich in die Tiefen der Mathematik zu begeben. Das ist eine gute Nachricht, denn gute Lösungen können umso besser durchgesetzt werden, je mehr an einem Entscheidungsprozess Beteiligte über einen Einblick in die Prinzipien der Spieltheorie verfügen.

Die Spieltheorie weist auf wichtige Mittel hin, wie Institutionen, soziale Normen, soziale Sanktionen, Reziprozität und die Selbstorganisation von Kooperation in wiederholten „Spielen", mit denen Kollektivgutprobleme und soziale Dilemmata gelöst werden können.

Im Folgenden stelle ich ausgewählte Aspekte der Spieltheorie zusammen, die Erkenntnisse für ein besseres Verständnis von Wirkungszusammenhängen liefern können.

Grundsätzlich müssen zwei Typen von Spielen unterschieden werden, nämlich Spiele

1. in Situationen, die *simultane Entscheidungen* verschiedener Beteiligten verlangen, die wechselseitige Auswirkungen haben und nicht miteinander abgestimmt werden können (darstellbar in der Normalform), und

2. in Situationen, in denen *Entscheidungen sequenziell* getroffen werden (darstellbar in der Extensivform). In sequenziellen Entscheidungssituationen können zusätzlich zu den oben skizzierten Gründen für Fehlentscheidungen auch *Missverständnisse, Täuschungen oder Fehlinterpretationen* vorliegen, die als Möglichkeiten berücksichtigt werden sollten, um zu guten Entscheidungen zu gelangen.

Betreffend die *Ausrichtung der Interessen aller Beteiligten* gibt es grundsätzlich eine große Bandbreite zwischen den Extrema

1. *übereinstimmender* und

2. *entgegengesetzter Interessen.*

Um in wechselseitigen Entscheidungssituationen mit übereinstimmenden Interessen ein stabiles und effizientes Ergebnis zu erreichen, ist ein *Koordinationsproblem* zu bewältigen. Zur Lösung können entweder eine offene und sachbezogene Kommunikation, soziale Normen oder beides beitragen. Durch eine erfolgreiche Koordination können sich alle Beteiligten besserstellen als vor dem Spiel. Gelingt dies, wird gemeinsam Wert geschöpft.

Sind die Interessen der Beteiligten entgegengesetzt, wird eine Entscheidung bestenfalls auf ein *Nullsummenspiel* hinauslaufen. Das heißt, dass unter dem Strich kein Wert geschöpft wird, auch wenn sich einzelne Parteien durch das Spiel besserstellen mögen. Bei der Verteilung spielt die jeweilige Ausprägung der beiden Motive,

1. selbst nicht ausgebeutet zu werden (defensives Motiv) und

2. die anderen möglichst auszubeuten (aggressives Motiv),

eine zentrale Rolle.

Die meisten realen Entscheidungssituationen werden irgendwo zwischen diesen Extrema ausgetragen. Es wird sowohl übereinstimmende als auch gegenläufige Interessen geben. Diese vermischte Interessenlage erhöht die Komplexität von Entscheidungssituationen. Lösungsmöglichkeiten liegen in einer sinnvollen Kombination von Kooperation und Konfliktbegrenzung. Die Entwicklungsmöglichkeiten können wegen der höheren Komplexität aber nicht so einfach erfasst werden.

## 2.4.1    Nash-Gleichgewicht nach John F. Nash (1950)

In der Unternehmenspraxis ist es oft erstrebenswert, kalkulierbare Ergebnisse zu erzielen, auch wenn diese zu Lasten der möglichen individuellen Auszahlungseffizienz gehen. Ein stabiles, Risiken meidendes Geschäft ist in vielen Unternehmen sogar als eine Grundanforderung in der Corporate Governance festgelegt. In Verhandlungssituationen ist eine solche Konstellation dann gefunden, wenn keiner der anderen Beteiligten einen Anreiz hat, von dieser Konstellation abzuweichen. In der Welt der Spieltheorie haben wir dann ein *Nash-Gleichgewicht* erreicht.

Ein Nash-Gleichgewicht[18] liegt bei einer solchen Kombination von Strategien vor, bei der jeder Beteiligte sich für eine Option entscheidet, bei der die anderen Beteiligten keinen Anreiz haben, von dieser Kombination abzuweichen. Alle Spieler wählen wechselseitig ihre beste Antwortstrategie.

*Beispiel „Assurance-Spiel": Engagieren sich zwei Kooperationspartner für ein Projekt, erhalten sie beide die höchste Auszahlung (4, 4). Engagieren sie sich beide nicht besonders stark, erhalten sie beide nur eine reduzierende Auszahlung (2, 2). Engagiert sich einer der Kooperationspartner voll und der andere nicht, dann erhält derjenige, der sich nicht engagiert, eine hohe, aber nicht volle Auszahlung, weil er von dem Beitrag des anderen profitiert, sein Beitrag aber im Ergebnis fehlt; der Engagierte erhält unter dem Strich aber nur eine sehr geringe Auszahlung, weil er die ganze Last auf sich genommen hat (3, 1 bzw. 1, 3). Es gibt zwei Nash-Gleichgewichte (4, 4) und (2, 2). Vertrauen die beiden Kooperationspartner ohne Zweifel darauf, dass sich ihr Partner einsetzen wird, werden sie sich für die auszahlungsdominante Konstellation (4, 4) entscheiden; ist dieses Vertrauen nicht hinreichend ausgeprägt, werden sie sich für das Nash-Gleichgewicht auf dem niedrigen Niveau (2, 2) entscheiden. Engagieren sich beide nicht, vermeidet jeder das Risiko, sich mit einer minimalen Auszahlung zufriedengeben zu müssen. Würden sich allerdings beide Partner für „engagieren" entscheiden, würden sie beide besser abschneiden.*

Das Beispiel zeigt, dass das Nash-Gleichgewicht eine stabile, also kalkulierbare Lösung darstellt, wenngleich sie nicht effizient ist. Liegt hinreichendes Vertrauen vor oder besteht eine wirksame sanktionierende Institution für den Fall einer Abweichung von der Option „Engagieren", würde die Konstellation zum Tragen kommen, die die Auszahlung für jeden Beteiligten verdoppelt.

In Organisationen können geeignete Rahmenbedingungen für eine risikoarme, auszahlungsoptimierte Zusammenarbeit geschaffen werden, indem Vertrauen aufgebaut wird und sanktionierende Institutionen eingeführt werden. Dazu bietet es sich an, dafür Sorge zu tragen, dass alle Beteiligten das bestmögliche Verständnis für das Ganze entwickeln, dass sie sich möglichst persönlich kennenlernen und dass vereinbarte Handlungsweisen auch durchgesetzt werden.

Es kann vorkommen, dass mehrere Nash-Gleichgewichte existieren und dass die Herausforderung darin besteht, das für alle Beteiligten optimale Nash-Gleichgewicht zu wählen. Schwierigkeiten resultieren dabei in der Regel aus einer fehlenden Koordinationsmöglichkeit zwischen den Beteiligten.

*Beispiel „Chicken-Spiel": Zwei Autofahrer fahren mit Vollgas aufeinander zu. Derjenige, der ausweicht, das „Chicken" (der Feigling), erhält 2 Punkte, der andere 4. Weicht keiner aus, erhält jeder einen Punkt, aber beide können davon ausgehen, dass sie den Aufprall nicht überleben. Weichen beide gleichzeitig aus, erhält jeder 3 Punkte. Wollen die Beteiligten überleben, gibt es die beiden pareto-optimalen Nash-Gleichgewichte, dass einer der Beteiligten ausweicht, mit den asymmetrischen Auszahlungsvarianten (4, 2) oder (2, 4). Um einen Aufprall sicher zu vermeiden, würden beide Fahrer ausweichen und auf die Möglichkeit einer individuellen Maximalauszahlung verzichten, denn das Koordinationsproblem ist anders nicht lösbar.*

Lösbar sind Koordinationsprobleme bei multiplen Nash-Gleichgewichten, wie sie im Chicken-Spiel auftreten, durch *soziale Normen* und *Sanktionen*.[19] Gesetze, Verträge und grundsätzliche Anweisungen sind solche Regeln, wenn vorgesehen ist, dass bei widrigem Verhalten Sanktionen in Kraft treten. Diese können Kooperationen ermöglichen und stabilisieren. Außerdem können *Regeln* helfen, Entscheidungssituationen besser zu strukturieren, wenn Verstöße gegen die Regeln mit Sanktionen verknüpft werden. In der Sprache der Sozialwissenschaftler heißen solche Regeln *Institutionen*. Institutionen geben Verhaltensweisen vor; neue Institutionen können Verhaltensweisen sogar verändern. Durch eine geeignete Ausgestaltung der Institutionen (*mechanism design*) können Verhaltensweisen so beeinflusst werden, dass die von allen Beteiligten vorgesehenen Ergebnisse wirklich erzielt werden. Institutionen können Vertrauen substituieren und koordinierend wirken.

*In Gesellschaften und in Organisationen muss durch solche Institutionen sichergestellt werden, wie grundsätzlich im Fall eines Koordinationsproblems zu verfahren ist. Ein Beispiel hierfür findet man in Form von Ampeln im Straßenverkehr, die zufallsgesteuert entweder zu einer (4, 2)- oder zu einer (2, 4)-Auszahlung führen; bei wiederholtem Überqueren einer durch Ampeln geregelten Kreuzung herrscht aber Gerechtigkeit, und die Beteiligten überleben sicher. Zu den in der Wirtschaftspraxis üblichen Institutionen zählen Pfänder, Kautionen, die Produkthaftung, Bonussysteme, das Patentrecht und Bußgeldkataloge. Sie wirken auf die Beteiligten als dauerhafte und berechenbare Anreizmechanismen, sich in der miteinander vereinbarten Weise zu verhalten.*

Personen und Organisationseinheiten handeln mit ihren individuellen Zielen unter gegebenen Bedingungen und erzeugen dabei, beabsichtigt oder nicht, kollektive (Makro-) Resultate. Diekmann stellt fest, dass diese Makroresultate die Folge von isolierten, häufig aber miteinander verbundenen individuellen Handlungen auf der Mikroebene sind (*Agg-*

*regationsproblem bei strategischer Interdependenz*). Er weist darauf hin, dass spieltheoretische Lösungskonzepte, wie das Nash-Gleichgewicht, individuelle Handlungen in kollektive Wirkungen transformieren.[20] Die Spieltheorie kann also Systemeigenschaften auf der Grundlage sozialer Interaktionen erklären.

Für die Bestimmung eines Nash-Gleichgewichtes reicht die Kenntnis der Rangfolge der Präferenzen aus. Qualitative Nutzenwerte sind nicht erforderlich. Das macht die Ermittlung von Nash-Gleichgewichten in der Praxis einfacher.

## 2.4.2   Pareto-optimales Gleichgewicht

Das *Pareto-Optimum* ist dadurch definiert, dass keine andere Konstellation als das Pareto-Optimum *auch nur einem* Beteiligten eine höhere Auszahlung erschließt.

Im obigen Beispiel zum Gefangenendilemma ist das Gleichgewicht mit den Auszahlungen (2, 2) zwar *stabil, aber nicht effizient*. Es ist deshalb nicht pareto-optimal. Dagegen ist die Konstellation mit den Auszahlungen (4, 4) *effizient und somit pareto-optimal*, aber, wie wir gesehen haben, leider instabil.

In der Praxis tritt häufig eine Spannung zwischen einem ineffizienten Nash-Gleichgewicht und einem instabilen Pareto-Optimum auf.[21] In vielen Situationen gibt es allerdings bewährte Möglichkeiten, das Pareto-Optimum durchzusetzen. Innerbetrieblich und in Wertschöpfungsketten können beispielsweise durchsetzbare Absprachen getroffen werden, die ein verhältnismäßig sicheres Ausschöpfen von pareto-optimalen Gleichgewichten ermöglichen. In wettbewerblichen Konstellationen spricht allerdings das Kartellrecht gegen bindende Absprachen, gemeinsam das Pareto-Optimum zu wählen, während fehlendes Vertrauen dazu führt, dass sich ein ineffizientes Nash-Gleichgewicht einstellt. Auch bei Problemen der Allmende wird sich eher ein ineffizientes Nash-Gleichgewicht ergeben, weil niemand *mehr* Beiträge zum Gemeinwohl beisteuern möchte, als er es von anderen erwartet.

## 2.4.3   Dominierende Strategie

Es kann vorkommen, dass einer der Beteiligten in einer Entscheidungssituation bei einer bestimmten Entscheidungsoption sicher eine höhere Auszahlung hat als andere, und zwar unabhängig von den Entscheidungen der anderen. In einem solchen Fall hat er mit dieser Option eine *strikt dominierende Strategievariante* gefunden. Ist die Auszahlung in jedem Fall mindestens gleich hoch wie die für einen beliebigen anderen Beteiligten, dann wird diese Strategievariante als (nur) *dominierend*, aber nicht als strikt dominierend bezeichnet.

In der Praxis können Rahmenbedingungen so angelegt und durch Institutionen (Regeln) ausgestaltet werden, dass sich ein Beteiligter eine dominierende oder sogar eine strikt dominierende Strategie erschließt. Die Spieltheorie bietet das Handwerkszeug, um Situationen systematisch zu durchdringen und entsprechende Weichenstellungen vorzubereiten.

## 2.4.4    Gemischte Strategie

In der Wirtschaftsrealität kommen nicht immer *reine Strategien* zum Einsatz. Unter einer reinen Strategie verstehen wir eine Option, die rationale Entscheider wählen müssen, weil sie evident die beste Option für den Entscheider ist. Oft sind die Verhältnisse aber nicht so klar, insbesondere, wenn unter unvollkommener Information entschieden werden muss. In solchen Fällen ersetzt die Spieltheorie den Begriff „Unsicherheit" durch Wahrscheinlichkeiten, mit denen rationale Entscheider die verfügbaren Optionen wählen. Eine Wahrscheinlichkeit von 0 bedeutet, dass eine Option mit Gewissheit nicht gewählt wird, während eine Wahrscheinlichkeit von 1 bedeutet, dass eine Option mit Sicherheit gewählt wird.

Bei unvollkommenen Informationen wird sich das Spektrum der Wahrscheinlichkeiten zwischen 0 und 1 befinden, wobei die einzelnen Wahrscheinlichkeiten aller sich gegenseitig ausschließenden Optionen die Summe 1 ergeben (p ($0 \leq p \leq 1$) und $\sum p = 1$).

Das strategische Denken in Wahrscheinlichkeiten erschließt systematisch den Zugang zu Risiken und gibt Hinweise auf deren Eintrittswahrscheinlichkeiten. Entscheidungsträger können sich durch gemischte antizipierte Antwortstrategien angemessen auf die erkannten Risiken vorbereiten. Dadurch liefert die Spieltheorie einen wichtigen Beitrag zum *Corporate-Foresight*-Konzept, einer Vorgehensweise, die hilft, szenarienbasierte Strategien zu entwickeln. Grundsätzlich ist die Kenntnis der Unsicherheitskategorie einer Situation für eine sinnvolle Entscheidung wichtig, und zwar in Bezug auf die Wirkungen der jeweiligen Entscheidungsvarianten, wie es schon Heinz von Foerster vorschlug. In diesem Sinne empfiehlt es sich, zunächst zu unterscheiden, ob wir die *Effekte unserer Entscheidungen sicher kennen*, obwohl sie sich aus der Wechselwirkung mit Entscheidungen Dritter ergeben. Dieser Fall ist der komfortabelste, wenngleich für Spieltheoretiker auch der langweiligste. Ist dies nicht so, sollten wir unterscheiden, *ob die Wahrscheinlichkeiten der möglichen eintretenden Effekte bekannt sind oder nicht*. Sind die Wahrscheinlichkeiten bekannt, kann eine optimierte Entscheidungsempfehlung in Form einer *gemischten Strategie* gefunden werden. Wir haben es dann mit einer *risikobehafteten Entscheidung* zu tun. Sind die Wahrscheinlichkeiten aber nicht bekannt, haben wir es mit einer *Entscheidung unter Unsicherheit* zu tun. In diesem unkomfortablen Fall sollte versucht werden, vernünftige Annahmen über die Wirkungen der Entscheidungsoptionen zu treffen. Wenn auch dies nicht möglich ist, sollte so entschieden werden, dass sich durch die Entscheidung möglichst viele Handlungsmöglichkeiten erschließen.[22] In diesen Fällen ist nämlich keine rationale Entscheidung möglich. Dadurch, dass man sich den Handlungsspielraum möglichst weit offen hält, kann zumindest im nächsten Schritt mit höherer Varietät entschieden werden. Kurt Gödel erkannte bereits, dass logische Systeme, selbst wenn sie noch so vorsichtig konstruiert sind wie in der Principia Mathematica von Bertrand Russell und Alfred North Whitehead, gegen Unentscheidbarkeit nicht immun sind.[23]

## 2.4.5    Entscheidungsprinzipien

Die Spieltheorie bietet eine Auswahl an Entscheidungsprinzipien an. Die praktische Relevanz von Entscheidungsprinzipien wird im Folgenden anhand des Maximin-Prinzips, des Laplace-Prinzips, des Regret-Prinzips und des SEU-Prinzips exemplarisch dargelegt.

### 2.4.5.1    Maximin-Prinzip nach John von Neumann (1928)

Mit dem Maximin-Prinzip kann eine Entscheidung unter Worst-Case-Annahme optimiert werden.

Man kann eine Maximin-Entscheidung erreichen, indem man für jede der möglichen eigenen Entscheidungsoptionen die Konstellation überlegt, die zur jeweils schlechtesten Auszahlung führt. Das sind die Worst-Cases. Im Anschluss entscheidet man sich unter diesen schlechtest möglichen Konstellationen für die Entscheidungsoption, bei der die jeweils schlechteste Auszahlung relativ am höchsten ist. Der Charme des Maximin-Prinzips liegt darin, dass die Auswahl der Maximin-Strategie anhand der Präferenzenfolge durchgeführt werden kann; absolute Werte sind nicht erforderlich. Das macht das Maximin-Prinzip in der Praxis gut handhabbar.

### 2.4.5.2    Laplace-Prinzip

Laplace schlug ein einfaches Entscheidungsprinzip für solche Fälle vor, in denen keine Eintrittswahrscheinlichkeiten möglicher Wirkungen verfügbar sind und auch Annahmen keinen Sinn ergeben. Er empfahl, in diesen Fällen alle möglichen Wirkungen zu erfassen[24] und sie mit gleichen Eintrittswahrscheinlichkeiten zu berücksichtigen. Die Entscheidung wird dann für die Option getroffen, bei deren Wahl die Wirkung unter diesen Bedingungen am günstigsten ausfallen würde. Das Laplace-Prinzip ist zwar einfach anzuwenden, doch die Anwendung ist mit großen Risiken behaftet, weil die Eintrittswahrscheinlichkeiten pauschal gleichgestellt werden, was tatsächlich in den meisten Fällen nicht der Fall sein wird.

### 2.4.5.3    Regret-Prinzip

Das Regret-Prinzip hinterfragt Entscheidungsoptionen auf den Verlust, den eine getroffene Entscheidung auslöst, falls sich die Dinge so entwickeln, dass eine andere Option die optimale gewesen wäre. In diesem Sinne wird man bei Anwendung des Regret-Prinzips für jede Entscheidungsoption den möglichen Verlust gegenüber dem Ergebnis bei jeder der anderen Optionen bewerten, der entstehen würde, wenn die Wahl einer dieser anderen Optionen zum besten Ergebnis geführt hätte. Die sich hieraus ergebenden relativen Verluste werden bewertet und die Entscheidung wird für die Option getroffen, bei der die relativen Verluste im Vergleich minimal ausfallen. Damit orientiert sich das Regret-Prinzip wie das Maximin-Prinzip an der Verlustvermeidung und nicht an der Gewinnmaximierung. Allerdings ist das Regret-Prinzip, anders als das Maximin-Prinzip, nicht auf Worst-Case-Annahmen basierend. Die Auszahlungen bei Entscheidung nach dem Regret-Prinzip werden deshalb voraussichtlich höher ausfallen als nach dem Maximin-Prinzip, aber die Entscheidung wird mit einem höheren Restrisiko behaftet sein, dass es doch anders kommt.

### 2.4.5.4    Subjective-Expected-Utility (SEU)-Prinzip

Das SEU-Prinzip eignet sich für Entscheidungen unter Risiko, also für solche Entscheidungssituationen, in denen Wahrscheinlichkeiten nicht explizit zur Verfügung stehen. In diesen Fällen nimmt man für jede eigene Entscheidungsoption subjektiv empfundene

Nutzenwerte an, die man aus der eigenen strategischen und taktischen Position heraus für zutreffend hält. Die Entscheidung fällt auf die Option, die den höchsten subjektiven Nutzenwert zugewiesen bekommt. Zu den Nutzenwerten gelangt man durch den Vergleich der mit den empfundenen Eintrittswahrscheinlichkeiten multiplizierten Nutzenerwartungen. Als Maßeinheit für den subjektiv empfundenen Nutzen wird das „util" angesetzt.[25]

Das SEU-Prinzip kann dann sinnvoll sein, wenn wirklich keine objektiven, entscheidungsrelevanten Informationen verfügbar sind. In solchen Fällen können Annahmen über die subjektive Nutzeneinschätzung Dritter getroffen werden.

## 2.4.6    Selbstbindung nach Thomas C. Schelling

Um das beste Ergebnis für alle Beteiligten zu erzielen, ist es erstrebenswert, die Wahrscheinlichkeit kooperativen Verhaltens in Entscheidungssituationen zu steigern, die sich wechselseitig beeinflussen. In wiederholten Interaktionen kann gute Erfahrung das Vertrauen in das kooperative Verhalten fördern. Aber auch gute Erfahrungen mit bisherigen Transaktionen schließen nicht aus, dass ein Partner künftig defektiert. Eine bewährte Möglichkeit, die das Vertrauen in künftig kooperatives Verhalten verstärkt, ist die Selbstbindung. Beteiligte an sich wechselseitig beeinflussenden Entscheidungsprozessen können durch Selbstbindung Sicherheit signalisieren und dadurch Kooperationen ermöglichen bzw. fördern. Selbstbindung kann durch reputationsbildende Maßnahmen glaubwürdig kommuniziert werden.

*Beispielsweise kann ein Fonds-Manager signalisieren, niemals in die Rüstungsindustrie zu investieren oder nur in Unternehmen mit ökologisch und sozial nachhaltigem Geschäftsmodell. Ein Unternehmen kann aber auch signalisieren, in die Insolvenz zu gehen, falls ein abhängiger Kunde keinen Großauftrag zusichern sollte. Im ersten Fall kann die Selbstbindung zusätzliche Anleger locken und den Fonds stärken. Im zweiten Fall würde das Unternehmen eine Kooperation durch seine Drohung erzwingen.*

Selbstbindung kann sowohl in simultanen als auch in sequenziellen Entscheidungssituationen Kooperation fördern, sie kann aber auch, sofern sie als Bluff missverstanden wird, Katastrophen herbeiführen. Es ist bereits vorgekommen, dass angedrohte Militärschläge als Bluff aufgefasst wurden und in der Folge Kriege ausgelöst haben.

In wiederholten Spielen stehen die Beteiligten vor der Herausforderung, sich an ihre abgegebene Selbstbindung zu halten. Ein Bruch der Selbstbindung kann zwar kurzfristig Vorteile verschaffen, wird aber langfristig, also bei weiteren Spielgängen, zu Nachteilen führen. Der Grund ist die Reziprozität der Wirkungen. Gebrochenes Vertrauen führt zu Reputationsverlust und zum Verlust von Kooperationsgewinnen für alle Beteiligte. Im Extremfall völligen Misstrauens müssen sich die Interaktionen der Partner auf strikt kontrollierbare Gleichzeitigkeit der korrespondierenden Handlungen beschränken.[26] Wo auch das Vertrauen in kleinere Zug-um-Zug-Interaktionen fehlt, können Treuhänder helfen.

## 2.4.7 Fazit

In diesem Abschnitt wurde gezeigt, dass die Instrumente der Spieltheorie sowohl für das Verständnis als auch bei der Gestaltung von Interaktionen, deren Ergebnisse in wechselseitiger Abhängigkeit entstehen, eine wichtige Unterstützung sein können.

Insbesondere bei der Gestaltung systemischer Wirkungsgefüge in Organisationen ist es hilfreich, sich im Kreis aller Beteiligten anhand spieltheoretischer Ansätze die Handlungsmöglichkeiten und ihre Effekte vor dem Hintergrund des „Big Picture" zu vergegenwärtigen. So reift das Bewusstsein für Entscheidungen, die für alle Beteiligten das beste Ergebnis herbeiführen.

# 3 Methoden für die praktische Anwendung kybernetischer Prinzipien in Organisationen

Nachdem in Kapitel 1 in *Systeme und ihr Verhalten* eingeführt wurde und Kapitel 2 konzeptionell auf *systemisch sinnvolles Management* eingegangen ist, geht das dritte Kapitel der für Organisationsentwickler interessanten Frage nach, *wie systemische Wirkungsgefüge in der Wirtschaftspraxis treffend erfasst und genutzt werden können*, also welche Methoden sich grundsätzlich für eine zuverlässige Erfassung und Nutzung von Wirkungsgefügen eignen und wie vertretbar der mit ihrer Anwendung verbundene Aufwand ist. Dazu werden zunächst mit der Geschäftsprozessmodellierung (3.2.1) und der Sensitivitätsanalyse nach Frederic Vester (3.2.2) zwei etablierte Methoden zur Erfassung von Wirkungsgefügen in Organisationen betrachtet. Darüber hinaus wird mit Systems Dynamics nach Jay W. Forrester (3.2.3) eine Methode vorgestellt, die im Begriff ist, sich in makroökonomischen Umfeldern und Branchenkontexten zu bewähren. Abschnitt 3.2.4 stellt mit CyberPractice ein konkretes, praxiserprobtes und bewährtes Vorgehensmodell für die Bewältigung der Veränderung zu systemisch sinnvollem Management vor, das in der Beratungspraxis von Dr. Boysen Consulting entwickelt wurde. Anders als rein beschreibende Methoden, wie eine Geschäftsprozessmodellierung, und analytische Methoden, wie die Sensitivitätsanalyse nach Frederic Vester oder die System-Dynamics-Methode nach Jay Forrester, eignet sich die CyberPractice-Methode sowohl zur zuverlässigen Erfassung als auch zur Gestaltung und Nutzung von Wirkungsgefügen. Der Aufwand, der mit der Anwendung der CyberPractice-Methode verbunden ist, ist vergleichsweise vertretbar. Dadurch wird diese Methode hoch interessant für die praktische Anwendung in Unternehmen.

Abschnitt 3.3 stellt Organisationsentwicklern ein Werkzeug vor, mit dem sie in ihrer Organisation einen effizienten Einstieg in die Materie systemischen Denkens und Handelns vornehmen können: das Systemische Unternehmensprofil nach Dr. Boysen.

In Abschnitt 3.4 werden weitere erprobte Instrumente für systemisch sinnvolles Management vorgestellt, beispielsweise eine Systemkostenanalyse.

In Kapitel 3 gebe ich Organisationsentwicklern also nützliche Werkwerke an die Hand, um das Konzept des systemischen Managements erfolgreich zu implementieren und Organisationen systemisch nachhaltig zu führen.

# 3.1    Gedanklicher Rahmen zur Einordnung verfügbarer Methoden

Um verfügbare Methoden, mit denen Wirkungsgefüge grundsätzlich erfasst und gestaltet werden können, treffend einordnen und ihre Vorzüge und Grenzen erkennen zu können, erscheint es unabdingbar, zunächst einen geeigneten gedanklichen Rahmen zu skizzieren.

Das Verhalten von Wirkungsgefügen kann erfasst werden, indem zunächst Modelle von der Wirklichkeit gebildet und dann das Verhalten dieser modellierten Wirklichkeiten simuliert wird.

Bei der Modellierung ist besonders zu berücksichtigen, dass es nicht trivial ist, *die eine* Wirklichkeit (*the single truth*) zu erfassen, weil Wahrnehmungen von der Wirklichkeit aus verschiedenen Perspektiven und mit verschiedenen Erfahrungshintergründen der Beobachter durchaus unterschiedlich sein können und erst angemessen gemeinsam betrachtet *die* Wirklichkeit ergeben. Eine fehlerhafte Abbildung der Annahmen führt zu Simulationen, die eine falsche Wirklichkeit zeigen (garbage in, garbage out). Dabei mag das Modell selbst, also die Vorstellung von den Zusammenhängen, falsch sein; es mögen aber auch schlicht die Eingangsdaten nicht stimmen (*biased model*). Falsche Simulationen verleiten zu falschen Schlussfolgerungen und zu möglicherweise folgenschweren, falschen Entscheidungen.

Um falsche Simulationen zu vermeiden, ist es wichtig, die Annahmen über das Modell und die Eingangsdaten sorgfältig zu hinterfragen (*Plausibilisierung, Quer-Checks*) und in die Modellierung alle relevanten Perspektiven, Rollen und Erfahrungshintergründe der Beteiligten einzubeziehen (*Erfassung des Gesamtbildes*).

Zusammenhänge in der Wirtschaftspraxis können nur selten mit gemessenen Fakten erfasst werden, sondern entspringen oft der persönlichen Wahrnehmung, vermengt mit Intuition, und werden von den Beteiligten mit unterschiedlicher Präzision kommuniziert. Wirtschaftspraktiker haben die Erfahrung gemacht, dass sich Zusammenhänge manchmal ganz der expliziten Erfassung entziehen und rein intuitiv wahrgenommen werden. Im Ergebnis können weitgehend weiche Modelle (*soft models*) entstehen, deren Güte schwierig zu beurteilen ist. Diese Einsicht führt zu der Frage, ob in sozial-ökonomischen Systemen Modelle, die auf explizit gemachten isolierten Aussagen basieren, überhaupt sinnvoll einsetzbar sind, und ob nicht Modelle, die auf empirischen Daten wie Beobachtungen basieren, manchmal sogar besser geeignet sind, auch wenn sie noch keine Muster explizit erkennen lassen. Der Nutzen solcher empirisch begründeter Modelle liegt darin, dass sie bislang verdeckte Zusammenhänge freilegen beziehungsweise bereits vermutete Muster systematisch bestätigen oder auch widerlegen können. Vor dem Hintergrund der Prinzipien der Kybernetik erscheinen Modelle, in die bereits Ergebnisse aus einem Diskurs einfließen, sogar geeigneter. Dadurch fließen nämlich sogar Effekte aus der bestehenden Vernetzung in die Modellierung ein, die die Modellgüte wesentlich verbessern können. So verschmelzen die Aufnahme der Eingangsdaten und die Modellierung miteinander.

In diesem Zusammenhang knüpft sich die Frage an, ob Zusammenhänge quantitativ oder qualitativ erfasst werden sollten.[27] Natürlich haben *quantitative Modelle* ihre Vorteile. Sie eignen sich, um konkrete Modellalternativen in wenig komplexen Umfeldern wirtschaftlich miteinander zu vergleichen. Manche Zusammenhänge lassen sich aber (leider) nicht quantifizieren. Das zu erkennen, ist auch ein wichtiges Ergebnis, welches zu vermeiden hilft, der Illusion falscher Genauigkeit zu verfallen. Der Nutzen qualitativer Modelle sollte nicht unterschätzt werden. *Qualitative Modelle* geben nämlich wertvolle Hinweise auf grundsätzliche gegenseitige Beeinflussungen der Elemente innerhalb von Systemen. Sie lassen *nicht-lineare und nicht-intuitiv erfassbare Verhaltensmuster* gut erkennen und verstehen. Das ist durchaus sinnvoll, denn es kann erst dann gezielt für eine wirksame Veränderung im gewünschten Sinne gesorgt werden, wenn das grundlegende Verhaltensmuster eines Systems in seinen Strukturen erkannt worden ist (vgl. Senge, Peter).

Vor allem sollten Organisationsentwickler darauf achten, Modelle so zu konzipieren, dass sie die Natur der abzubildenden Zusammenhänge grundsätzlich überhaupt wiedergeben können. Dazu muss insbesondere die Komplexität des entwickelten Modells mit der Komplexität des realen Zusammenhanges Schritt halten können. Zwar sind manche Modelleure versucht, komplexe Zusammenhänge zu vereinfachen oder sie sogar zu linearisieren, um einfachere bzw. lineare Modelle verwenden zu können, aber genau dieser Schritt stellt oft eine unzulässige Vereinfachung dar, die zu falschen Schlussfolgerungen führen kann. Grundsätzlich können nicht-lineare Zusammenhänge treffender durch nicht-lineare Modelle repräsentiert werden, die allerdings nicht so einfach zu handhaben sind wie lineare. Die Entscheidung für die jeweilige Modellierungsform sollte also von der vermuteten Komplexität der zu modellierenden Wirklichkeit abhängen.

Für die Erfassung von Wirkungsgefügen in der komplexen Wirtschaftspraxis eignen sich besonders nicht-lineare Modelle, und zwar solche, die auch Zufallselemente enthalten können, um die prinzipiell bestehende Unsicherheit abbilden zu können, die in komplexen Umfeldern herrscht. Deshalb sind stochastische Modelle deterministischen Modellen in diesen Fällen vorzuziehen.

Dabei stehen grundsätzlich zwei alternative Herangehensweisen zur Verfügung:

- ökonometrische Modelle, die Faktoren miteinander verknüpfen, und

- Modelle, die sich auf den Einfluss konzentrieren, den Veränderungen auf eine Faktorausprägung ausüben (kausale Darstellung). Unter diesen gibt es zwei Varianten: Es können die Wirkungslinien zwischen den Zuständen oder die Bestände und Flüsse („stocks and flows") in Vorgängen aufgenommen werden.

Zur letztgenannten Gruppe gehört der System-Dynamics-Ansatz nach Jay W. Forrester.

Noch ein Aspekt ist wichtig: In der Regel werden Modelle recht umfangreich und können durchaus mehrere Tausend Variablen enthalten, bis sie die erforderliche Güte erreichen. Solche Modelle können ausschließlich computerunterstützt verarbeitet werden. Sie lassen sich von Menschen nicht mehr überblicken und ihre Ergebnisse – darin liegt ihr entscheidender Nachteil für die Wirtschaftspraxis – lassen sich in Organisationen nur entsprechend schwer vermitteln. Deshalb ist es sinnvoll, wenngleich recht anspruchsvoll, funktionierende Modelle in einem weiteren Schritt möglichst stark zu vereinfachen, ohne dabei aber die Modellgüte zu beeinträchtigen. Das Resultat sind sogenannte „sparsame Modelle" (parsimonious model). Es kann recht aufwändig sein, ein sparsames Modell zu erzeugen, aber ein sparsames Modell kann dazu beitragen, dass die mit ihm erzeugten Simulationsergebnisse von den betroffenen Menschen besser nachvollzogen und akzeptiert werden.

## 3.2 Methoden zur Erfassung und Gestaltung systemischer Wirkungsgefüge in Organisationen

### 3.2.1 Geschäftsprozessmodellierung

In Wirtschaftssystemen laufen Geschäftsprozesse ab, durch die die Systeme charakterisiert sind. Deshalb liegt es nahe, das Verhalten der betreffenden Systeme durch eine Modellierung der Geschäftsprozesse zu erfassen.

Es gibt verschiedene Herangehensweisen, um Prozesse zu beschreiben. Die Wirklichkeit wird also durch eine Beschreibung modelliert. Weil jede Beschreibung eine beliebige Vereinfachung der Realität ist, verlangt die Bestimmung der relevanten Parameter zur Modellierung eine sehr gute Beobachtungsgabe und Intuition.

**Abbildung 3.1:     Kreativität und Modellierung: Schöpferische Kinderhände**

Eine Modellierung wird immer von den subjektiven Wahrnehmungen des Schöpfers beeinflusst. Deshalb kann nicht ausgeschlossen werden, dass das Ergebnis der Modellierung innerhalb der Wahrnehmung des Modelleurs „gefangen" ist. Eine mögliche Abhilfe kann die Berücksichtigung der Wahrnehmungen mehrerer Modelleure schaffen, die sich gegenseitig in ihren Beobachtungen und Annahmen austarieren. Verschiedene Wahrnehmungen sind vor allem dann wertvoll, wenn sie unterschiedliche Perspektiven, unterschiedliche Schwerpunkte bezüglich der betrieblichen Funktionen und unterschiedliche Rollen im Prozess abdecken. Dann erhalten wir als Ergebnis eine *kollektiv geprägte Beschreibung der Realität*, die der Realität selbst oft näherkommt als eine Einzelsicht.

Steht ein Modell und ist seine Robustheit sowie Belastbarkeit durch Plausibilitätsprüfungen nachgewiesen, können im Modell Szenarien simuliert werden. Nun wird es spannend, denn mit dem Modell ist eine „Maschine" gebaut worden, mit der innerhalb gewisser Rahmenbedingungen das künftige Systemverhalten vorhergesagt werden kann. Dadurch können Entscheidungen innerhalb von Systemen sinnvoll unterstützt werden.

Allerdings kann ein Modell, das auf einer Prozessbeschreibung basiert, nur aussagekräftige Ergebnisse liefern, solange sich die grundlegenden Zusammenhänge nicht wesentlich ändern, denn eine Prozessbeschreibung ist ein Ablauf, dessen Schritte nach festen Regeln miteinander verbunden sind. Wenn-dann-Bedingungen werden ja in der Beschreibung ex ante festgelegt.

Eine Prozessbeschreibung kann beispielsweise mit Hilfe von ARIS (**A**rchitektur **I**ntegrierter **I**nformations**s**ysteme, von August-Wilhelm Scheer) erfolgen. ARIS basiert auf der „Fünf-Sichten-Architektur", die sich aus einer Überlagerung der Organisations-, der Daten-, der Leistungs-, der Funktions- und der Steuerungssicht auf Prozesse ergibt. Damit ist mit ARIS auch in kompliziert aufgebauten Systemen grundsätzlich die Modellierung eines ganzheitlichen Ansatzes möglich, solange die Ressourcen und Vorgänge linear verknüpft sind.

Offensichtlich können Prozessbeschreibungen in linearen Abläufen, die lediglich geringen dynamischen Veränderungen unterworfen sind, als quantitative Methode gute Dienste leisten. Allerdings sind Prozessbeschreibungen eher zur Prüfung der Ablauffähigkeit von Prozessen und zur quantitativen Optimierung von Ressourcen (Ressourcenbedarf, -auslastung, Kosten, Durchlaufzeiten) innerhalb von repetitiven Prozessen geeignet als zur kreativen Simulation komplexer Szenarien. Viele Prozessmodellierungs-Tools sind als Service-orientated Architecture (SOA)-Plattform realisiert und warten mit sehr umfangreichen Funktionen auf; genau hierin liegt allerdings auch ihre Schwäche, denn diese Tools können nicht rasch und intuitiv bedient werden. Vielmehr ist einschlägige IT-Kompetenz zum Modellieren erforderlich. Der Einführungsaufwand solcher Tools ist in der Regel hoch und teuer. Ad-hoc-Änderungen in modellierten Abläufen sind kaum möglich. Insbesondere ist es kaum mit vertretbarem Aufwand möglich, Szenarien durchzuspielen, um alternative Abläufe zu simulieren und die Ergebnisse zu vergleichen.

Hierzu wünschen sich Organisationsentwickler eher einfache Anwendungen, die gerade über so viel Funktionalität verfügen, wie erforderlich ist. Mir ist die sehr pragmatische Anwendung awino von der Koblenzer Firma Huebinet Informationsmanagement GmbH & Co. KG positiv aufgefallen, die sogar einen bemerkenswerten Schritt weiter geht: awino hilft nicht nur, Abläufe direkt mit den Fachbereichen, aber ohne Unterstützung von IT-Spezialisten zu modellieren, sondern führt die Modellierungsergebnisse außerdem direkt operativen Workflows zu und macht die Prozesse dadurch unmittelbar ausführbar. Darüber hinaus ermöglicht awino ein komfortables Echtzeit-Prozess-Monitoring und eine Echtzeit-Prozesssteuerung auf verschiedenen Ebenen und aus verschiedenen Perspektiven. Allerdings eignet sich auch awino eher für eine Optimierung repetitiver Vorgänge mit begrenzter Dynamik. Hier liegt offenbar die Grenze von Prozessbeschreibungen. Qualitative Zusammenhänge komplexer, dynamisch veränderlicher Wirkungsgefüge und die Auswirkungen der Komplexität können mit reinen Prozessbeschreibungen natürlich nicht erkannt werden. Deshalb sind Prozessbeschreibungen als „Abbildungs-Tools" nicht besonders gut dazu geeignet, das Verhalten komplexer Systeme besser zu erfassen und zu verbessern, als es Menschen können. Wenn die Prozessgestaltung allerdings als Vorgang betrachtet wird, in den die Beteiligten eingebunden werden, kann eine intuitiv bedienbare und die Ergebnisse visuell veranschaulichende Anwendung wie awino eine nützliche Unterstützung zur Prozessgestaltung sein, die ihre Vorteile in der Ausführung der neu gestalteten Prozesse gut entfalten kann.

## 3.2.2     Sensitivitätsanalyse

Ein rein qualitativer Ansatz ist eine Sensitivitätsanalyse, wie sie von Frederic Vester für soziale und ökonomische Umfelder entwickelt worden ist. Das Sensitivitätsmodell nach Frederic Vester ist ein Instrument zur ganzheitlich angelegten Planung. Es ermöglicht die Erfassung, Visualisierung und Analyse komplexer Wirkungszusammenhänge vor dem Hintergrund konkreter Fragestellungen. Eine Sensitivitätsanalyse kann also dazu beitragen, einen Zustand bezüglich einer formulierten Fragestellung zu optimieren. Die Methode der Sensitivitätsanalyse ist geeignet, das Bewusstsein für mögliche Auswirkungen von Veränderungen zu schärfen und Schlussfolgerungen für ein Verhalten zu ziehen, das der Komplexität angemessen ist.

Das betrachtete System wird durch Variablen beschrieben, deren gegenseitige Beeinflussung in einer Einflussmatrix erfasst wird.

Konkret werden zunächst alle relevanten Einflussgrößen (Variablen) und ihre Beziehungen zueinander im Hinblick auf die zu optimierende Fragestellung identifiziert. Die Aufnahme der Variablen selbst und der Beziehungen der Variablen zueinander erfolgt durch einen Kreis von sachverständigen Führungskräften, die operativ in das betrachtete System eingebunden sind. Durch die Einschätzung der Beteiligten wird eine Cross-Impact-Matrix gebildet, in die auch die jeweilige Wirkungsstärke und die Art der Wirkung (aktiv, passiv, kritisch, puffernd) aufgenommen werden. So entsteht eine abgestimmte Darstellung der systemischen Verhältnisse (*Konsensmatrix*). Mögliche unterschiedliche Wahrnehmungen werden im Zuge dieser Übung erkannt und können besprochen werden. Das Ergebnis ist eine Darstellung der Organisation als Systembild.

Im Anschluss können die wesentlichen zu optimierenden Ergebnisgrößen der Organisation, beispielsweise die Erhöhung der Innovationsintensität in der Entwicklung, die Verbesserung des Kundennutzens durch gezieltere Entwicklungsbeiträge oder die Verkürzung der Entwicklungsdurchlaufzeiten, formuliert werden. Schließlich kann anschaulich simuliert werden, welchen Einfluss bestimmte Aktivitäten auf die Ergebnisgrößen ausüben. Die

Visualisierung der Wirkungen kann Schritt für Schritt erfolgen, so dass die komplexen Zusammenhänge den Beteiligten deutlich werden. Diese Besonderheit führt zu einer hohen Akzeptanz der Ergebnisse, was für Organisationsentwickler wichtig ist.

Eine Sensitivitätsanalyse ermöglicht eine gute qualitative Erfassung, Visualisierung und Analyse komplexer Wirkungszusammenhänge vor dem Hintergrund konkreter Fragestellungen. In einem mehrschleifigen Durchlauf ermöglicht der Ansatz der Sensitivitätsanalyse eine nachvollziehbare Optimierung der Handlungsempfehlungen.

Für die Aufnahme der Annahmen, die dem zu modellierenden Gefüge zugrunde gelegt werden sollen, insbesondere der Art der Beziehungen zwischen den relevanten Systemelementen, muss das Führungs-Team des analysierten Unternehmens allerdings mehrere Tage zeitlich gebunden werden – eine Anforderung, die oft nicht durchgesetzt werden kann. Denn Führungskräfte suchen häufig erst dann nach Lösungsansätzen, wenn Probleme zwingend gelöst werden müssen. Gerade in solchen Situationen akuter Probleme möchten die Verantwortlichen schnell Umsetzungsergebnisse sehen, die während der Modellierungsphase fehlen. Deshalb erscheint die konsequente Anwendung der Methode der Sensitivitätsanalyse in der Unternehmenspraxis leider nicht durchsetzbar.

Allerdings kann sich der Ansatz der Sensitivitätsanalyse durchaus als nützlich erweisen, um exemplarisch systemische Zusammenhänge grundsätzlich zu visualisieren und das Bewusstsein der Beteiligten für Effekte in komplexen Wirkungsgefügen zu schärfen. Anwendungen wie das kybernetische Spiel „Ecopolicy" von Frederic Vester, das die Auswirkungen eigenen Handelns in einem System vermittelt, eignen sich gut, um überraschende Einsichten in die Wirkungsweise komplexer Systeme herbeizuführen.

### 3.2.3    System Dynamics

Eine quantitative Methode zur Erfassung von Wirkungsgefügen ist die System-Dynamics-Methode. System Dynamics ist eine nach Jay W. Forrester[28] an der Sloan School of Management des MIT entwickelte Methode zur ganzheitlichen Analyse und Modellsimulation komplexer und dynamischer Systeme im sozio-ökonomischen Bereich. Dabei werden die Zustandsvariablen (*stocks*) sowie die Flussvariablen (*flows*) eines betrachteten Systems aufgenommen und die Wirkungsbeziehungen zwischen diesen durch „connectors" miteinander verbunden. Die Simulation von Szenarien erfolgt über Differentialgleichungen. Die Methode eignet sich – anders als eine reine Prozessbeschreibung – tatsächlich zur Erfassung und zur Simulation komplexer Prozesse, allerdings eher auf aggregierter, makroökonomischer Ebene als auf Unternehmensbereichsebene. Auf aggregierter Ebene lassen sich komplexe Phänomene durchaus erklären und das Verhalten komplexer Systeme erfassen. Ein erhöhtes Verständnis der Zusammenhänge erlaubt dann, bessere Entscheidungen innerhalb des untersuchten Systems zu treffen.

Die System-Dynamics-Methode ist in kommerziell verfügbare Software-Anwendungen eingeflossen, wie CONSIDEO, iThink/STELLA, DYNAMO, Vensim und Powersim, die den Modellierungs- und Simulationsprozess unterstützen. Allerdings ist beim Einsatz von System Dynamics, ähnlich wie bei der Verwendung der Sensitivitätsanalyse, mit erheblichem Modellierungsaufwand zu rechnen, der entsprechende Budgets und verhältnismäßig lange Vorlaufzeiten bis zur Bereitstellung von Ergebnissen erfordert.

Während der Modellierung werden die Führungskräfte, ähnlich wie bei der Sensitivitäts-analyse, für eine längere Zeit in Anspruch genommen. Deshalb wird die Methode derzeit ausschließlich in größeren Organisationen eingesetzt, also in bedeutenden Branchenver-bänden und in Großunternehmen, in denen ein starker und wissenschaftlich vorgeprägter Management-Unterbau verfügbar ist. Außerdem ist der Ansatz der System Dynamics theoretisch mathematisch begründet, was die Akzeptanz in der Unternehmenspraxis, insbesondere im Mittelstand, nicht vereinfacht. Die verwendeten Variablen können recht abstrakt und die Anzahl der Variablen sehr hoch sein. So wird sich der methodisch gute System-Dynamics-Ansatz in der Unternehmenspraxis leider kaum allgemein durchsetzen können. Ein weiterer Aspekt, der die Akzeptanz der Ergebnisse, die von guten System-Dynamics-Modellen geliefert werden, erschwert, ist, dass die Ergebnisse den Vorstellun-gen widersprechen mögen, die im Kreis der Entscheidungsträger vorherrschen. Der Pro-zess zur Ergebnisgenerierung der System-Dynamics-Methode bleibt eine „Black-Box"-Operation. Ergebnisse und daraus ableitbare Empfehlungen müssen deshalb geglaubt werden. Manche wirklich brauchbaren Empfehlungen lassen sich in der Praxis aus diesem Grund nicht durchsetzen. Wenn ein Modell beispielsweise richtigerweise ergibt, dass in konjunkturell schwachen Phasen massiv investiert werden soll, wird eine Investitionsent-scheidung in dieser Phase wohl kaum durchsetzbar sein. Daher bleibt die Wirklichkeit gelegentlich hinter den Möglichkeiten zurück.

Deshalb stellt sich nun die Frage, welcher konkrete Ansatz in der Unternehmenspraxis wirklich greifen kann und den Erwartungen hinsichtlich

■ des Zeitaufwandes für Führungskräfte,

■ der Vorlaufzeit, bis das Modell steht und Ergebnisse erbracht werden können,

■ des finanziellen Modellierungsaufwandes und

■ der Durchsetzbarkeit

gerecht wird.

### 3.2.4  CyberPractice - Eine effektive und praktikable Methode zur Erfassung und Gestaltung systemischer Wirkungszusammenhänge

Bei Dr. Boysen Consulting wurde aus der systemisch angelegten Beratungspraxis heraus eine Alternative zu den bekannten analytischen Vorgehensweisen entwickelt, die sich bereits in der Unternehmenspraxis bewährt hat. Diese Methode, der CyberPractice-Ansatz, wird hier vorgestellt.

Der geschützte Kunstname „CyberPractice" setzt sich aus den Wörtern Cybernetics (Ky-bernetik) und Practice (Praxis) zusammen und bringt zum Ausdruck, dass mit diesem Ansatz die Prinzipien der Kybernetik tatsächlich in die Unternehmenspraxis übertragen werden können. Eine konsequente Ableitung des CyberPractice-Ansatzes aus der Kybernetik stellt sicher, dass die Anwendung wirklich funktioniert, und zwar nicht zufällig, sondern systematisch. Damit ist CyberPractice eine geeignete Methode für umsetzungsorientierte Organisationsentwickler.

### 3.2.4.1    Grundzüge und Vorteile des CyberPractice-Ansatzes

Die CyberPractice-Methode setzt bei dem Gedanken an, dass jede Modellierung nur eine vereinfachte Darstellung einer wahrgenommenen Wirklichkeit ist. Was in der Unternehmenspraxis gebraucht wird, ist eigentlich gar kein explizites Modell von der Wirklichkeit, sondern die Gewissheit, dass in der Organisation systemisch sinnvoll gehandelt wird.

Wir westlich geprägten Menschen neigen dazu, künftige Ereignisse möglichst vorhersehbar und messbar zu machen, darauf aufbauende Pläne sauber zu dokumentieren und deren Umsetzung in der Organisation zu managen. Allerdings führen uns die kybernetischen Prinzipien vor Augen, dass

1. in komplexen Umfeldern weder eine derartige Eindeutigkeit noch eine sequenzielle Abfolge der Maßnahmen angemessen ist und dass sich

2. die Qualität von Systemen durch ihre Beziehungen und ihre emergenten Fähigkeiten erklärt, nicht durch Entscheidungen, die aufgrund einer „höheren Erkenntnis" vom Top-Management für die Organisation getroffen werden.

Werden Handlungsabsichten in Programme gegossen, die nach Anweisung abzuarbeiten sind, verlieren sich sowohl die organisationale „Nase" für Möglichkeiten, für Unsicherheit und für Nicht-Wissbares als auch wertvolle Freiheitsgrade, die erforderlich sind, um Komplexität zu bewältigen. Organisationen werden nicht nur unfähig, den Moment zu nutzen, um auf veränderte Bedingungen zu reagieren, sondern im schlimmsten Fall sogar blind für das Spektrum verfügbarer Handlungsmöglichkeiten. Sinnvoller ist es, das grundsätzliche Verständnis der Beteiligten für Wirkungszusammenhänge zu verbessern und Organisationen darauf vorzubereiten, dass sie besser mit bestehenden Unsicherheiten umgehen können.

Aus diesen Einsichten speist sich der pragmatische und wirksame Cyber-Practice-Ansatz, der von mir entwickelt wurde. *Die Methode setzt ihren Hebel nämlich unmittelbar im System und in den Handlungen selbst an.* Sie fußt auf der Idee, dass die Handelnden systemisch sinnvoll vorgehen werden, wenn sie das Gesamtbild erfassen, systemische Zusammenhänge erkennen und – das ist als Handlungstreiber ganz wichtig – wenn sie aus einer systemisch sinnvollen Vorgehensweise einen größeren Nutzen erwarten als aus einer isolierten, die vermeintlich den eigenen Nutzen erhöht.

Dazu wird nach dem CyberPractice-Ansatz eine Betrachtung des Geschehens aus systemischer Perspektive gewählt. Jegliches „Geschehen" wirkt sich in Prozessen aus. Deshalb ist es sinnvoll, sich in erster Linie mit Prozessen zu befassen, statt Organisationseinheiten zu betrachten, die ja eigentlich Mittel zum Zweck sind, um Prozesse auszuführen. Und nun kommt der entscheidende gedankliche Schritt, dass nämlich jeder Prozess auch als System aufgefasst werden kann. Dazu noch einmal die bewährte Definition des Begriffes „System" aus Abschnitt 1.3.1:

Ein **System** ist die Gesamtheit der Wechselwirkungen verbundener Elemente, die sich von ihrem Umfeld durch ihre Aufgabe, ihren Sinn oder ihren Zweck abgrenzen. Systeme sind durch Prinzipien und Muster des Beziehungsgeflechts strukturiert, durch die sie entstehen, funktionieren oder sich erhalten.

Abbildung 3.2:     Potenziale: Aufgebockte Segelyachten im Sporthafen von Barcelona

Abbildung 3.3:     Potenziale: Rennradrahmen in einem Schaufenster auf den Champs-Elysées in Paris

## Potenziale

Um sowohl Verständnis für das Ganze als auch Interesse am Ganzen bei möglichst vielen Beteiligten zu erreichen, ist Orientierung erforderlich – eine Führungsaufgabe, in der Organisationsentwickler die Manager unterstützen können. Damit die Beteiligten die Muster wechselseitiger Beeinflussungen erkennen, müssen sie in kybernetischen Grundlagen geschult und mit Methoden vertraut gemacht werden, mit denen sie ihr Zusammenspiel besser abstimmen können. Solche Schulungen einzuleiten, ist ebenfalls eine Führungsaufgabe.

Die CyberPractice-Methode bewirkt, *dass die Beteiligten die Zustände der Systemelemente im Prozess* erfassen, wie es auch vom System-Dynamics-Ansatz nahegelegt wird. Allerdings wird bewusst darauf verzichtet, die Systemdynamik explizit zu dokumentieren. Vielmehr wird darauf hingearbeitet, dass die Beteiligten die Dynamik erkennen und sie aus systemischer Sicht gestalten. Der wesentliche Vorteil gegenüber rein analytischen Ansätzen besteht darin, dass mit der Erkenntnis von Zusammenhängen sofort eine systemisch sinnvolle Umsetzung verbunden ist, also *erkannte Potenziale unmittelbar erschlossen* werden. Ein weiterer Vorteil besteht in der *gleichzeitigen Befähigung von Organisationen zu dynamischer Anpassungsfähigkeit*. Diese Umsetzungsvorteile fehlen bei den rein analytischen Beschreibungsansätzen, zu der die Sensitivitätsanalyse und die System-Dynamics-Methode gehören.

Die CyberPractice-Methode liefert methodisch sauber abgeleitete Umsetzungsergebnisse bezüglich der Prozessgestaltung und erfüllt außerdem vollumfänglich die Anwendungskriterien der Unternehmenspraxis. Dass das Modell methodisch auf der qualitativen Ebene bleibt, ist seine Stärke, denn es erlaubt eine Konzentration auf die Erfassung und Beeinflussung der wesentlichen Wirkungszusammenhänge, ohne eine vermeintliche numerische Präzision zu suggerieren. Eine weitere Stärke dieses Ansatzes ist, dass sich die Methode frei von jeder Bindung an eine konkrete IT-Anwendung in intensiver Interaktion zwischen den Führungskräften in Organisationen anwenden lässt.

### 3.2.4.2    Das Vorgehensmodell

Ein Kerngedanke des CyberPractice-Ansatzes ist, bei der Ursachenanalyse hinreichend tief zu schürfen, um *sicherzustellen, dass Wirkungszusammenhänge besser verstanden und die Effekte des Zusammenspiels gezielt beeinflusst werden*. In unserer Beratungspraxis beobachten wir oft, dass komplexe Sachverhalte unangemessen reduziert werden, was zu falschen Entscheidungen führt. Es nützt in der Regel nichts, die an der Oberfläche auftretenden Symptome wie Motivationsmangel oder Reputationsverlust ambulant zu behandeln. Die üblicherweise wahrgenommenen „Schmerzen" sind nämlich häufig Auswirkungen tiefer liegender Schwachstellen im System, die schwieriger zu erkennen sind oder an die sich niemand heranwagt.

Deshalb muss mindestens auf der operativen Leistungsebene, wo Maßnahmen und Wirkungen vollständig in die klassischen Kategorien „Kosten", „Zeit" und „Qualität" einfließen, nach den Problemursachen gesucht werden. Aber es ist auch nicht ausreichend, die Key Performance Indicators (KPIs) in diesen Kategorien zu straffen und auf Umsetzungsdisziplin zu achten. Vielmehr müssen die systemischen Voraussetzungen dafür geschaffen werden, dass operative Ergebnisse wirklich verbessert werden können. Diese systemischen Voraussetzungen können nur durch eine Optimierung des Zusammenspiels der Wirkungsbeziehungen beeinflusst werden. Für diese Optimierungsaufgabe kann das Vorgehensmodell CyberPractice wirkungsvoll eingesetzt werden.

**Abbildung 3.4** veranschaulicht die wesentlichen Koppelwirkungen durch ein typisches Wirkungsgefüge hindurch, wie es sich uns in unserer Beratungspraxis zeigt. Folgt man den dünnen Pfeilen, erkennt man, welche Folgewirkungen von Wirkungen ausgelöst werden. Schließlich erkennt man auch, dass sich die Gesamtwirkung wiederum positiv auf die Startbedingungen auswirkt (fetter, äußerer Pfeil).

Vereinfachend sind die Zusammenhänge folgende: Wird das *Verständnis der Führungskräfte für systemische Zusammenhänge* geschärft, werden die Top-Führungskräfte nicht mehr primär die Geschäftseinheiten und die funktionalen Bereiche als die Treiber für erfolgreiches Wirtschaften betrachten. Vielmehr werden sie den Blick auch auf das Dazwischen richten, auf die Verbindungen zwischen Spezialisten, zwischen Geschäftseinheiten und Unternehmen. Und sie werden besser das *Potenzial der Fähigkeiten erkennen, die sich aus solchen Verbindungen ergeben können*. Sie werden auch den *Nutzen von Redundanzen* wahrnehmen, die sich aus einer sinnvollen Vernetzung ergeben, und zwar Redundanzen nicht als Dopplung der Ressourcen in klassischen Sinn, sondern derart, dass verschiedene Elemente im System dieselben Funktionen übernehmen können, wenn sie vielseitig angelegt sind.

**Abbildung 3.4:**     CyberPractice-Methode nach Dr. Boysen

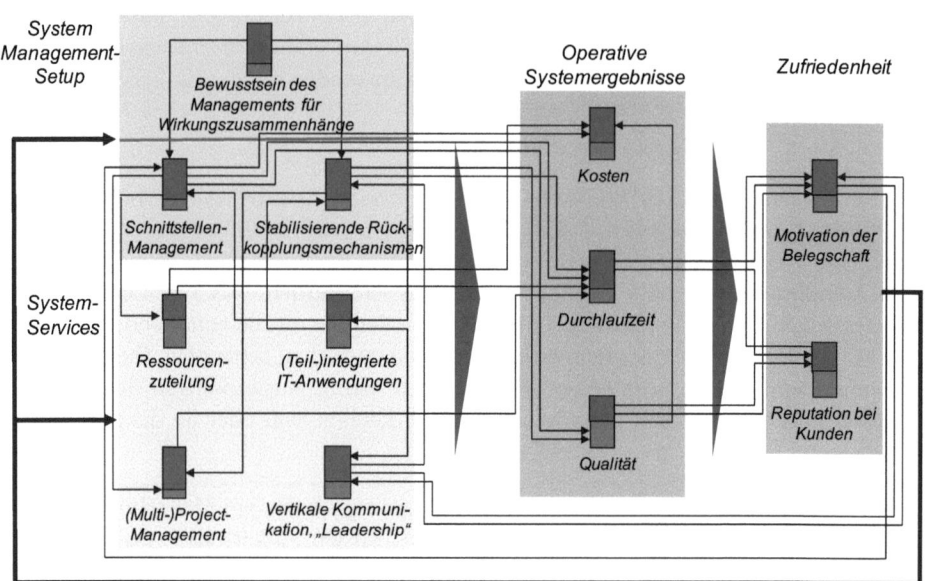

Damit diese wertvollen Verbindungen gut funktionieren, werden sich systemisch geschulte Führungskräfte dafür einsetzen, dass die Schnittstellen sauber definiert und *Schnittstellenanforderungen* vereinbart werden und dass im Prozess stabilisierende *Rückkopplungsmechanismen* eingesetzt werden (Management-Setup). Der betrachtete Prozess wird nach kybernetischen Gesichtspunkten neu gestaltet. Dadurch verbessert sich prinzipiell die Qualität des betrachteten Prozesses, also die „horizontale Kommunikation".

Allerdings besteht in dieser Phase der neu gestaltete Prozess bislang nur auf dem Papier. Wenn das Top-Management aber über die Basisvoraussetzungen verfügt (Management-Setup), wird es dafür sorgen, dass weitere Voraussetzungen erfüllt werden, damit die veränderte Arbeitsweise umgesetzt werden kann. Das Top-Management wird vor allem darauf hinwirken, dass die mittlere Führungsebene die Ressourcen dort ansiedelt, wo sie gemäß dem neu definierten Prozess gebraucht werden (*Ressourcenkongruenz*), und dass entlang des Prozesses die erforderlichen Informationen bereitgestellt werden.

Außerdem wird das Management dafür sorgen, dass die Informationen über Meilensteine und kritische Ereignisse, die entlang des Prozesses rückgekoppelt werden sollen, tatsächlich effektiv ausgetauscht werden können (Integration der Informationssysteme).

Des Weiteren wird das Top-Management der Belegschaft idealerweise Orientierung geben und dafür sorgen, dass Konzepte, die im Management-Kreis verabschiedet werden, in die Organisation hineingetragen werden (Leadership) sowie Anliegen von der Basis an das Management herangeführt werden (gute vertikale Kommunikation).

Damit ist ein mitgekoppelter, also ein sich selbst verstärkender Prozess geschaffen. Je erfolgreicher der Prozess ist, desto stärker wird die Motivation, die Voraussetzungen noch weiter zu verbessern, die dann den Prozess noch erfolgreicher machen.

Der CyberPractice-Ansatz reicht aber weiter. Der Prozess allein ist nämlich nur eine Hülle, die erst zum Leben erweckt wird, wenn Projekte oder Aufträge diesen Prozess durchlaufen. Diese Projekte oder Aufträge stehen allerdings im Wettbewerb um Management-Aufmerksamkeit und verfügbare Ressourcen. Deshalb sollte ein wirksames Multi-Projektmanagement dafür sorgen, dass Prioritäten gesetzt und gegebenenfalls drohende Engpässe rechtzeitig erkannt und entschärft werden. Diese wichtige Komponente darf von Organisationsentwicklern nicht vernachlässigt werden.

Dass die vier oben beschriebenen Elemente

1.  Allocation of Capacities,

2.  integrated IT-Applications,

3.  (Multi-)Projektmanagement und

4.  Vertical Integration of Communication, Leadership

herausgestellt werden, ist keine Willkür; vielmehr hat sich in verschiedenen Praxisbeispielen gezeigt, dass genau diese vier Elemente eine zentrale Rolle spielen. Dadurch, dass diese vier „Services" gut abgestimmt werden, können Organisationsentwickler sicherstellen, dass ein systemisch gut durchdachter Prozess wirklich eingeführt wird und „rund" läuft. Genau dann, wenn diese Voraussetzungen erfüllt sind, können auch spürbare Verbesserungen auf der Leistungsstufe erwartet werden. Kosten werden sinken, weil Blind-, Fehl- und Doppelleistungen deutlich niedriger liegen werden; Durchlaufzeiten werden wegen der klaren Abstimmungen stark sinken und die Qualität der Ergebnisse wird sich merklich verbessern. Die positiveren operativen Ergebnisse werden schließlich zu einer höheren Zufriedenheit aller Beteiligten führen und in Motivationssteigerung und verbesserte Kundenzufriedenheit münden. Beide Effekte animieren wiederum, die systemischen Voraussetzungen noch weiter zu verbessern, denn wir haben es mit einem positiv rückgekoppelten Gesamtsystem zu tun. Im Umkehrschluss heißt das natürlich auch, dass die Prozessqualität weiter abnehmen wird, wenn keine geeigneten Voraussetzungen geschaffen werden.

Die Ergebnisse entwickeln sich aus einer gegenseitigen Beeinflussung der Wirkungen über mehrere Stufen und verschiedene Verbindungspfade. Das ist der Weg in Richtung Selbstregelung. Doch Selbstregelung einzuführen ist keinesfalls mit Laisser-faire gleichzusetzen; die Veränderung muss initiiert und geführt werden (Leadership). Wie schaffen wir es nun, eine gewünschte Kettenreaktion anzustoßen? Die wesentlichen Schritte des CyberPractice-Vorgehensmodells werden nachfolgend vorgestellt.

### 3.2.4.3    Systembeschreibung

#### 3.2.4.3.1    Definition des betrachteten Systems

Problemstellungen sind immer in einen Systemkontext eingebunden. Aus kybernetischer Sicht ist es wichtig, diesen Systemkontext zu erkennen, das heißt das betreffende System zu beschreiben und sinnvoll von seinem Umfeld abzugrenzen. Um das System in sein Umfeld einordnen zu können, sieht die CyberPractice-Methode vor, auch die relevanten angrenzenden Systeme und das übergeordnete System, in das ein betrachtetes System eingebunden ist, zu erfassen.

*An einen Vertriebsprozess grenzen beispielsweise ein Supply-Chain-Prozess, ein Human-Resources-Prozess und Herstellungsprozess an. Die Prozesse stehen in Wechselwirkungen zueinander. In das System „Vertriebsprozess" sind die Vertriebsorganisation, das Marketing-Team, die Produktentwicklung, die Logistik und die Fertigung involviert. Der Vertriebsprozess ist wiederum in den übergeordneten Business-Development-Prozess eingebunden.*

CyberPractice sieht vor, dass Systeme anhand ihrer Struktur abgegrenzt werden. Dazu werden alle systemrelevanten Elemente und die Funktion dieser Elemente sowie ihre wirkungsrelevanten Wechselbeziehungen aufgenommen.

Folgende Leitfragen können helfen, das jeweils relevante System zu erkennen:

- ■ Wie tritt das System nach außen in Erscheinung (Oberflächenverhalten)?

- ■ Welche Einheiten sind in den betrachteten Prozess (in das System) eingebunden bzw. sollten eingebunden sein?

- Fließen in das betrachtete System wirklich alle notwendigen und relevanten Informationen ein?

- Werden die Interessen und Bedürfnisse aller Beteiligten im System berücksichtigt?

- In welche wesentlichen Wirkungszusammenhänge ist das betrachtete System eingebettet?

In der Praxis wird bei der Abgrenzung des Systemumfanges oft zu kurz gegriffen oder es werden angrenzende Systeme nicht hinreichend in die Betrachtung einbezogen. Prozesse werden häufig aus der Sicht einzelner Einheiten betrachtet und definiert. Aus diesen Gründen kann es zu einer einseitigen oder unvollständigen Erfassung kommen. Das kann wiederum dazu führen, dass wesentliche Bedürfnisse anderer Einheiten nicht in den definierten Prozess einfließen. Dadurch entstehen Brüche, die die Effektivität des behandelten Prozesses infrage stellen.

*Beispiel: Der Prototypenprozess einer konzerngebundenen Produktentwicklungseinheit soll als System definiert und optimiert werden. Die Qualität des Prototypenprozesses hängt maßgeblich von der Qualität des Prototypen-Forecastings ab. Das Forecasting wird vom Vertrieb und vertriebsnahen Funktionen geleistet und muss als Input in den Prototypenprozess einfließen. Die Beschaffung von Prototypenkomponenten, die vom Zentraleinkauf vorgenommen wird, hat einen großen Einfluss sowohl auf die Bereitstellung als auch auf die Kosten der Prototypen. Standortentscheidungen, die im Produktionsbereich getroffen werden, haben ebenfalls einen hohen Einfluss auf die Prototypendurchlaufzeit und auf die Kosten. Standortverlagerungen ziehen oft notwendige konstruktive Veränderungen der Bauteile nach sich. Unterschiedliche Bearbeitungsmaschinen mögen über unterschiedliche Einrichtungen zur Werkstückaufnahme verfügen, die in der Konstruktion der Werkstücke berücksichtigt werden müssen. Solche Erfordernisse können sich auf die Gestaltung von Guss- oder Stanzteilen und damit auf den Formen- bzw. Werkzeugbau auswirken.*

Die natürlichen Systemgrenzen können durchaus außerhalb von betrachteten Unternehmensfunktionen und gesellschaftrechtlichen Organisationseinheiten liegen. Prozesse wirken nämlich in der Regel funktions- und unternehmensübergreifend. Das heißt, dass Systeme nicht unbedingt an Organisationseinheiten gebunden sind. Systeme und Prozesse können deshalb nicht zwangsläufig mit der dahinterliegenden Aufbauorganisation zur Deckung gebracht werden. Zwar zeigen sich die Güte der Arbeitsweise und die Leistung von Organisationen in der Prozessqualität, doch Aufbauorganisationen ergeben sich wegen des Spezialisierungszwanges nicht immer aus dem Prozessfluss. Deshalb müssen Systeme hinreichend umfassend abgesteckt werden.

Daraus ergeben sich zwei Empfehlungen:

1. Eine dem Prozess angemessene Erfassung angrenzender Organisationseinheiten und Systeme ist unbedingt sicherzustellen und

2. die Beteiligten dieser angrenzenden Systeme müssen in die Gestaltung einbezogen werden, um die Prozesse über Organisationsgrenzen hinweg durchgehend zu gestalten, ohne aber bestehende Spezialisierungsvorteile der eingebundenen Einheiten zu beschneiden.

### 3.2.4.3.2    Zieldefinition

Im nächsten Schritt wird von den Beteiligten gemeinsam ein Ziel formuliert, das mit dem System erreicht werden soll, und zwar vor dem Hintergrund des Umfeldes, in das das System eingebunden ist. Das Ziel ist dann systemisch sinnvoll, wenn der Nutzen, der dem übergeordneten System durch das betrachtete System zugeführt wird, optimiert wird. Auch Unterziele sind nur dann sinnvoll, wenn sie das Hauptziel stützen. Die Herausforderung besteht darin, ein schlüssiges Zielsystem aufzustellen. Dabei kann die Balanced-Scorecard-Methode helfen.

Das Ziel des Systems ist die Vorgabe für die zu gestaltende Leistungsfähigkeit des Systems. Jede Aktivität muss sich daran messen lassen, welchen Beitrag sie direkt oder indirekt zur Erfüllung des Ziels leistet. Beiträge, die vordergründig aus der Perspektive einzelner Einheiten sinnvoll erscheinen, im Wechselspiel mit anderen Beiträgen aber zu einer Verschlechterung führen, müssen korrigiert werden.

Bei der systemisch orientierten Zielsetzung können folgende Leitfragen helfen:

- Sind die Aktivitäten innerhalb des Systems so angelegt, dass sie zirkulär sind, oder haben sie – wie es klassisch üblich ist – einen Anfangs- und einen davon verschiedenen Endpunkt?

- Ergeben gegebenenfalls mehrere Prozesse zusammen einen zirkulären Prozess?

- Orientieren sich die Entscheidungen im System an ihren voraussichtlichen Wirkungen und nicht an Absichten?

- Schließen die Aktivitäten nahtlos aneinander an und ergeben sie einen durchgehenden Prozess?

- Ist die Varietät des Systems hinreichend ausgeprägt?

- Besteht genügend Vielfalt innerhalb der Systemelemente, dass Funktionen von verschiedenen Systemelementen ausgeführt werden können (Redundanz)?

- Sind stabilisierende Rückkopplungsmechanismen verfügbar und wirksam?

- Ist im System genügend Wissen über das Verhalten des Systems selbst verfügbar?

- Wo wird Blindleistung erbracht, also Beiträge, die im weiteren Verlauf im System nicht verwendet werden?

- Wo bestehen Quellen für Fehlleistung wegen unzureichender Abstimmung?

- Wo fallen wegen fehlender Integration Doppelleistungen an?

- Sind die Prozesse der Organisation anschlussfähig (Vernetzungsfähigkeit)?

- Wird Information vom Umfeld systematisch in die Organisation hineingetragen und sinnvoll verarbeitet?

- Kann die Organisation auf Chancen und Risiken rasch reagieren?

■ Wird kollektive Intelligenz in der Organisation genutzt?

■ Kann die Organisation aus sich selbst heraus Reserven mobilisieren (Homöostase)?

### 3.2.4.3.3    Bündelung der Aufgaben in sinnvolle Prozessschritte

Wie wir gesehen haben, äußern sich Wirkungsgefüge in Organisationen in Form von Prozessen. Ein Prozess kann also durchaus als *ein System aus Wirkungsflüssen* betrachtet werden. Die in den Prozess eingebundenen Einheiten bzw. Personen sind dann die Systemelemente, die im Austausch miteinander einen Ablauf bewirken. Im Zusammenspiel miteinander ergibt sich die Prozessqualität.

Auftragsdurchläufe durch einen Prozess unterliegen denselben Mechanismen wie Werkstücke in einem Fertigungsablauf. Bemerkenswert ist, dass in beiden Fällen in der Praxis oft Beobachtungsfehler gemacht werden, die zu Dysfunktionen führen. Während ein Werkstück von einer Bearbeitungsmaschine zur nächsten gereicht wird, bis am Ende ein Produkt entsteht, vollziehen sich nämlich entscheidende Koordinationsschritte im Hintergrund: Informationen und Materialien müssen zu den jeweiligen Bearbeitungsphasen bereitgestellt werden. Um Aufträge durch einen definierten Prozess zu führen, müssen ebenfalls Abstimmungen vorgenommen und Vorbereitungen getroffen werden. Die Prozessqualität hängt maßgeblich von der Güte dieser Abstimmungen und Vorbereitungen und von angemessenen Vorlaufzeiten ab, während die Produktqualität wiederum von der Prozessqualität (beziehungsgebunden) sowie der Eignung der eingebundenen Bearbeitungszentren, Ressourcen und Arbeitsanweisungen (elementgebunden) abhängt.

Mit CyberPractice werden Bündel kohärenter Aufgaben zu Prozessschritten zusammengefasst. Der CyberPractice-Ansatz sieht vor, dass in jedem Prozessschritt die Schnittstellenanforderungen erfüllt werden, die Voraussetzung für den jeweils nächsten Prozessschritt sind. Da in jeden Prozessschritt aber verschiedene Einheiten bzw. Personen eingebunden sind, gilt es, diese Einheiten bzw. Personen (die „Systemelemente") so miteinander interagieren zu lassen, dass sie gemeinsam das Ziel des betrachteten Prozessschrittes erreichen. So finden die am nächsten Prozessschritt Beteiligten die Voraussetzungen für ihre Arbeit erfüllt. Es mag sogar sein, dass Einheiten bzw. Personen in mehrere Prozessschritte eingebunden sind. Es ist also nicht so, dass eine Einheit bzw. Person einen Bearbeitungsstand an eine weitere Einheit bzw. Person weiterreicht, die dann weitere Bearbeitungsschritte am „Werkstück" ausführt; vielmehr wird eine Sequenz bestimmter Arbeitspakete von Teams aus verschiedenen Parteien abgearbeitet. Deshalb muss das abgestimmte Erreichen der Ziele aller Prozessschritte im Vordergrund des Interesses stehen, nicht die individuellen Leistungen einzelner Handelnder.

### 3.2.4.3.4    Systemisch angelegtes Management-Setup

Der Kopf der CyberPractice-Methode ist das richtige „Management-Setup", das aus den folgenden Komponenten besteht:

- Schärfung des Bewusstseins des Management-Teams für systemische Zusammenhänge,

- System-Design,

- Abstimmung der Schnittstellen zwischen den Systemelementen und

- Entwicklung und Einführung geeigneter Rückkopplungsmechanismen.

Der Veränderungsprozess zu systemisch angelegtem Arbeiten muss vom Top-Management initiiert und geführt werden. Eine notwendige Voraussetzung hierfür ist, dass das Top-Management Systemkompetenz entwickelt, wie in **Abbildung 3.5** skizziert. Das bedeutet zunächst, dass eine *systemische Haltung* der Top-Manager sichergestellt werden muss, aber auch, dass das Top-Management über *hinreichende Kenntnisse in systemisch greifenden Methoden* verfügt. Schließlich muss eine ausreichende *Umsetzungskompetenz* gegeben sein.

Alle drei Voraussetzungen können durch die richtige Personalauswahl auf oberster Ebene, mittels Coaching und/oder durch geeignete Schulungen geschaffen werden.

**Abbildung 3.5:** Systemkompetenz als Voraussetzung für gute Ergebnisse

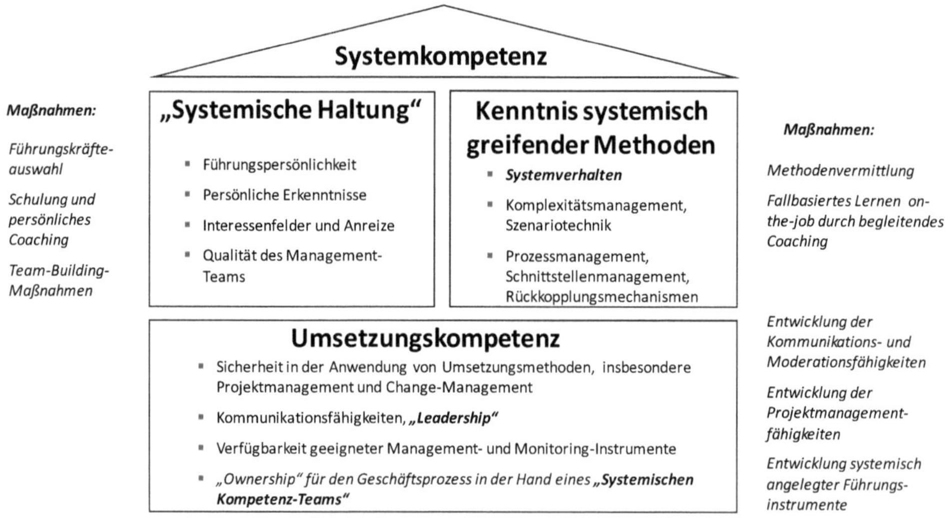

In klassisch arbeitenden Organisationen hat kaum jemand eine Vorstellung davon, wie viel besser die Organisation funktionieren könnte, wenn sie systemisch sinnvoll angelegt wäre. Wird von einem oder mehreren Mitgliedern des Top-Management-Teams der systemische Gedanke nicht mitgetragen, ist jede Veränderungsinitiative zum Scheitern verurteilt. Es obliegt dem Aufsichtsrat bzw. dem Beirat der Unternehmen, die „richtigen" Top-Leute an Bord zu bringen und sich gegebenenfalls auch von guten Fachleuten an der Spitze zu trennen, sollte sich ihre persönliche Einstellung nicht mit gutem systemischen Management vereinbaren lassen.

CyberPractice sieht vor, dass Manager, die für systemisches Denken aufgeschlossen sind, durch geeignetes Rüstzeug in die Lage versetzt werden, effektiv zu wirken. Methodisches Know-how und Instrumente für Systemisches Management können in speziellen Seminaren und Workshops erworben und durch Coaching on-the-Job erprobt und gefestigt werden. Im Vordergrund der Schulungsinhalte stehen ein besseres Verständnis des Verhaltens von Systemen, die Bewältigung von Komplexität, Prozessmanagement-Skills und die Befähigung, wirksame Rückkopplungsmechanismen zu installieren.

Schließlich sollten Organisationsentwickler auch darauf achten, dass die Umsetzungskompetenz in der Organisation vorhanden ist. Dazu sieht der CyberPractice-Ansatz vor, insbesondere die Projektmanagement- und Change-Management-Fähigkeiten des Top- und des Middle-Managements zu fördern. Neben Hinweisen zur Personalauswahl bietet es sich an, in speziellen Maßnahmen die Kommunikations-, Moderations- und Konfliktmanagement-Fähigkeiten der Führungskräfte zu entwickeln, um eine hohe Leadership-Qualität im betrachteten Prozess sicherzustellen. Nach dem Motto „Was nicht überprüft wird, geschieht auch nicht" sollten auch Management- und Monitoring-Instrumente eingeführt und verwendet werden, um den Erfolg der Maßnahmen auf dem Weg zu systemischem Management verfolgen zu können. Hierzu zählen vor allem der Einsatz der Balanced-Scorecard-Methode und spezielle Human-Resources-Methoden und -Instrumente.

Während der Umsetzung nach der CyberPractice-Methode ist es unabdingbar, die Verantwortung für den Prozess dem Kollektiv der Prozessbeteiligten zu übertragen. Wird dieser wichtige Schritt nicht gegangen und stattdessen die Verantwortung einer Einzelperson anvertraut, kann die kybernetische Arbeitsweise nicht zum Leben erweckt werden. Vielmehr riskieren Organisationsentwickler und Management dann bewusst oder unbewusst, dass der Verantwortliche als Sündenbock missbraucht wird, sich aber nichts wirklich verbessert.

### 3.2.4.3.5 System Design

*Abstimmung der Schnittstellen zwischen den Systemelementen*

Zur Verknüpfung der Systemelemente greift die CyberPractice-Methode auf das *Kanban-Prinzip*[29] zurück, ein Hol-Prinzip (auch: Pull-Prinzip), das seit den 1970er Jahren für die Produktionsablaufsteuerung in der Automobilindustrie verwendet wird. Damit das Hol-Prinzip funktioniert, müssen die nachgefragten Informationen, Dienstleistungen und Güter rechtzeitig in der benötigten Menge bereitgestellt werden können. Aus dieser Betrachtung resultieren Schnittstellenanforderungen zwischen den Systemelementen, die von den Beteiligten verhandelt werden müssen. Hier greift die CyberPractice-Methode Erkenntnisse über das *Schwarmverhalten* auf. Das einheitliche Auftreten eines Schwarms erklärt sich, wie in Abschnitt 2.3 ausgeführt, aus einfachen Interaktionen zwischen Individuen.[30] *Diese Interaktion basiert auf der gleichzeitigen Präsenz von Abstoßung, Ausrichtung und Anziehung:*

Eine klare und nahtlose Zuordnung der Verantwortlichkeiten sorgt für geringe Reibung (Abstoßung), alles Tun wird an einem gemeinsamen Ziel ausgerichtet (Ausrichtung, Orientierung) und Verständnis für die gegenseitigen Bedürfnisse führt zu abgestimmtem Handeln (Anziehung).

Wenn wir uns – ausgehend von dem Ziel des Prozesses – rückwärts durch die Wertschöpfungskette des Systems bis zur ersten Schnittstelle zwischen den Elementen durcharbeiten, besteht die Kernfrage darin zu erfahren, welche Voraussetzungen in Bezug auf die Faktoren Material, Information und Energie gegeben sein müssen, damit das Element, das nach der Schnittstelle aktiv werden soll, erfolgreich sein kann. Des Weiteren muss vereinbart werden, wer diese Voraussetzungen schaffen soll. Hier kommen die in den Prozess involvierten Beteiligten ins Spiel. Die Erwartungen an den Schnittstellen werden nämlich zwischen den jeweils Beteiligten ausgehandelt und explizit vereinbart.

---

**Abbildung 3.6:**    Vertrauen: Eine Szene aus einem Team-Event bei Dr. Boysen Consulting

---

Herausforderung, die nur mit Vertrauen zu bewältigen ist.

---

In Anlehnung an das Kanban-Prinzip wird mit den Zielen des Gesamtprozesses begonnen. Das sind in der Regel die Ergebnisse, die internen oder externen Kunden zur Verfügung gestellt werden sollen. Die Prozessziele sind also die Schnittstellenanforderungen zwischen diesen Kunden und dem letzten „Element" des internen Prozesses. Als Nächstes wird ermittelt, welche Bedingungen erfüllt werden müssen, damit dieses letzte Element seine Aufgabe erfüllen kann. So entstehen die Schnittstellenanforderungen zwischen den beiden letzten Elementen. Diese Vorgehensweise setzt sich durch den Prozess hinweg fort bis zum ersten Element, für dessen Output durchaus ein Lieferant verantwortlich sein kann.

Die Verhandlung der Schnittstellenanforderungen findet in einem *kommunikativen Austausch* zwischen den Parteien statt, die in die betreffenden Prozessschritte eingebunden sind. Durch die Erfüllung der Voraussetzungen werden die Beteiligten schrittweise befähigt, ihre Aufgabe besser auszuführen.

Die entlang des Prozesses benötigten Informationen werden zunächst aus den Schnittstellenanforderungen gesammelt und zusammengestellt. Im nächsten Schritt werden die datenführenden Informationssysteme, die diese Informationen tragen, identifiziert. Schließlich werden die Informationen an die jeweiligen Anforderer geleitet. Hierbei sollte darauf geachtet werden, dass die Beteiligten nicht mit zusätzlichen Systemen belastet werden; stattdessen sollten die Informationen entweder in einer prozessübergreifend verfügbaren Anwendung bereitgestellt werden oder in Anwendungen, die die Anforderer bereits einsetzen.

Um einen abgestimmten Ablauf zu erreichen, ist eine problembezogene, vernetzte Arbeitsweise der Beteiligten erforderlich. Die CyberPractice-Methode schafft in einer Parallelwelt zur hierarchischen Aufbauorganisation Räume für diese problembezogene Vernetzung. Dazu wird ein *Systemisches Kompetenz-Team* eingerichtet. Das Systemische Kompetenz-Team ist ein sich dynamisch konfigurierender Arbeitskreis, der sich aus sachverständigen Prozessbeteiligten möglichst aller relevanten involvierten Funktionen und Bereiche zusammensetzt. Bei der Zusammenstellung dieses wichtigen Teams kommt es bewusst nicht auf die Hierarchiestufen an, auf der sich die Teilnehmer befinden, sondern auf deren Gestaltungskompetenz. Allerdings sollten die Mitglieder des Systemischen Kompetenz-Teams eine gewisse Kommunikations- und Gestaltungsfähigkeit mitbringen.

**Abbildung 3.7:**    Systemischer Diskurs als Vorbereitung guter und durchsetzungsfähiger Management-Entscheidungen

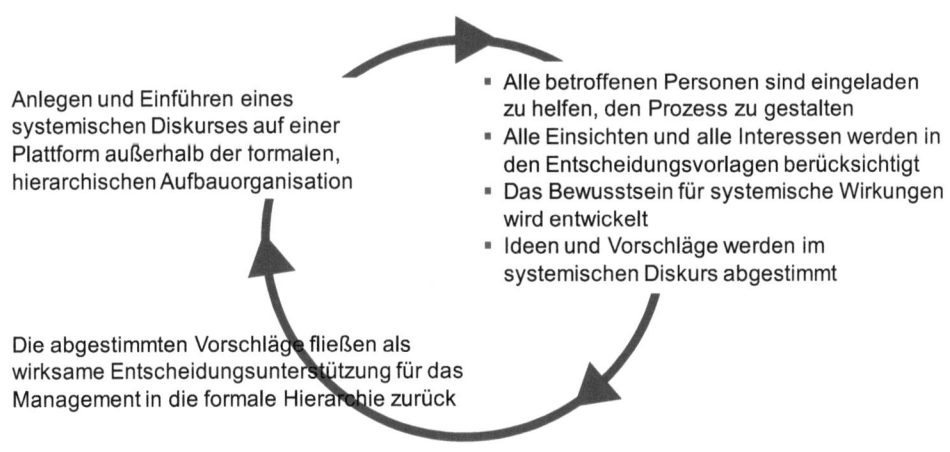

Anlegen und Einführen eines systemischen Diskurses auf einer Plattform außerhalb der formalen, hierarchischen Aufbauorganisation

- Alle betroffenen Personen sind eingeladen zu helfen, den Prozess zu gestalten
- Alle Einsichten und alle Interessen werden in den Entscheidungsvorlagen berücksichtigt
- Das Bewusstsein für systemische Wirkungen wird entwickelt
- Ideen und Vorschläge werden im systemischen Diskurs abgestimmt

Die abgestimmten Vorschläge fließen als wirksame Entscheidungsunterstützung für das Management in die formale Hierarchie zurück

Alle Beteiligten identifizieren sich mit den erarbeiteten Lösungsvorschlägen und unterstützen ihre Umsetzung. Deshalb funktionieren Lösungsvorschläge, die in systemischer Abstimmung gefunden werden. Die Kundenzufriedenheit verbessert sich – und die Motivation der Beteiligten ebenfalls.

Alle Mitglieder des Systemischen Kompetenz-Teams werden zunächst in Grundlagen kybernetischer Prinzipien geschult, um Verständnis für systemische Zusammenhänge zu schaffen und das Bewusstsein für eigene Beeinflussungsmöglichkeiten zu schärfen. Die Aufgabe der Mitglieder des Systemischen Kompetenz-Teams besteht darin, kritische Anliegen aus ihren Fachbereichen in den Kreis einzubringen und sie dort mit den anderen Teilnehmern zu erörtern. Die Präsenz der relevanten Funktionen und Einheiten im Kompetenz-Team ermöglicht eine Problembetrachtung aus allen Perspektiven und führt zu einer systemischen Betrachtung. Dabei werden sowohl die Vielfalt, aus der Neues entstehen kann, als auch das Potenzial verteilter Erfahrungen, aus denen Best Practices abgeleitet werden können, genutzt. Durch die Einrichtung eines Systemischen Kompetenz-Teams wird ein *konstruktiver Diskurs* hergestellt, in den alle relevanten Aspekte einfließen (Fakten-Check). Es wird nicht wie sonst oft üblich nach der Pareto-Regel 80/20 vorgegangen; vielmehr werden alle „lokalen" Aspekte aufgenommen und behandelt, die sich maßgeblich auf das Ganze auswirken können. Dadurch wird der Lösungsraum nicht verengt. Es wird vermieden, dass komplexe Sachverhalte unzulässig reduziert werden, denn die Entscheidungsfindung erfolgt auf der Basis der vollen verfügbaren Information. Relevanzfilter werden durch das Systemische Kompetenz-Team systemisch angemessen gesetzt. Auch „blinde Flecken", also wichtige Zusammenhänge, die man prinzipiell wahrnehmen könnte, sie aber aus Naivität, Selbstüberschätzung, Eitelkeit oder Angst nicht wahrnimmt, werden aufgedeckt. Im breit und systemisch angelegten Dialog werden Unstimmigkeiten, Reibungen und Spannungen zuverlässiger erkannt, als dies ein Management-Team könnte. Außerdem, und das ist besonders bemerkenswert, ist das Systemische Kompetenz-Team in der Lage, diese Unzulänglichkeiten unmittelbar im Prozess selbst auszuregeln.

Durch das Systemische Kompetenz-Team wirken Organisationen nicht mehr an den Schnittstellen der „Black Box" komplexer Sachverhalte, sondern unmittelbar in der Black Box, denn die Teilnehmer verkörpern ja die komplexen Zusammenhänge und tragen mögliche Konflikte im systemisch angelegten Diskurs aus. Positive Rückkopplungen in diesem mehrschleifigen Diskurs und Lerneffekte tragen dazu bei, dass Best Practices anschließend schnell verbreitet und ausgerollt werden. Deshalb ist nicht nur die punktuelle Effektivität hoch, sondern auch der Wirkungshebel enorm.

*Der Dialog im Systemischen Kompetenz-Team wird moderiert.* Der Moderator legt gemeinsam mit den Teilnehmern die Regeln fest, nach denen der Dialog geführt werden soll, und sorgt dafür, dass diese Regeln eingehalten werden. Er moderiert Konfliktgespräche und führt Methoden des systemischen Coachings ein. Dadurch verbessert sich die *Konfliktkultur* im Systemischen Kompetenz-Team. Vor allem aber *wird dafür gesorgt, dass das System bessere Informationen über sich selbst erhält und zunehmend die Verhaltensmuster erkennt und zu nutzen lernt.* Ein besseres Verständnis der Wirkungszusammenhänge und Rückkopplungen im System schärft außerdem den Sinn dafür, dass nicht die Absicht, sondern die voraussichtliche Wirkung das wesentliche Kriterium für Entscheidungen sein sollte (*Zirkularität*). Dadurch werden Organisationen in die Lage versetzt, sinnvolle neue Ordnungen und Lösungen zu schaffen (*Emergenz*). Die Mitglieder des Systemischen Kompetenz-Teams lernen im moderierten Diskurs auch, stabilisierende Rückkopplungsmechanismen zu entwerfen. Außerdem sorgt eine gute systemische Moderation des Diskurses dafür, dass von außen nach innen gedacht wird, also die Anforderungen des Systemumfeldes als Ausgangspunkt gesetzt werden. Dadurch wird sichergestellt, dass die nach Ashby[31] erforderliche Varietät erkannt und im System entwickelt wird.

Die Handlungsempfehlungen, die das Systemische Kompetenz-Team erarbeitet, müssen zur Umsetzung in die einzelnen Fachbereiche zurückgegeben werden. Es hat sich in der Unternehmenspraxis – insbesondere in der Übergangsphase zu systemischer Arbeitsweise – als durchsetzungsfähiger erwiesen, wenn die Aufforderung zur Handlung über die formalen Fachvorgesetzten in die Fachbereiche eingespielt wird, statt sie durch die Kompetenz-Team-Mitglieder an ihre Kollegen herantragen zu lassen. Die Umsetzungsempfehlungen, die im Systemischen Kompetenz-Team entwickelt wurden, werden also in die hierarchische Aufbauorganisation zurückgeführt. Das mag nach einem methodischen Bruch aussehen, aber durch diese Vorgehensweise werden zwei erfolgskritische Anforderungen erfüllt:

■ Die Empfehlungen werden dezentral und aus ganzheitlicher Sicht im systemisch angelegten Dialog erarbeitet, und

■ die verbindliche Umsetzung der resultierenden systemisch sinnvoll abgestimmten Schritte wird durch eine straffe Führung entlang der etablierten Hierarchie erreicht.

**Abbildung 3.8:**   Wirkungskreislauf und Funktionsweise des Systemischen Kompetenz-Teams als „Parallelwelt" zur Hierarchie

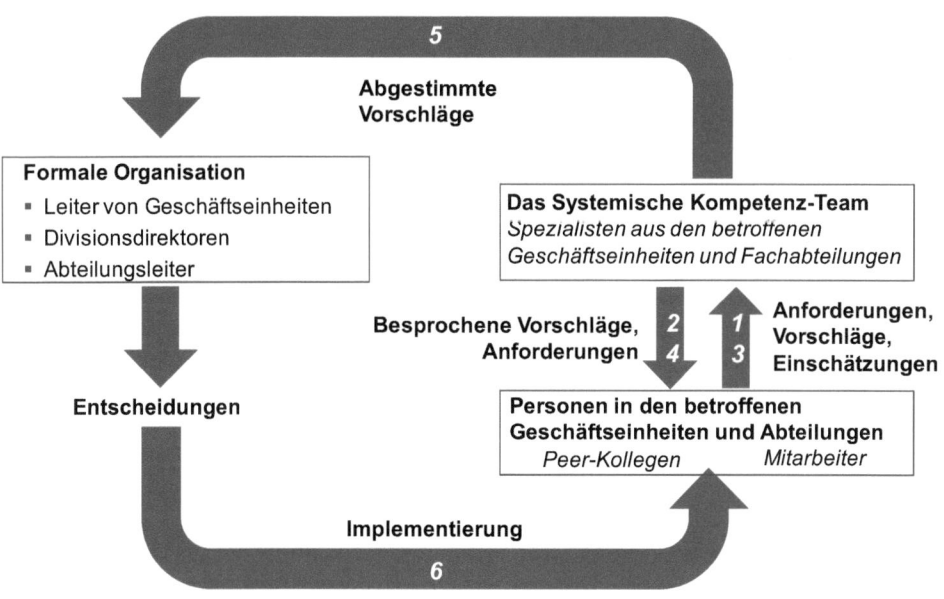

**Abbildung 3.8** zeigt, wie Anforderungen und Vorschläge von der Arbeitsfront in den Systemischen Diskurs eingebracht (1), dort abgestimmt (2) und wieder zur Beurteilung in die Arbeitsgruppen zurückgegeben werden (3 und 4), bevor die in mehreren Runden abgestimmten Lösungen als Empfehlung der formalen Entscheidung dem Management-Team zugeführt werden (5), das die Entscheidung trifft (6) und deren Implementierung in den Geschäftsbereichen nachhält (7). Weiterer Verbesserungsbedarf wird von den Bereichen wiederum in den systemischen Diskurs eingebracht, womit der Kreislauf wiederholt durchlaufen wird.

Die Ergebnisse können mit einer einfachen Modellierungs-Anwendung unmittelbar dokumentiert und visualisiert werden. So können aufgenommene Entscheidungsvorschläge von den Beteiligten unmittelbar betrachtet und bestätigt bzw. feingeschliffen werden. Pragmatisch konzipierte Geschäftsprozessmodellierungsanwendungen wie awino, die ich bereits in Abschnitt 3.2.1 im Kontext der Prozessbeschreibung erwähnt habe, spiegeln Prozesse und alle Änderungen in den Abläufen sogar direkt in der Ausführung wider. Dadurch hilft awino, Implementierungshürden zu bewältigen, denn Veränderungen gehen sofort „live".

Eine weitere wesentliche Voraussetzung für den Umsetzungserfolg besteht darin, dass die Führungskräfte, die den Fachbereichen vorstehen, das Umsetzungsprojekt kompromisslos unterstützen und fördern. Sie sollten die Umsetzung der Empfehlungen, die im Kompetenz-Team erarbeitet wurde, vorantreiben. Um diese Voraussetzung zu erfüllen, dürfen die Maßnahmen im Zuge des Management-Setups nicht vernachlässigt werden. Außerdem ist eine entsprechende *„enzymische" Haltung*[32] *des Top-Managements* förderlich. „Enzymisch" heißt, in Analogie zu den Enzymen, durch die Präsenz und das Schaffen geeigneter Voraussetzungen Vorgänge zu ermöglichen, ohne aber den Weg selbst zu erzwingen. Der Weg ergibt sich vielmehr aus dem Zusammenspiel der unmittelbar am Prozess Beteiligten. An dieser Stelle schwingt auch eine Facette der Schwarmintelligenz mit: Ein Schwarm organisiert sich selbst. Er funktioniert auch für die einzelnen Mitglieder dann am effektivsten, wenn alle den Fluss des Schwarms erkennen und verstärken, statt ihn zu stören. Enzymisches Management erfordert ein gewisses Vertrauen in die Fähigkeiten des Systems, fördert diese aber gleichzeitig.

Auch formal-methodisch ist es sinnvoll, wenn die Lösungsvorschläge für die Herausforderungen, die aus der formalen Aufbauorganisation in die „Parallelwelt" des Systemischen Kompetenz-Teams übergeben wurden, dann als Arbeitsergebnisse in die formale Hierarchie eingespeist werden, um das Management in der systemisch abgestimmten Entscheidungsfindung zu unterstützen. In der formalen Hierarchie wird über die Vorschläge des Systemischen Kompetenz-Teams entschieden und gegebenenfalls veränderte Abläufe werden freigegeben. Der Kreislauf schließt sich. Eine systemisch sinnvolle Arbeitsweise stellt keineswegs die hierarchische Aufbauorganisation in Frage. Hierarchie gibt sowohl Verlässlichkeit als auch Sicherheit und motiviert durch perspektivische Karrieremöglichkeiten. Mit CyberPractice werden aber auch intrinsische Motivationsfaktoren angesprochen. Sie erschließt dem in eine Organisation eingebundenen Menschen, sich fachlich und persönlich zu entwickeln und seine Kommunikations- und Teamfähigkeit im interdisziplinären Diskurs zu entfalten.

*Entwicklung geeigneter Rückkopplungsmechanismen*

Um den Prozess systemisch stabilisieren zu können, werden Rückkopplungsmechanismen (Feedback-Loops) vorgesehen, die ein Ausbalancieren möglicher Störgrößen, also eine Regelung, ermöglichen. Das Schwarmverhalten aufgreifend äußern sich Störgrößen dadurch, dass entweder die Abstoßung oder die Ausrichtung oder auch die Anziehung nicht richtig funktioniert oder das Zusammenspiel aus diesen drei Kräften nicht im Gleichgewicht steht. Es kann zu Kollisionen kommen oder die Orientierung des Schwarms schwindet oder der Zusammenhalt des Schwarms kann verloren gehen. Um diese unerwünschten Wirkungen zu vermeiden, müssen Störgrößen schnell kommuniziert und vom Schwarm verstanden werden.

Bewährte Mechanismen bestehen, wie bei Tierschwärmen beobachtet, in einer durchgehenden Information über die Fortschritte konkreter Geschäftsvorgänge, die den betrachteten Prozess durchlaufen. Projekt-Status, Milestone-Ereignisse, Abweichungen und Änderungen werden entlang des Prozesses kanalisiert kommuniziert. Insbesondere (drohende) Abweichungen vom Soll werden unmissverständlich, ggf. mit Hilfe eines rasch zu erfassenden Ampelsystems, und unmittelbar kommuniziert an die internen Auftraggeber und an die Beteiligten, die korrektive Maßnahmen einleiten sollen – die benachbarten Individuen im Schwarm. Zusätzlich werden Vorfälle, die sich im definierten Prozess nicht auffangen lassen, im Systemischen Kompetenz-Team besprochen. In diesem Team, in dem alle relevanten Disziplinen und Funktionen repräsentiert sind, kann in der Regel ein Lösungsvorschlag erarbeitet werden. Es mag sein, dass solche kritischen Vorfälle Anlass geben, den Prozess weiter zu schärfen. Entsprechende Veränderungsvorschläge werden vom Systemischen Kompetenz-Team als Umsetzungsempfehlung an das Management herangetragen. Sollte das Systemische Kompetenz-Team nicht in der Lage sein, unter den gegebenen Umständen zu einer abgestimmten Lösung zu gelangen, wird es den Fall an das Top-Management weitergeben. Diese Fälle deuten darauf hin, dass entweder das Problem nicht aus dem System heraus gelöst werden kann oder die Organisation formale Schwachstellen aufweist, die nur das Management beseitigen kann. In jedem Fall weist die Rückkopplung nicht lösbarer Probleme in die Hierarchie das Top-Management auf bestehenden Handlungsbedarf hin.

In Umsetzungsprojekten zeigt sich, dass das Systemische Kompetenz-Team nicht nur im Zuge der Prozessgestaltung, sondern auch beim späteren Einsatz der Rückkopplungsmechanismen eine vitale Rolle spielt. Deshalb sollte das Systemische Kompetenz-Team nicht aufgelöst werden, nachdem der betrachtete Prozess einmal überarbeitet und eingeführt worden ist. Vielmehr sollte dieses Team auch künftig den Schwarm repräsentieren und das Verhalten der Gesamtorganisation über die laufenden Interaktionen zwischen den Individuen prägen.

### 3.2.4.3.6    Die vier System-Services

*Sinnvolle Neuzuweisung von Ressourcen*

Wenn die Systemelemente neu gestaltet worden sind, muss auch überprüft werden, ob die Ressourcen (noch) sinnvoll zugewiesen sind. Werden strukturelle Veränderungen nicht durch eine Anpassung der Ressourcen begleitet, kann es zu asymmetrischen Ausgangsvoraussetzungen und daraus resultierenden Engpässen und Ungleichgewichten im Prozess kommen. Korrekturen müssen mit äußerster Sorgfalt ausgeführt werden.

Dabei sind personelle Kapazitäten, Kompetenzen und Skills ebenso zu überprüfen wie finanzielle und maschinelle Ressourcen sowie andere kapazitive Voraussetzungen. Eine konsequente Zuweisung der Ressourcen gemäß den systemisch sinnvoll gestalteten Prozessen führt in der Regel unter dem Strich zu einer Verringerung der benötigten Ressourcen. Damit dieser Vorteil tatsächlich erschlossen werden kann, muss darauf geachtet werden, dass die Abteilungsleiter eine sinnvolle Zuweisung der Ressourcen aus ganzheitlicher Perspektive unterstützen und keine Sicherung ihrer Pfründe auf Abteilungsebene verfolgen. An dieser Stelle zeigt sich, wie weit systemisches Denken in der Organisation wirklich verankert ist.

Eine personelle Re-Adjustierung kann durchaus mehrere Monate in Anspruch nehmen, denn es sind Stellenprofile zu erstellen, (interne oder externe) Ausschreibungen durchzuführen, Auswahlverfahren zu durchlaufen und vertragliche Veränderungen vorzunehmen. Auch der durch die Umgestaltung erforderliche Einarbeitungsaufwand und der Umgang mit eventuell auftretenden personellen Lücken, die interne Bewerber hinterlassen, und mit Personen, deren Aufgaben künftig entfallen werden, sind zu bewältigen.

Bis diese Voraussetzungen erfüllt sind, ist eine Übergangszeit zu durchlaufen. Während dieser Übergangszeit ist es besonders wichtig, dass mögliche Unzulänglichkeiten von allen Beteiligten gemeinsam überwunden werden. Ist diese kollektive Verantwortung nicht gesichert, kann die Umsetzung sogar zu Fall gebracht werden. Deshalb ist professionelles Leadership (s. unten) in dieser Übergangsphase wichtig, insbesondere Orientierung und die Vermittlung einer lohnenden Vision.

Sieht das verabschiedete Umsetzungskonzept Sachressourcen vor, müssen auch diese rechtzeitig bereitgestellt werden. Jede Umschiffung von Investitionsentscheidungen kann in dieser Umsetzungsphase den gesamten Projekterfolg in Frage stellen. Deshalb ist es notwendig, sich vor der Einleitung der Umsetzungsphase grob über den Kosten- und Investitionsrahmen klar zu werden und eine bewusste Ressourcenentscheidung zu treffen.

Wenn Systeme Impulse erhalten, benötigen sie eine gewisse Einschwingzeit, um sich wieder zu stabilisieren. Dass sich messbare Erfolge mit einer zeitlichen Verzögerung auf die ergriffenen Maßnahmen einstellen können, sollte bei der Ressourcenzuteilung berücksichtigt werden.[33]

*Integration der Informationssysteme*

Zur Umsetzung der prozessübergreifenden Information und Kommunikation zwischen den Beteiligten ist ein gutes Zusammenspiel der Informationssysteme unabdingbar. Die für einen reibungsfreien Ablauf erforderlichen Informationen, die im Rahmen der vereinbarten Erwartungen an den Schnittstellen identifiziert worden sind, müssen allen Betroffenen zeitnah zugänglich sein.

Es sollten aber keine Maximalforderungen gestellt werden, die in der Regel nur durch weitgreifende IT-Integrationsprojekte erfüllbar sind. Vielmehr sollte präzise festgelegt werden, welche Informationen von den Beteiligten wirklich gebraucht werden, um

1.  die jeweiligen Aufgaben innerhalb der Prozessphasen gut erfüllen zu können und

2.  die Abstimmung und Lerneffekte über den Prozess hinweg zu unterstützen.

Nicht die Masse an Informationen, sondern das richtige Maß und die richtige Kanalisierung tragen zu einer Prozessverbesserung bei. Statt ein umfangreiches IT-Projekt aufzusetzen, ist es empfehlenswert, sich intensiv mit dem Potenzial auseinanderzusetzen, den der betrachtete Prozess birgt.

Wenn klar wird, welche Informationen bereitgestellt werden sollen, muss festgestellt werden, welche Anwendungen bzw. Datenbanken datenführend sind. Empfehlenswert ist es, Anwendern den Zugang zu weiteren Informationen nicht durch zusätzliche IT-Anwendungen zu verschaffen, sondern die Informationen möglichst in Anwendungen bereitzustellen, die von den Informationsempfängern bereits laufend genutzt werden. Gegebenenfalls müssen zwischen den Anwendungen zusätzliche Schnittstellen geschaffen werden. Flankierende Benachrichtigungen über einen E-Mail-Push-Dienst (Notification-Service) können die Aufmerksamkeit der Prozessteilnehmer für besondere Ereignisse deutlich fördern.

*Stärkung der Leadership-Fähigkeiten*

Jede Organisation benötigt ein gewisses Maß an Führung. Diese Führung sollte Orientierung geben und ein Regelwerk an Rahmenbedingungen umfassen, innerhalb dessen sich die Mitglieder der Organisation bewegen können. Hierbei bewährt sich der Ansatz des „*Enzymischen Managements*"[34], der vor allem beinhaltet, dass das Management-Team wie ein Enzym bewirkt, dass Lösungsvorschläge erarbeitet werden, ohne selbst in dem Prozess aufzugehen. Die Aufgabe des Managements besteht darin, die Voraussetzungen dafür zu schaffen, dass mit dem Systemischen Kompetenz-Team eine Plattform für einen Dialogprozess neben der Hierarchie entsteht, in dem Lösungen reifen und Störgrößen ausgeregelt werden können. Wie bereits oben erwähnt, ist der Weg zu einer stabilisierenden Selbstregelung keinesfalls mit Laisser-Faire zu verwechseln, sondern eine Führungsaufgabe, die höchste Aufmerksamkeit des Top-Managements erfordert. Um eine ganzheitliche, disziplinenübergreifende Sicht herbeizuführen und wirksame Rückkopplungseffekte zu erschließen, muss der Dialog vom Management initiiert und dafür gesorgt werden, dass die Gespräche im Kompetenz-Team kompetent moderiert werden.

Um die im Systemischen Kompetenz-Team erarbeiteten Lösungsvorschläge beurteilen zu können, muss das Führungs-Team eine zu große Entfernung von den „Realitäten vor Ort" vermeiden und über ein solides Verständnis der Verhältnisse auf der operativen Arbeitsebene verfügen. Neben dem Interesse an den zugrunde liegenden Geschäftsprozessen ist eine durchlässige und gute vertikale Kommunikation unerlässlich. Leadership-Schulungen und On-the-job-Coaching-Maßnahmen für Führungskräfte verbessern diese wichtige Voraussetzung für gutes systemisches Arbeiten.

Für eine konsequente Umsetzung wird ein starkes Management-Engagement gebraucht. Damit die Umsetzung wirklich gelingt, muss das gesamte erarbeitete Maßnahmenpaket umgesetzt werden. Würden nur einzelne Elemente herausgegriffen (Cherry-Picking) und andere Maßnahmen beiseitegelassen, ist mit einem unausgewogenen Resultat zu rechnen. Das würde den systemischen Prinzipien widersprechen, zu neuen Engpässen führen und neue Reibung erzeugen.

Sowohl die kommunikativen Maßnahmen als auch die konsequente Umsetzung der erforderlichen und beschlossenen Umsetzungsschritte können durch ein gutes Projektmanagement, gepaart mit einer hohen Umsetzungsdisziplin, erfolgreich bewältigt werden.

*Einführung eines wirksamen Multi-Projektmanagements*

Der Geschäftsprozess selbst befindet sich auf einer anderen Ebene als die eigentlichen operativen Vorgänge, die durch den Geschäftsprozess geleitet werden. Deshalb genügt es nicht, einen Geschäftsprozess systemisch anzulegen; es müssen auch die Geschäftsvorgänge betrachtet werden, die den Geschäftsprozess durchlaufen.

In der Praxis werden verschiedene Geschäftsvorgänge parallel oder zeitlich versetzt durch einen Geschäftsprozess geführt. Dabei kann es zu einem Wettbewerb um Management-Aufmerksamkeit und andere knappe Ressourcen kommen. Um Terminengpässe und Kollisionen zu vermeiden, ist eine Koordination aller Geschäftsvorgänge zu empfehlen. Ein Multi-Projektmanagement ist dazu unbedingt zu empfehlen. Damit ist gemeint zu entscheiden, wie mit Engpässen und Kollisionen umgegangen werden soll, Notfallpläne zu erarbeiten und klare Verantwortlichkeiten und Eskalationswege für besondere Situationen festzulegen. Es ist nicht in erster Linie eine IT-basierte Multi-Projektmanagement-Anwendung gemeint. In vielen Fällen empfiehlt sich allerdings eine geeignete IT-basierte Anwendung zur Unterstützung von Multi-Projektmanagement. Sollte keine entsprechende Anwendung verfügbar sein, sollte eine zum Unternehmen, zu seiner Kultur und zum Geschäft passende Software ausgewählt und eingeführt werden. Bei der Auswahl kommt es insbesondere auf eine intuitive Bedienbarkeit an; der Funktionenumfang ist in den meisten Fällen nachrangig, weil in der Praxis oft nur Basisfunktionen genutzt werden.

### 3.2.4.4    Fazit

Mit der CyberPractice-Methode steht Organisationsentwicklern eine praxiserprobte Anleitung zur Verfügung, Geschäftsprozesse als Systeme zu verstehen und sie systemisch sinnvoll zu gestalten.

Die Methode basiert auf kybernetischen Grundsätzen und funktioniert, ohne dass diese Prinzipien jedem explizit bewusst sein müssen. Sie beruht auf kybernetischen Grundsätzen. Eine ganzheitliche Betrachtung der Geschäftsprozesse in geschlossenen Systemkreisen mit entsprechenden Rückkopplungsmechanismen wird dadurch umgesetzt, dass die Betroffenen selbst ihren Prozess gemeinsam gestalten und leben. Dabei müssen die Wirkungszusammenhänge – anders als bei anderen Methoden, wie einer Sensitivitätsanalyse oder System Dynamics – nicht explizit gemacht werden; sie werden vielmehr direkt miteinander ausgetragen und Störgrößen werden wirksam ausgeregelt, was dieser Methode einen besonderen Charme verleiht. Mit dem Auftreten von Störgrößen wird sofort im interdisziplinären Dialog eine systemisch verträgliche Lösung erarbeitet und gegebenenfalls auch der Prozess selbst unmittelbar weiterentwickelt und angepasst. Die Analyse und die Umsetzung fallen quasi zusammen. Die Lösungen, die das Systemische Kompetenz-Team entwickelt, entspringen dem System als Ganzem und sind deshalb gut durch- und umsetzbar.

Die CyberPractice-Methode ist ein Verfahren, das die Betroffenen in die Gestaltung von Lösungen einbindet. Deshalb führt sie zu guten Ergebnissen, manchmal auch (nur) zu guten Kompromissen, die aber gemeinsam getragen werden und deshalb durchsetzungsfähig und damit besser sind als der Versuch, „die reine Lehre" top-down anzuweisen. Die Beteiligten werden auf natürliche Weise an kybernetische Prinzipien herangeführt. Sie lernen, sich angstfrei in der Parallelwelt des Systemischen Kompetenz-Teams zu äußern, sehen, wie Systeme Sinnvolles selbst hervorbringen können und wie Menschen einbringen können, was in ihnen steckt.

In Zeiten steigender Informationsflut und zunehmend divergierender Interessen bei steigender Komplexität kommt es auf ein breit angelegtes, gutes Verständnis des Zusammenwirkens an. Die Methode macht sich die Eigenschaft der kollektiven Intelligenz zu eigen und nutzt damit eine Facette der Schwarmintelligenz, die besagt, dass viele regelmäßig zu einer besseren Entscheidung gelangen als Einzelne. CyberPractice schafft die Voraussetzungen hierfür.

Deshalb liefern Prozesse, die nach der CyberPractice-Methode entwickelt und geführt werden, bestmögliche Ergebnisse bezüglich der Dimensionen Qualität, Zeit und Kosten zum Vorteil aller Beteiligten. Dadurch steigen sowohl die Kunden- als auch die Mitarbeiterzufriedenheit, die ihrerseits in Form positiver Rückkopplungen zur weiteren Entwicklung des Systems beitragen.

Abbildung 3.9:    Appetit auf Umsetzung?

Die Akzeptanz und die Wirksamkeit des CyberPractice-Ansatzes in der Unternehmens-praxis sind erwiesen. Damit existiert eine Lösung, die methodisch den Anforderungen komplexer Herausforderungen gerecht wird und gleichzeitig in der Unternehmenspraxis praktikabel ist.

Die Methode CyberPractice unterstützt das formale Management laufend bei der syste-misch sinnvollen Entscheidungsfindung in der Organisation.

Habe ich Ihnen Appetit auf die Umsetzung kybernetischer Prinzipien in Ihrer Organisa-tion gemacht?

## 3.3    Das Systemische Unternehmensprofil als Einstieg

Wenn Organisationsentwickler ihre Unternehmen auf systemisch sinnvolles Management vorbereiten möchten, stehen sie vor der Frage, wie sie in ihrer Organisation den Einstieg in eine systemische Denk- und Arbeitsweise vorbereiten können. Mit dieser Frage sind wir bei Dr. Boysen Consulting häufig konfrontiert worden. Deshalb haben wir eine spezifische strukturierte Befragung entwickelt, deren Antworten ein aussagekräftiges Profil der Orga-nisation aus systemischer Perspektive ergeben. Sowohl durch die Befragung selbst als auch durch deren Auswertung sowie deren anschließende Besprechung werden die Befragten an die wesentlichen Prinzipien der Kybernetik herangeführt und ihr Bewusstsein für sys-temische Zusammenhänge und Einflussmöglichkeiten entwickelt.

**Abbildung 3.10:** Neue Einsichten: Sonnenaufgang in der Libyschen Wüste

Die Verwendung des systemischen Unternehmensprofils, einschließlich einer etwa 30-seitigen aussagekräftigen Auswertung, ist mit überraschend geringem Zeitaufwand und für kleines Geld möglich.

## 3.3.1 Methodischer Hintergrund

Das systemische Unternehmensprofil zeigt, inwieweit die systemischen Wirkungszusammenhänge im Unternehmen erkannt und verstanden werden.

Aus dem systemischen Wirkungsgefüge eines Unternehmens erklärt sich, in welchem Maße das Unternehmen nachhaltig stabil ist. Diese systemische Stabilität kann anhand der Ausprägung von fünf Schlüsselfähigkeiten ermittelt werden, die für das nachhaltige erfolgreiche Bestehen jedes Unternehmens von wesentlicher Bedeutung sind.

Diese Fähigkeiten sind:

■ die Kooperations- und Netzwerkfähigkeit,

■ die Innovationsfähigkeit,

■ die Ressourcenkompetenz,

■ die organisationale Flexibilität und Anpassungsfähigkeit

■ und die systemische Planungs- und Führungskompetenz.

Die Ausprägung dieser fünf Fähigkeiten ist aus systemischer Sicht überlebenskritisch. Im Folgenden werden diese Fähigkeiten vorgestellt.

### Kooperations- und Netzwerkfähigkeit

Unternehmen existieren nicht allein im Raum; vielmehr sind sie Teile eines größeren Systems, das sich aus verschiedenen Sphären zusammensetzt. Eine dieser Sphären eines Unternehmens ist der Markt für die Leistungen, die angeboten werden, eine andere ist der Beschaffungsmarkt, der genutzt wird, eine weitere ist die Gesellschaft, die Erwartungen an das Unternehmen stellt, und wieder eine andere ist die Belegschaft. Schließlich ist das Unternehmen auch in die Sphäre seiner Wettbewerber und Leistungspartner eingebunden.

Über den Erfolg eines Unternehmens entscheidet aus systemischer Sicht, wie gut es in diese Sphären eingebettet ist. Wird es als natürliches Element in das Geschehen eingebunden oder wird es von Dritten als Fremdkörper empfunden? Wie gut funktioniert der Kommunikationsfluss innerhalb der eigenen Organisation und über die Grenzen der eigenen Organisation hinweg? Können neue Kooperationspartner ad hoc nahtlos in Geschäftsprozesse eingebunden werden? Der Qualität der Kooperations- und Netzwerkfähigkeit eines Unternehmens kommt in Bezug auf die Überlebensfähigkeit eine Schlüsselrolle zu.

### Innovationsfähigkeit

Unternehmen müssen nicht nur ihre Produkte und Dienstleistungen, sondern auch ihre Prozesse sowie die, in die sie eingebunden sind, und sogar sich selbst regelmäßig erneuern. „The Fittest" im darwinistischen Sinn sind nicht die Hochleistungsspezialisten, sondern diejenigen, die sich am besten an ihre Umfeldbedingungen anpassen und mit Veränderungen in ihrem Umfeld umgehen können.

Die Innovationsfähigkeit ist deshalb eine überlebenskritische Eigenschaft, die im Unternehmen stark ausgeprägt sein sollte. Dazu ist es zunächst notwendig, eine positive Einstellung zu Innovationen zu haben, die auch davon getragen wird, dass bisherige Verhaltensmuster aufgegeben werden können, um Neues zu schaffen. Des Weiteren ist es wichtig, laufend relevante Ideen zu gewinnen und schließlich die Fähigkeit zu haben, diese Ideen auch in Innovationen umzusetzen. Die Innovationsfähigkeit sollte sich nicht auf Marktleistungen beschränken, sondern sich auch auf Prozesse und Führungssysteme beziehen.

### Ressourcenkompetenz

Unternehmen sind darauf angewiesen, verantwortlich mit Ressourcen umzugehen. Aus systemischer Sicht geht es dabei nicht in erster Linie um Kostenpositionen, sondern vor allem darum, dass Unternehmen als Teil ihrer Umwelt einen möglichst kleinen „Fußabdruck" hinterlassen sollten. Das heißt, dass sie möglichst in stofflichen Kreisläufen wirtschaften sollten. Wo dies nicht möglich ist, sollten sie sich auf den Einsatz nachwachsender Rohstoffe konzentrieren und das Nachwachsen sicherstellen, damit ein Gleichgewicht zwischen Verbrauch und Verfügbarkeit gewährleistet ist. Immissionen von Abgasen in die Atmosphäre und das Einleiten von Abwässern in die Infrastruktur sollten möglichst vermieden werden. Wo eine Vermeidung nicht möglich ist, sollten Unternehmen die verursachten Belastungen möglichst kompensieren (z. B. $CO_2$-Zertifikate).

Auch der Einsatz von Humanressourcen sollte möglichst im Gleichgewicht mit Vorteilen stehen, die Mitarbeitern gewährt werden, beispielsweise der Zugang zu attraktiven Themen und sinnvollen Aufgabenstellungen, Lernmöglichkeiten und sozialen Leistungen. Ideen, Erkenntnisse und Konzepte, die in einem Zusammenhang erarbeitet werden oder sich als „Nebenprodukte" ergeben, sollten möglichst in die Bearbeitung weiterer Aufgabenstellungen einfließen. Eine gute übergreifende Kommunikation und Wissensmanagement spielen eine maßgebliche Rolle bei der Entwicklung der Ressourcenkompetenz.

Die Kosten, die Unternehmen entstehen, wenn sie nicht verantwortlich mit Ressourcen umgehen, sind nicht auf direkten Mehraufwand beschränkt, sondern schließen vor allem Opportunitätskosten ein. Unternehmen, die bezogen auf Ressourceneinsatz nicht nachhaltig wirtschaften, versperren sich womöglich den Zugang zu künftig attraktiven Geschäftsmöglichkeiten. Sie werden es zunehmend schwieriger finden, sich in Netzwerke einzubringen.

Die Ressourcenkompetenz ist deshalb eine überlebenskritische Eigenschaft, die im Unternehmen stark ausgeprägt sein sollte. Zur Ressourcenkompetenz zählen eine Nachhaltigkeit der Geschäftsentwicklung, eine hohe Energie-, Technologie- und Materialeffizienz und ein effektiver Einsatz von Humanressourcen und Technologien.

## Organisationale Flexibilität und Anpassungsfähigkeit

Unternehmen müssen Veränderungen, die sich in ihrem Umfeld ergeben, erkennen, über hinreichend organisationale Flexibilität verfügen und angemessen auf relevante Umfeldveränderungen reagieren. Die organisationale Flexibilität ist deshalb aus systemischer Sicht eine überlebenskritische Fähigkeit, die im Unternehmen stark ausgeprägt sein sollte.

Der Grad der organisationalen Flexibilität hängt vor allem von der gewählten Aufbauorganisation, von den Führungsprozessen, vom Investitionsverhalten und von der Vertragsgestaltung ab. Je dezentraler eine Organisation aufgestellt ist und je höher die Entscheidungskompetenz an der „Arbeitsfront" ausgeprägt ist, desto flexibler ist eine Organisation. Organisationen, die eher mit Dritten kooperieren, statt selbst sehr spezifisch zu investieren, sind flexibler als solche, die durch spezifische Investitionen Ressourcen binden und sich dadurch festlegen. Verträge sollten zwar die Planungssicherheit erhöhen, nicht aber die Bewegungsfreiheit zu stark einschränken.

Wenn die organisationale Flexibilität grundsätzlich gegeben ist, ist entscheidend, in welchem Maße die sich daraus ergebende Freiheit von der Organisation auch tatsächlich genutzt wird. Erst dadurch, dass bestehende Freiheit in Anspruch genommen wird, ergibt sich eine wirkliche Anpassungsfähigkeit.

### Systemische Planungs- und Führungskompetenz

Unternehmen müssen auch in Zeiten, die von zunehmender Unsicherheit geprägt sind, eine sinnvolle Orientierung haben. Diese Orientierung kann sicherlich nicht in einem langfristigen Plan bestehen. Vielmehr geht es darum, trotz Unsicherheit und nicht vorhersehbarer Wendungen eine Vision zu entwickeln und zu verfolgen, die Sinn vermitteln kann. Dieser Sinn kann in der Aktivität zur Erarbeitung eines willigen Themas liegen, beispielsweise einen Beitrag zur Ernährung der Weltbevölkerung zu leisten oder einen Beitrag zur Aufrechterhaltung der Mobilität der Menschen in Zeiten nach dem Verbrauch der fossilen Brennstoffe zu leisten. Um solche Aufgaben bewältigen zu können, sollten alle Beteiligten „Forscher- und Tatendrang" einbringen und ein gewisses Maß an kreativer Freiheit erhalten. Planungs- und Führungskompetenz in zunehmend unsicheren Zeiten ist eng mit strategischer Beweglichkeit verbunden. Es mutet wie ein Paradoxon an, aber je beweglicher Unternehmen strategisch sind, desto stabiler und planbarer sind sie aus systemischer Sicht. Dasselbe gilt für die operative Beweglichkeit. Unternehmen, die sich operativ flexibel bewegen können, haben erheblich bessere Entwicklungschancen als Unternehmen, die in ein eng vorgegebenes Korsett an Vorgaben eingeschnürt sind. Die Planungs- und Führungskompetenz aus dieser systemischen Perspektive ist eine überlebenskritische Fähigkeit, die in Unternehmen stark ausgeprägt sein sollte.

## 3.3.2    Durchführung und Ergebnis

Um das Profil eines Unternehmens aus systemischer Perspektive zu ermitteln, nehmen Organisationsentwickler die Ausprägung dieser erfolgskritischen Fähigkeiten mittels einer speziell entwickelten strukturierten Befragung der Kompetenzträger aus den wesentlichen Unternehmensfunktionen auf. Dabei sollten Organisationsentwickler darauf achten, dass sie wirklich alle wesentlich am betrachteten Prozess beteiligten Einheiten, Abteilungen bzw. Funktionen einbinden. Soll ein Gesamtunternehmen analysiert werden, sollten folgende betriebliche Funktionen vertreten sein:

- Controlling,

- Personalwesen,

- Marketing,

- Forschung und Produktentwicklung,

- Vertrieb, Service,

- Logistik, Supply-Chain,

- Fertigung/Leistungserstellung, Instandhaltung,

- Beschaffung,

- Rechtswesen,

- IT-Management.

Die Anwendung ist so konzipiert, dass die Befragung entweder persönlich durchgeführt werden oder über eine web-basierte Anwendung erfolgen kann. In persönlichen Interviews werden mehr „Zwischentöne" und Details aufgenommen, während eine web-basierte Befragung für den Interviewer effizienter ist und zulässt, dass die Befragten die Bearbeitung der Fragen von ihren Arbeitsplätzen aus vornehmen können, wenn sie es zeitlich einrichten können.

Sobald alle Antworten vorliegen, werden die Befragungsergebnisse von einer Anwendung bei Dr. Boysen Consulting ausgewertet, zu einem aussagekräftigen Ergebnis über die Überlebensfähigkeit des Unternehmens aus systemischer Sicht verdichtet und im *systemischen Unternehmensprofil* visualisiert und erläutert. Dabei werden durchaus Besonderheiten berücksichtigt, die sich in unterschiedlich stark ausgeprägter Relevanz der Fähigkeiten für konkrete Unternehmen äußern können. Für Immobilienverwaltungsgesellschaften mag die Innovationsfähigkeit beispielsweise keinen so hohen Stellenwert haben wie für ein produzierendes Unternehmen in einem Hightech-Markt.

Jede der Fähigkeiten kann bis zu 100 Prozent ausgeprägt sein. In der Praxis hat sich allerdings gezeigt, dass es auch zwischen den Fähigkeiten Beziehungen gibt. Wenn eine Fähigkeit voll, eine andere aber nur sehr schwach ausgeprägt ist, mag die Organisation unausgewogen und anfälliger sein, als wenn alle Fähigkeiten in ähnlichem Maße ausgeprägt wären. Das legt nahe, alle Fähigkeiten möglichst in ausgewogenem Verhältnis zu fördern und zu entwickeln.

**Abbildung 3.11:** Ergebnismatrix des Systemischen Unternehmensprofils

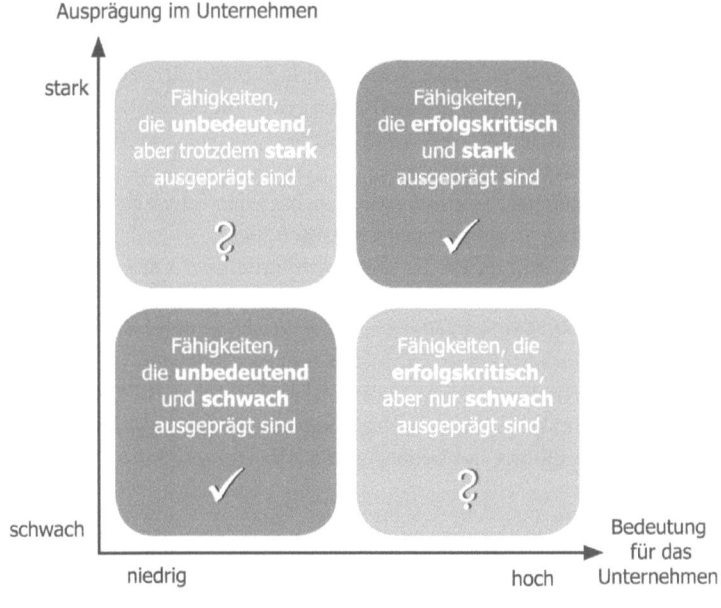

Die Visualisierung der erfolgskritischen Fähigkeiten nach dem Muster, das in **Abbildung 3.11** skizziert ist, legt die systemische Sicht auf das erschließbare Verbesserungspotenzial frei. In Abhängigkeit vom individuellen Unternehmensprofil werden außerdem Möglichkeiten aufgezeigt, mit denen die erfolgskritischen Fähigkeiten des Unternehmens zügig und nachhaltig verbessert werden können.

Das systemische Unternehmensprofil ist konsequent aus bewährten systemischen Führungsansätzen abgeleitet worden und hilft dabei, wissenschaftliche Erkenntnisse aus dem Gebiet der Wirtschaftskybernetik auf einfache und nachvollziehbare Weise in der Unternehmenspraxis erlebbar zu machen.

Folgende Methodik kommt bei der Erstellung des systemischen Unternehmensprofils zur Anwendung:

■ Identifikation der fünf erfolgskritischen systemischen Fähigkeiten,

■ Konkretisierung der Kriterien für die Ausprägung dieser fünf Fähigkeiten anhand von jeweils drei Subkriterien, deren Erfüllung in jeweils zehn prägnanten Feldern ermittelt wird (150 ausgewählte Einzelaspekte),

■ Durchführung einer begleiteten, strukturierten Befragung der Kompetenzträger im auditierten Unternehmen. Die Befragungsteilnehmer haben vier Möglichkeiten, auf Aussagen zu den 150 Einzelaspekten zu reagieren, nämlich, ob die jeweils getroffene Aussage in vollem Maße, ob sie weitgehend, ob sie in Ansätzen oder gar nicht zutrifft.

■ Standardisierte Auswertung der Befragung zur Sicherstellung der Vergleichbarkeit der Ergebnisse:

  – Das Spektrum der möglichen Ausprägungen der Fähigkeiten wird, so wie es von den Befragten wahrgenommen wird, aufgenommen.
  – Die Antworten werden in ein Verhältnis zu der aus systemischer Sicht bestmöglichen Ausprägung gesetzt. Der sich ergebende Prozentsatz wird in der Auswertung in einem Balkendiagramm dargestellt. Der grüne Block zeigt den Anteil der erfüllten, der gelbe den Anteil der teilweise erfüllten und der rote Block den Anteil der nicht erfüllten Anforderungen.
  – Die einzelnen Ergebnisse, die aus systemischer Sicht schwach ausgeprägt sind, werden im Textfluss „rot" markiert hervorgehoben.
  – Die Aussage über die Qualität des Gesamtunternehmens aus systemischer Sicht wird aus den einzelnen Ausprägungen schrittweise abgeleitet. Dabei werden zunächst Aussagen zu den Subkriterien, dann zu den systemischen Fähigkeiten und schließlich eine Gesamtaussage zum Unternehmen getroffen.
  – Feststellung der Streuung der Antworten und Hinweis auf Themenfelder, die im Unternehmen womöglich uneinheitlich wahrgenommen werden.
  – Qualitative Beschreibung der beobachteten Abweichungen von den Mindestanforderungen.

■ Selektion gezielter Hinweise auf relevante Verbesserungsmöglichkeiten.

Das systemische Unternehmensprofil zeigt den Befragten, zu welchem Grad das untersuchte Unternehmen die Voraussetzungen für nachhaltiges und systemisch sinnvolles

Wirtschaften erfüllt, wo es sich im Grenzbereich befindet und wo es aus systemischer Perspektive Verbesserungsbedarf gibt. Im Einzelnen zeigt das Profil, wie die kritischen Fähigkeiten ausgebildet sind. Die identifizierten Defizite werden im Gutachten als Potenziale dargestellt. Darüber hinaus werden konkrete Empfehlungen gegeben, wie das Unternehmen diese Potenziale erschließen kann, um im systemischen Sinne künftig nachhaltig und gut zu wirtschaften.

Um das erkannte Potenzial zu erschließen, leitet Dr. Boysen Consulting im nächsten Schritt für die Fähigkeiten, die erfolgskritisch, aber nur schwach ausgeprägt sind, einen *Optimierungsleitfaden* ab. Ein solcher, unmittelbar an das Profil anknüpfender Optimierungsleitfaden stellt die empfohlenen Verbesserungsmaßnahmen dar und zeigt eine konkrete Umsetzungsplanung.

## 3.4    Systemkostenanalyse

Ein berechtigtes Argument, das aus dem Linienmanagement angeführt wird, wenn es um die Entscheidung über Prozessinnovationen geht, betrifft die Veränderung der Kosten. Organisationsentwickler, die zeigen können, dass sich die Kosten durch eine systemisch bessere Arbeitsweise senken lassen, haben gute Chancen, gehört zu werden.

Deshalb ist es sinnvoll, sich mit dem Einfluss systemischen Managements auf die Kosten zu befassen. Um den inhaltlichen Zusammenhang zwischen systemisch begründeten Veränderungen und Kostenänderungen herzustellen, bietet sich eine Systemkostenanalyse an.

Die Herausforderung dabei ist, Informationen über die Systemkosten objektiv und möglichst ohne menschliche Intervention aus den IT-Anwendungen zu gewinnen. „Kosten wegen nicht richtig erkannten Systemverhaltens", „Folgekosten wegen unangemessenen Reduzierens der Komplexität von Sachverhalten", „Kosten wegen der organisationalen Unfähigkeit zur spontanen Mustererkennung", „Kosten zu geringer Varietät oder Kosten durch fehlende Emergenz" können ebenso wenig unmittelbar erfasst werden wie „Kosten wegen fehlender Orientierung an potenziellen Wirkungen" oder „Folgekosten von Scheinlösungen". Diese Kostenpositionen sind sicherlich real, aber sie werden in keiner betriebswirtschaftlichen Anwendung erfasst. Deshalb bleiben sie unsichtbar und oft auch unbehandelt, bis sie durch eine Transformation in erfassbare Kosten transparent gemacht werden. Mit der Systemkostenanalyse biete ich deshalb ein Verfahren an, das diese schlecht erfassbaren Kostenpositionen in Kostenpositionen „übersetzt", die weitgehend bereits verfügbar sind. Dadurch bleibt nicht nur der Implementierungsaufwand begrenzt; vielmehr ist auch die Akzeptanz besser gewährleistet.

Die Logik ist: Um Kosten, die durch systemisch verursachte Fehlleistungen, Kosten systemisch vermeidbarer Reserven und wegen systemisch bedingter Unzulänglichkeiten entgangene Deckungsbeiträge (Auftrags- oder Kundenverluste) zu verringern, müssen geeignete systemische Rahmenbedingungen geschaffen werden. Darunter fallen eine sachgerechte Systemanalyse, aus der das Systemverhalten und systemische Schwachstellen ersichtlich werden, Schulungen des Personals in der Anwendung der Prinzipien der Kybernetik, eine systemisch angelegte Prozessgestaltung und die Implementierung systemischer Verbesserungen.

Durch ein angemessenes Maß vorbeugender und gestaltender Maßnahmen können die reparativen Kosten gesenkt und die gesamten Systemkosten optimiert werden.

Die laufende Übersicht ermöglicht es, die Systemkostenentwicklung zu verfolgen und sinnvoll zu beeinflussen. Mit der Systemkostenerfassung steht ein weiteres wichtiges Führungsinstrument zur Visualisierung und zur Optimierung der systemischen Fähigkeiten zur Verfügung.

**Abbildung 3.12:** Das Prinzip der Systemkostenanalyse

*Interne Fehlleistungen wegen systemischer Mängel*

  *Materialwert und Lagerhaltungs- sowie Transformationsaufwand für systemisch vermeidbaren Ausschuss*
  *Aufwand für Parallelarbeit, Blindleistung und Nacharbeit wegen systemischer Mängel*
  *Vermeidbare interne Besprechungen*
  *Trouble-Shooting-Aufwand betreffend systemische Fehlleistungen*
  *Opportunitätskosten nicht genutzter Fähigkeiten wegen Motivationsmangel oder Führungsfehler*
  *Folgekosten fehlenden Hedgings*

+ *Vermeidbare Reserven wegen systemischer Mängel (Toleranzüberschreitungen)*

  *Aufwand wegen beliebiger Vernetzung, unnötige Vielfalt und mangelnde Modularisierung*
  *Aufwand für überzogene Reporting-Routinen, komplizierte Entscheidungsstrukturen und zu komplexe Informationssysteme*
  *Systemisch vermeidbare Überproduktion, Materialreserve, Überspezifikation und Personalüberschuss*

+ *Kommerzieller Verlust bei Kunden und mit Lieferanten wegen systemischer Mängel*

  *Preisnachlässe und Gutschriften wegen systemisch begründeter Fehlleistungen*
  *Aufwand für Rechtsstreitigkeiten wegen strittiger Leistungen bzw. unklarer vertraglicher Lage*
  *Entgangener Deckungsbeitrag wegen verlorener Aufträge bzw. Kunden*
  *Aufwand zur Wiedergewinnung von Kunden und zum Wiederherstellung der Reputation im Markt*

+ *Aufwand für vorbeugende u. gestaltende Maßnahmen für systemisch sinnvolles Handeln*

  *Aufwand für Systemanalyse*
  *Aufwand für Schulungen in Systemik, insbesondere in der Anwendung kybernetischer Prinzipien*
  *Aufwand für Prozessgestaltung und Implementierung systemischer Verbesserungen*
  *Aufwand für systemisch sinnvolle Abstimmung*

$\sum$ *Systemkosten [TEUR]*

# 3.5    Weitere Instrumente für systemisch sinnvolles Management

Führungsmethoden erfordern wirksame Instrumente, so wie handwerkliche Verfahren geeignete Werkzeuge erfordern. Deshalb habe ich mich auf die Suche nach Instrumenten begeben, die Organisationsentwickler bei der Implementierung systemisch sinnvollen Managements und Manager in ihrer systemischen Führung gut unterstützen können.

Diese Suche habe ich in verschiedene Etappen eingeteilt, und zwar habe ich mich dem Führungsthema von außen nach innen genähert.

Der erste Schritt besteht darin, ein möglichst treffendes Bild von der Zukunft zu erfassen. Vor dem Hintergrund eines solchen treffenden Bildes können strategische Entscheidungen besser getroffen werden. Ein Kerninstrument in dieser Phase ist die *Szenariotechnik*, ein Verfahren, mit dem in sich schlüssige Bilder von künftigen Entwicklungen gebildet und auf ihre Eintrittswahrscheinlichkeit beurteilt werden können. Führungskräfte üben sich dabei sowohl in der Beobachtung ihres Umfeldes als auch im Umgang mit Ursache-Wirkungs-Gefügen. Ein sicherer Umgang mit der Szenariotechnik hilft, strategische Risiken zu erkennen und angemessen mit ihnen umzugehen. In der Wirkung verbessert der Einsatz der Szenariotechnik die strategische Flexibilität und Anpassungsfähigkeit. Das Wirken in einem Kreislauf von szenariobasierter Entscheidungsunterstützung zu strategischer Flexibilität und Anpassungsfähigkeit, aus der wiederum Szenarien gespeist werden, wird mit *Corporate Foresight* bezeichnet.

Sind Szenarien gebildet, geht es darum, Systeme, Geschäftsprozesse und Marktleistungen zu kreieren, die sich möglichst gut in die erwarteten Szenarien einfügen. Je besser sich eine Organisation nämlich in ihr künftig erwartetes Umfeld einbettet, desto natürlicher wird sie mit ihren Fähigkeiten und Marktleistungen von ihrem Umfeld angenommen. Hierbei kann ein gutes *Innovationsmanagement* helfen, das den Prozess von der Ideenfindung bis zu umgesetzten Lösungen unterstützt und begleitet. Am Anfang stehen *Kreativitätstechniken*, die Ideen hervorbringen sollen. Diese Ideen werden dann über ein *Initiativenportfolio* systematisch einer stufenweisen Bearbeitung, Filterung und Weiterentwicklung zugeführt. Organisationen, die verschiedene Initiativen parallel in unterschiedlichen Entwicklungsstufen vorhalten, schaffen sich einen Fundus an Möglichkeiten, der ihnen eine hohe *operative Flexibilität und Anpassungsfähigkeit* ermöglicht.

Um diese Vielfalt angemessen anzulegen und wertvernichtenden Wildwuchs zu vermeiden, empfiehlt es sich, die Führungskräfte eine regelmäßige Einschätzung der operativen Risiken vornehmen zu lassen und sie erklären zu lassen, wie sie mit den Risiken umgehen möchten (*Operative Risk Self-Assessment*, ORSA). Auch in diesem Zusammenhang befassen sich Führungskräfte intensiv mit Wirkungszusammenhängen und üben sich darin, die Folgen ihres Handelns zu antizipieren, taktisch geschickt vorzugehen und sich angemessen abzusichern. Indem sie beispielsweise wesentliche Geschäftsprozesse modellieren, Störgrößen und ihre Auswirkungen simulieren und die Prozesse systemisch verbessern, erhöhen sie die Prozessstabilität bei gleichzeitigem Effizienzgewinn. Der Abgleich von Lösungsansätzen in einem *Systemischen Kompetenz-Team* führt zu hoher Akzeptanz der erarbeiteten Lösungen, die entsprechend gut durchsetzbar sind. Denn die mehrdimensionale Diskussion im Systemischen Kompetenz-Team wird der Komplexität prinzipiell gerecht und führt zu systemisch sinnvollem Entscheidungsverhalten und zu einem disziplinierten Follow-up entwickelter Maßnahmen. Ob die Maßnahmen innerhalb des Zielespektrums liegen und welchen Ergebnisbeitrag die Maßnahmen wirklich leisten, kann mit der *Balanced-Scorecard*-Methode festgestellt werden. An die Stelle einer Jahresplanung sollte die *Beyond-Budgeting*-Philosophie treten, die am besten in Form einer *rollenden Planung* angelegt wird.

So weit die strategische und die operative Planung. Wenn wir nun zur Umsetzung über-gehen, gelangen wir zum Thema Führung. Gute Führung beginnt mit einer guten *Orientie-rung* der Belegschaft. Das Top-Management muss den Mitarbeitern den *Sinn* ihrer Tätigkeit in geeigneter Weise vermitteln, um sie zu einem entsprechenden Handeln zu motivieren. Wichtige Instrumente hierfür sind das Leitbild und Führungsgrundsätze, aber selbstver-ständlich auch ein starkes *Leadership*, das darin besteht, Menschen zu begeistern und sie über Rahmenvereinbarungen zu führen, die hinreichend Entscheidungsspielraum lassen.

Diese Rahmenvereinbarungen können im Zusammenspiel mit einem gesunden Maß an Vertrauen schließlich die Brücke zur *Selbstorganisation* in rekursiven Strukturen und zur *Selbstregelung* bilden, die die *intrinsischen Motivationsfaktoren* der Beteiligten noch stärker anspricht. So kann ein Weg beschrieben werden, der *das persönliche Potenzial der Menschen zur Geltung bringt* und dabei die Selbstregelungsfähigkeiten und die Dynamik der Organi-sation ausbaut.

**Abbildung 3.13** fasst die vorgestellten Instrumente noch einmal zusammen.

**Abbildung 3.13:** Instrumente für ein integriertes, systemisch sinnvolles Führungskonzept

| Konzept | Instrumente | | Wirkung |
|---|---|---|---|
| **Corporate Foresight** | *Szenariotechnik, Analyse strategischer Risiken* | ▶ | Strategische Flexibilität und Anpassungsfähigkeit |
| **Innovationsmanagement-prozess** | *Kreativitätstechniken, Initiativenportfolio* | ▶ | Entwicklungs- und Anpassungsfähigkeit |
| **Ganzheitliche Geschäfts-prozessbetrachtung** | *Geschäftsprozessmodellierung, Erfassen und Gestalten von Wirkungsgefügen, ORSA-Prozess* | ▶ | Prozessstabilität bei gleichzeitiger Effizienzsteigerung, akzeptierte, durchsetzbare Lösungen |
| **Komplexitäts-management** | *Internalisierung von Risiken, Balanced-Scorecard-Konzept, Beyond Budgeting* | ▶ | Systemisch sinnvolles Entscheidungsverhalten, Follow-up von Maßnahmen, mehrdimensionale Ergebnissicht |
| **Unternehmens-politische Grundlage** | *Unternehmensleitbild, Führungsgrundsätze* | ▶ | Orientierung, Sinngebung |
| **Systemischer Führungsansatz** | *Selbstorganisation im Systemi-schen Diskurs (Systemisches Kompetenz-Team, rekursiv angelegte Strukturen, Vertrauen als Geschäfts-grundlage, Ansprechen intrinsi-scher Motivationsfaktoren* | ▶ | Nutzung des persönlichen Potenzials der Mitarbeiter und Ausbau der organisatio-nalen Selbstregelungsfähigkeiten und der Dynamik |

# 4 Was heißt „Systemisches Management" für Führungskräfte mit funktionaler Verantwortung?

In den ersten drei Kapiteln wurde gezeigt, dass ganzheitliches Denken und Handeln und ein Wirken in Kreisläufen besondere Merkmale systemischen Managements sind. Ganzheitlich zu denken und zu handeln heißt, die Interessen des eigenen Verantwortungsbereiches so mit den Interessen übergeordneter Organisationseinheiten abzustimmen, dass das Ganze optimiert wird. Der systemischen Logik zufolge wird sich dieser Nutzenzuwachs wiederum positiv auf die einzelnen Einheiten auswirken.

Wenngleich dieser Zusammenhang jedem Beteiligten klar sein mag, haben wir es in der Praxis üblicherweise mit funktional strukturierten Organisationsformen zu tun, die einer Umsetzung systemischen Managements im Wege zu stehen scheinen. Denn jeder Einzelne ist in erster Linie für Ergebnisse in seinem eigenen Wirkungsfeld verantwortlich. Gängige Bonussysteme knüpfen hauptsächlich an die Leistungen an, die innerhalb der Verantwortungsbereiche erzielt werden (beispielsweise die eigene Vertriebsleistung oder eine selbst herbeigeführte Verringerung des Working Capital), während sich nur geringere Bonusanteile auf Ergebnisse beziehen, die in übergeordneten Sphären erreicht werden (beispielsweise das Ergebnis der Geschäfteinheit, das Konzernergebnis oder ein Beitrag zum Wohl der Gesellschaft an sich). Bei klassischem Vorgehen kommt es zwischen den Einzelzielen der Funktionsbereiche regelmäßig zu Interessenkonflikten, die zu einem schlechteren Gesamtergebnis führen, als es möglich wäre, wenn die Interessen vor dem Hintergrund des Gesamtbildes sinnvoll abgeglichen würden. Bei dieser Herausforderung setzt das Kapitel 4 an. In den folgenden Abschnitten werden die Hebel wesentlicher funktionaler Verantwortungsbereiche identifiziert und vorgestellt.

Zwar ist mir bewusst, dass die Funktionen in Unternehmen heute deutlich weiter ausdifferenziert sind als „Vertriebsleiter" oder „Supply-Chain-Manager"; dies hier zu verfolgen, wäre aber weder sinnvoll noch machbar. Vielmehr geht es darum, Organisationsentwicklern die Aufgaben der Linienmanager grundsätzlich näherzubringen und ihnen Hinweise und Empfehlungen an die Hand zu geben, die es ihnen erleichtern, das Bewusstsein der Manager für systemische Hebel aus deren unterschiedlichen Perspektiven heraus zu schärfen.

# 4.1     Was heißt „Systemisches Management" für Controller?

Zunächst vergegenwärtigen wir uns, was wir unter Controlling verstehen: Bei Freidank/ Berens können wir beispielsweise nachlesen, dass Controlling *„ein umfassendes Steuerungs- und Koordinationskonzept zur Unterstützung der Geschäftsführung und der führungsverantwortlichen Stellen bei der zielgerichteten Beeinflussung bestehender betrieblicher Prozesse"* ist.[35]

Die wesentliche Aufgabe des Controllings ist es, *Führungsinstrumente zu entwickeln und anzuwenden.* Dazu wählt das Controlling *Steuergrößen* aus, die geeignet sind

1. anzuzeigen, ob die Organisation ihre strategischen und operativen Zielsetzungen erreicht, und

2. zu empfehlen, welche Hebel bewegt werden sollten, um die Ziele (noch) besser zu erreichen.

Controlling hat also eine *unterstützende und moderierende Funktion im Führungs- und Entscheidungsprozess,* unabhängig davon, ob systemisch gearbeitet wird oder nicht.

## 4.1.1     Wie planen systemisch arbeitende Controller?

Der Controller entwirft das Planungssystem und koordiniert dann die inhaltliche Ausgestaltung der Planung, die durch die Fachbereiche geleistet wird.

In der klassischen Fachliteratur über Controlling findet man allerdings immer wieder die Aussage, dass der Controller die Teilziele der Fachbereiche zu einem ganzheitlichen und abgestimmten Zielsystem zusammenführt – und eben diese Sichtweise widerspricht dem systemischen Gedanken: Der Controller, der Systemisches Management fördert, weiß nämlich, dass Systeme ein *ganzheitliches Oberflächenverhalten* haben, das sich aus dem Zusammenwirken seiner Elemente ergibt. Das Verhalten von Systemen lässt sich nicht durch das Verhalten seiner einzelnen Systeme erklären. Deshalb geht ein systemisch wirksamer Controller von der Betrachtung des Gesamtsystems aus. Das Gesamtsystem kann das ganze Unternehmen sein; es kann sogar das wirtschaftliche Umfeld, in das das eigene Unternehmen eingebettet ist, umfassen. Der systemische Controller versucht, das Wirkungsgefüge zu verstehen. Dabei wendet er die bewährte 80/20-Regel nicht auf die vermeintlich größten Einheiten an, sondern auf die *Verbindungen, die den größten Wirkungseffekt im Gefüge haben.*

Vor dem Hintergrund der nächst höheren Systemebene bestimmt der systemisch wirkende Controller mit dem Führungs-Team ein vernünftiges Ziel für „sein" System und leitet dann mit den Verantwortlichen der Fachbereiche Ziele für das Zusammenwirken, also die Verbindungen, der Teilbereiche so ab, dass sie helfen, das Gesamtziel zu erreichen.

Ein zweiter Unterschied zum konventionellen Management ist, dass diese Ziele im systemischen Management keine Leistungsziele sind, sondern Ziele, die festlegen, wie veränderungs- und anpassungsfähig oder wie innovativ eine Organisation sein soll.

Controller mit systemischer Einstellung nehmen keine konkreten Verhaltens- und Leistungsvorgaben vor. Vielmehr wirken sie im Vorfeld auf die Beteiligten so ein, dass sie selbst *in Wirkungsgefügen und Rückkopplungsmechanismen denken* und ihre Zielbeiträge in das System einzufügen verstehen. Systemische Controller werden deshalb auch keine Teilleistungen aggregieren und auf ihre Zielkonformität überprüfen; sie werden darauf hinwirken, dass alle Beteiligten das Gesamtverhalten des Systems verstehen und Beiträge zum Gesamtziel leisten.

## 4.1.2    Wie gehen systemisch arbeitende Controller mit Entscheidungen um?

Controller schaffen und betreiben Managementinformationssysteme, die Entscheidungen unterstützen sollen.

Systemisch arbeitende Controller wissen, dass Entscheidungen zunehmend unter komplexen Bedingungen getroffen werden müssen. Komplexe Situationen zeichnen sich dadurch aus, dass keine linearen Ursache-Wirkungs-Beziehungen bestehen; vielmehr liegt ihnen eine inhärente Unabwägbarkeit zugrunde. Systemische Controller kennen und respektieren das daraus resultierende, prinzipbedingte *Nicht-Wissen* und sie schärfen bei ihren Kollegen in den Fachabteilungen das *Gespür für komplexe Zusammenhänge*. Sie fordern deshalb aus den Fachabteilungen in komplexen Situationen keine verbindlichen Prognosen ein, sondern entwickeln vielmehr die Fähigkeit der Fachbereichsverantwortlichen dafür, komplexe Entscheidungssituationen zu erkennen und Methoden zu entwickeln, wie damit umgegangen werden kann. Dazu zählen vor allem die *Szenariotechnik* und die *systematische Befreiung von Bindungen*, die freie Entscheidungen und damit die Anpassung an veränderliche Randbedingungen behindern.

Anpassungsfähigkeit ist eine wesentliche Überlebenseigenschaft in komplexen Systemen. Anders als „konventionelle" Denker, die in linearen Entscheidungssituationen Entscheidungen treffen, um Möglichkeiten einzugrenzen, bereiten systemische Controller Informationen mit der Absicht auf, *durch Entscheidungen die Zahl der erschließbaren Möglichkeiten zu erhöhen*. Dadurch werden Organisationen anpassungsfähiger. Lohnende Gestaltungsansätze finden systemische Controller vor allem darin, *Geschäftsmodelle auf Erweiterungs- und Anschlussmöglichkeiten hin zu durchdenken und das Vertragswesen zu durchleuchten*. Je entwicklungsoffener das grundsätzliche Geschäftsverständnis ist, desto eher finden sich Möglichkeiten, bestehende Geschäftsmodelle auszubauen und weiterzuentwickeln. Bezüglich des Vertragswesens ist insbesondere auf eine größtmögliche Flexibilisierung bei vertretbaren Risiken zu achten. Die Herausforderung besteht darin, Vertragswerke einerseits *durchgängig zu gestalten*, sie andererseits aber *entwicklungsoffen zu halten*, um keine Möglichkeiten zu versperren.

Systemisch wirkende Controller bereiten ihren Einflussbereich darauf vor, auf mögliche Umfeldveränderungen reagieren und sich bietende Möglichkeiten ergreifen zu können. Die Vorbereitung besteht darin, *das Geschäft nach Sachverhalten zu durchforsten, die sich flexibilisieren lassen.*

Folgende Leitfragen können Controllern dabei Orientierung geben:

- Sollte sich die Organisation von Immobilienvermögen trennen, das nicht unbedingt betriebsnotwendig ist?

- Begrenzen langfristig angelegte Lieferverträge die Flexibilität?

- Führen die Arbeitsverträge zu latenten Belastungen?

- Müssen unbedingt Maschinen gekauft oder geleast werden oder können Aufträge vielleicht auch in Kooperation mit geeigneten Partnern ausgeführt werden?

- Ist die Gesellschaftsstruktur für einen möglichen Insolvenzfall sinnvoll?

- Halten uns unsere Corporate-Governance-Richtlinien davon ab, flexibel auf Umfeldveränderungen und Chancen zu reagieren?

- Wie können wir die Corporate-Governance-Richtlinien komplexitätsgerechter gestalten?

Solche Flexibilisierungsprozesse erfordern Zeit und dürfen nicht erst initiiert werden, wenn das Umfeld neue Fakten schafft.

Systemische Controller wissen, dass wirksame Anpassungen nicht zentral „verordnet" werden können, weil

- die wirklich anpassungsrelevante Information nicht in der aggregierten, dem Top-Management zugänglichen Information sichtbar wird und weil

- durch Top-down-Anordnungen die systemeigenen Immunkräfte ausgehebelt werden und deshalb kein echter Regelungsvorgang eingeleitet werden kann; die Steuerungsbeiträge haben fallbasierten Interventionscharakter und führen nicht zu einer fortlaufenden Justierung.

Tabelle 4.1:      Charakteristika systemorientierter Controller

| Aspekt | Funktional wirkender Controller | Systemisch wirkender Controller |
|---|---|---|
| Verständnis für systemische Zusammenhänge | Versteht sich als systembildende Instanz, die es möglich macht, dass alle Vorgänge durch das Führungssystem zentral gesteuert werden können | Bemüht sich um das Verständnis von Wirkungszusammenhängen im Markt und im Unternehmen und setzt die systemeigenen Mechanismen für Regelkreiseffekte ein |
| | Versucht vor allem, auf Einzelbereiche einzuwirken, um deren Fähigkeiten zu entwickeln | Erkennt und berücksichtigt das Prinzip des ganzheitlichen Oberflächenverhaltens von Systemen und wirkt deshalb vor allem auf die Verbindungen zwischen Einzelbereichen ein |
| Wertfokus | Sieht Wert vor allem in eigenen Assets | Sieht vor allem Wert von Kooperationsbeziehungen |
| | Legt vor allem Wert auf funktionale Exzellenz | Konzentriert Aktivitäten auf die Entwicklung von Beziehungen und Fähigkeiten, die sich aus Beziehungen ergeben |
| Forecast | Erwartet präzisen Forecast | Regt dazu an, dass Abweichungen früh erkannt und erklärt werden |
| | Erwartet, dass möglichst keine Abweichungen vom Plan eintreten; betrachtet Meldungen von drohenden oder möglichen Abweichungen als Makel und fördert dadurch, dass Abweichungen spät oder gar nicht thematisiert werden | Fördert hohe Flexibilität und Reaktionsfähigkeit und organisationale Schlagkraft, indem er Meldungen über drohende oder mögliche Abweichungen vom Plan als Beitrag zur Risikominimierung oder Wahrnehmung von Chancen betrachtet |
| Entscheidungskompetenz | Favorisiert, dass Entscheidungen, bspw. Projektfreigaben, überwiegend zentral getroffen werden | Favorisiert, dass Entscheidungen möglichst von den handelnden Teams vor Ort getroffen und verantwortet werden |

| Aspekt | Funktional wirkender Controller | Systemisch wirkender Controller |
|---|---|---|
| Stabilität | Setzt Marken für steuernde Korrekturen durch Intervention (Top-down-Anordnungen und Vorgaben) | Schafft durchgehende Regelkreise und selbststabilisierende Prozesse durch systemische Rückkopplungsmechanismen |
| Vorrangige Gesprächspartner | Formale Verantwortliche (Geschäftsfeldverantwortliche, funktionale Linienmanager, CEO) | Faktische Kompetenzträger im Geschäftsprozess, unter Einbeziehung derjenigen bei Kunden, Lieferanten und Kapitalgebern |
| Charakter der Kommunikation | Anweisend, kontrollierend, hierarchisch, intervenierend | Bidirektional, offen, „enzymisch" wirkend |
| Unterstützung | Gibt prozedurale Anweisungen, fordert Ergebnisse ein, gibt aber kaum inhaltliche Unterstützung | Unterstützt die Geschäftsfeldleiter als Sparring-Partner |
| Methoden und Instrumente | Top-down-Steuerung, Planverfolgung, Ergebnis-Tracking für die betrachtete Geschäftseinheit | Selbstregelung durch ein Systemisches Kompetenz-Team, Szenario-Analyse, Balanced Scorecard, Flexibilisierung, Nutzen-Tracking für das die Geschäftseinheit einschließende, größere System |

*Wirksame Anpassungen erfolgen am besten durch das Zusammenspiel der jeweiligen Kompetenzträger „an der Front"*, die miteinander in möglichst intensiver Beziehung stehen. In diesen Beziehungen liegt nämlich die entscheidungsrelevante Information. Systemisch arbeitende Controller fördern deshalb, dass Entscheidungen in Teams vorbereitet und ggf. auch getroffen werden, indem sie die Grundlage schaffen, dass den Team-Mitgliedern vor Ort entscheidungsrelevante Information vorliegen und ihnen auch die Auswirkungen von Entscheidung vermittelt werden. Dadurch setzen sie *einen dezentralen, auf Rückkopplungsmechanismen basierenden Lernprozess* in Gang.

Controlling wird häufig als Rationalisierung der Führung verstanden. Im „konventionellen" Controlling werden anhand von Daten und Fakten Situationen und Entwicklungen beurteilt und Maßnahmen entwickelt, die die Zielgrößen sicherstellen sollen: „Der Deckungsbeitrag ist zu gering. Erhöht den Deckungsbeitrag!", „Das EBITDA-Ergebnis ist zu gering. Erhöht die Umsatzerlöse und senkt die Kosten!"

Aus systemischer Sicht ist das zu kurz gesprungen, *weil die Wirklichkeit vielschichtig ist.* Rationalisierung aus systemischer Perspektive bedeutet nämlich nicht, einzelne messbare

Werte zu optimieren, sondern durch geeignete Rückkopplungsmechanismen *auf das Verhalten des gesamten Systems so einzuwirken, dass die Zielwerte für das Gesamtsystem innerhalb eines Regelkorridors stabil gehalten werden.* Systemische Controller wissen beispielsweise, dass Umsatzerlöse stark von der relativen Marktattraktivität abhängen. Deshalb mögen sie anregen, mehr Kundennähe zu suchen, den Service zu verbessern und den Nutzen ihrer Leistungen noch bedarfsgerechter zu gestalten, statt lediglich intensivere Vertriebsaktivität zu fordern.

## 4.1.3    Wie führen systemisch arbeitende Controller?

Systemisch gebildete Controller wissen, dass zentrale Steuerungseingriffe in komplexen Situationen meist abträglich sind. Es ist ihnen bewusst, dass sie sich nicht anmaßen können, komplexe Situationen beherrschen zu können *(Bounded Rationality)*, weil ihre Wahrnehmung in jedem Fall begrenzt ist. Deshalb vertrauen sie auf ein hohes Maß an kollektiver Flexibilität und Beweglichkeit der gesamten Organisation. Außerdem wirken sie in dem Bewusstsein, *dass sie selbst Teil des Systems sind* und nicht unbeteiligte Beobachter.

Sie *begrüßen gedankliche Vielfalt*, weil sie wissen, dass Vielfalt die Quelle für Neues ist. Sie sind nicht nur aufgeschlossen für Verschiedenartiges, sondern räumen der Entwicklung auch Raum ein, indem sie selbstregelnde Mechanismen installieren. Sie ziehen eine *überlebensfähige, stabile Organisation* einer kurzfristig hocheffizienten, aber labilen Organisation vor, denn sie wissen, dass zu starke Homogenität und eingeschränkte Beweglichkeit Entwicklungspotenzial ersticken.

Wie in der Zen-Lehre begreifen auch systemisch denkende Controller Dualismus nicht als lästigen Gegensatz, der dadurch aufgelöst werden muss, dass eine der gegensätzlichen Positionen eliminiert wird, sondern als notwendige und *willkommene Ergänzung, die Stabilität bringt*. Fehlt eine Facette, muss die Organisation durch enorme zusätzliche Kräfte im Gleichgewicht gehalten werden. Außerdem ist dieses künstlich gehaltene Gleichgewicht keine Selbstverständlichkeit, sondern kostet ein hohes Maß an Management-Attention. Beispielsweise können Wettbewerber gleichzeitig Kunden sein oder Prozessabfälle können Rohstoffe für andere Prozesse sein. So vermeiden sie gleichzeitig Einweglösungen und sorgen für ein Wirtschaften in Kreisläufen. Schwierige Situationen bringen oft innovative Lösungen hervor, die unter komfortablen Bedingungen und mit gleichgerichteten Ansichten nicht gefunden werden. So ergeben sich weitere Möglichkeiten, die Controller sehen können, wenn sie Andersartigem mit Aufmerksamkeit und Achtung begegnen.

Viele Führungskräfte meinen, *prozessorientiert* zu denken. Wenn man hinterfragt, welche Prozesse sie meinen, ist die Antwort oft: „Einen Vertriebsprozess, einen Fertigungsprozess, einen Supply-Chain-Prozess etc." Systemische Controller wissen, dass diese Antwort nichts anderes widerspiegelt als eine funktionale Aufbauorganisation, bei der die Arbeitsweise innerhalb der Funktionen definiert worden ist. *Prozessorientiertes Denken setzt beim Gesamtgeschäftsprozess an*, gegebenenfalls sogar unter Berücksichtigung externer Leistungspartner, Lieferanten und Kunden. In der Regel kann erhebliches Leistungs- und Effizienzpotenzial erschlossen werden, indem der Geschäftsprozess durchgängig gestaltet und als

Ganzes optimiert wird. Ein Optimieren untergeordneter Schnittstellen allein muss den Gesamtprozess nicht unbedingt fördern; *es kann sogar für das Ergebnis des Gesamtprozesses abträglich sein, wenn es zu einem Bruch zwischen der partiellen und der übergeordneten Zielsetzung kommt.* Ist beispielsweise die Optimierung des Vertriebsergebnisses das übergeordnete Ziel für den Gesamtprozess, kann eine working-capital-optimierende Arbeitsweise des Supply-Chain-Verantwortlichen hemmend wirken. Soll das gemeinsame Vertriebsergebnis eines Lieferanten und einer nachgeschalteten Einzelhandelskette optimiert werden, wirkt ein Einkaufsleiter bei der EH-Kette, der die Kapitalbindung in Warenbeständen an den Points of Sale als oberstes Ziel wahrnimmt, als Bruch. Systemische Controller stellen sich etwa folgende Fragen: Welches Potenzial könnten wir erschließen, wenn wir den gesamten Geschäftsprozess als das zu optimierende Objekt betrachten, also wie *ein* Unternehmen, obwohl Lieferanten und Kunden in die zu optimierende Kette eingeschlossen sind? (So wird das Potenzial oft erst sichtbar!) Welche Herangehensweise wäre aus dieser Gesamtperspektive die richtige? Wie können wir das Ergebnis zwischen den Beteiligten pragmatisch verhandeln?

Die Fähigkeit, das Ganze zu sehen, hilft systemischen Controllern auch dabei, *Geschäftsmodelle zu finden, die auch anderen Parteien Vorteile bieten.* Solche Geschäftsmodelle öffnen Türen und helfen, *die eigene Organisation auf natürliche Weise im Markt zu positionieren.* Durch dieses Einbetten verringern sich Widerstände.

Weil sie wissen, dass enge Vorgaben prinzipbedingt zu einer Einengung der Möglichkeiten führen und die Kreativität und das Lösungspotenzial der Organisation einschränken, klammern sich systemische Controller nicht an die Umsetzungskontrolle detaillierter Pläne, sondern *vertrauen in die Selbstregelungsfähigkeiten ihrer Organisation.* In diesem Sinne verstehen sie Informationssysteme nicht in erster Linie als Grundlage zur Steuerung (Kontrolle), sondern *als Basis für Rückkopplungssignale für Selbstregelungsprozesse* (Dienstleistung).

Systemische Controller diskutieren Konzepte im Sparrings-Gespräch mit Führungskräften. Sie führen Manager gedanklich weiter, indem sie neue Aspekte in die Diskussion einbringen, die über die unmittelbare Sache hinausgehen. Aus einer Erweiterung des Horizonts beziehen sie Anregungen für bessere Lösungen.

## 4.1.4    Welche Informationen setzen systemisch arbeitende Controller ein?

Konventionell denkende Controller konzentrieren sich darauf, einerseits Informationen strukturiert aufzubereiten und zu aggregieren und andererseits Informationen auf einzelne Bereiche herunterzubrechen und aus verschiedenen Perspektiven aufzuschlüsseln.

*Systematisch* mag diese Vorgehensweise sein, aber sie erfasst nicht die tatsächlich wirksamen Kräfte, die sich aus den Verbindungen zwischen den Elementen ergeben und ganz andere Potenziale freisetzen können. Isoliert erarbeitete Einzelbeiträge können zwar zu einer konsolidierten Zahl aufaddiert werden, doch entspricht das Ergebnis nur dem Resultat der aggregierten Einzelleistungen. Deshalb ist diese Vorgehensweise aus systemischer Perspektive falsch.

Systemische Controller versuchen, den Wert von Beziehungen zu beleuchten und die Voraussetzungen dafür zu schaffen, dass die Entwicklung dieser Werte gezielt gefördert wird. Dazu müssen auch Informationen jenseits der Kostenrechnung und der Finanzbuchhaltung erfasst und ausgewertet werden und zusätzlich in ein Management-Cockpit einfließen, *insbesondere Informationen über die Qualität der Zusammenarbeit und über die Fähigkeit der Organisation, Veränderungen zu erkennen, flexibel darauf zu reagieren und sich anzupassen.*

Folgende Fragen können Controller an eine systemische Arbeitsweise heranführen:

■ Für wen schaffen wir welchen Nutzen (Mehrwertbetrachtung der eigenen Beiträge (Leistungs- und Begeisterungseigenschaften unserer Produkte bzw. Dienstleistungen und unserer Organisation), statt in erster Linie zu fragen, wie das eigene Ergebnis verbessert werden kann)? Welche Beiträge schaffen diesen Nutzen genau (Balanced Scorecard)? Wie können Menschen dazu motiviert werden, diese Beiträge zu übergeordnetem Nutzen selbst zu erkennen und sich verstärkt darauf zu konzentrieren, diese gemeinsam zu erbringen? Wie erreichen wir dauerhaft Begeisterungseigenschaften?

■ Wie wird erreicht, dass Märkte erschlossen werden und Kundenwert realisiert wird, statt auf Einzelauftrags- oder Artikelbasis über die Qualität von Geschäften zu entscheiden (Erfolgskriterien)?

■ Wie ist die Produktentwicklung mit dem Vertrieb verzahnt? Woher stammen Anregungen für neue Produkte? Wie wird sichergestellt, dass Kundenanforderungen in die Produktentwicklung einfließen? Welche Informationen können als Messgrößen dienen?

■ Wie flexibel kann sich die Supply-Chain auf Nachfrageschwankungen einstellen (Rohstoffverfügbarkeit, Änderung von Fertigungskapazitäten)? Wie messe ich Flexibilität? Wie messe ich Freiheitsgrade? Wir flexibilisiere ich meine Strukturen?

■ Welchen Beitrag leisten Kunden zur Geschäftsprozesseffizienz (bruchfreie Rückkopplung von POS-Information in die Organisation des Lieferanten)? Wie wird sichergestellt, dass unter dem Kriterium des Nutzens für den gesamten Geschäftsprozess optimiert wird, statt Funktionen und/oder einzelne Schnittstellen innerhalb des Gesamtprozesses zu (sub)optimieren?

■ Wie kann durch organisationsübergreifende Prozessoptimierung sichergestellt werden, dass die eigenen Leistungsbeiträge nahtlos an Leistungen unserer Lieferanten und unserer Kunden anschließen bzw. heranführen (Verringerung von Blind- und Doppelleistung)? Welche Messgrößen eignen sich als Orientierung?

■ Wie erfasse und beurteile ich schnittstellen- und organisationenübergreifende Nutzenbeiträge?

■ Wie wird gewährleistet, dass alle wesentlichen Informationen in Entscheidungsprozesse einfließen? Ist ein Systemisches Kompetenz-Team installiert?

■ Welche Rückkopplungsmechanismen kann ich installieren, um Ursache-Wirkungs- und Lernkreisläufe zu schaffen?

■ Auf welche Kontroll- und Steuerungsvorgänge kann ich verzichten, indem ich Rück-kopplungskreisläufe und Selbstregelungsmechanismen installiere? Wie erreiche ich, auf Gegensteuerungsmaßnahmen zu verzichten, um der Selbstregelung eine Chance zu geben?

Systemische Controller wirken nicht unmittelbar auf das Verhalten der Fachbereichs-verantwortlichen ein, sondern schaffen Mechanismen (*systembildende Funktion*), über die das Verhalten der Manager indirekt und in Abhängigkeit von den jeweiligen Randbedingungen geregelt und untereinander anschlussfähig gemacht wird (*systemkoppelnde Funktion*). Damit steht im Vordergrund der Arbeit, *selbsttragende Mechanismen* zu schaffen, die dafür sorgen, *dass in jedem Moment aus der Organisation heraus passende Ziele und Strategien gefunden werden*, nicht aber welche Ziele genau mit welcher Strategie erreicht werden sollen – das bleibt die Aufgabe der Fachbereiche.

## 4.2     Was heißt „Systemisches Management" für Vertriebsleiter?

### 4.2.1     Systemische Herausforderungen für Vertriebsleiter

Betrachten wir die Anforderungen an Vertriebsleiter, so stellen wir in den meisten Fällen fest, dass sie im Wesentlichen darin bestehen, dass der erforderliche Umsatz zu akzeptablen Deckungsbeiträgen sichergestellt wird.

Vertriebsplanungen, die ein stetiges Wachstum vorsehen, ebenso wie kontinuierliche und budgetgetreue Vertriebsergebnisse, finden bei Controllern und Gesellschaftern Anerkennung, während Planungen, die begründete künftig erwartete Absatzeinbrüche berücksichtigen oder Neuorientierungen enthalten, ebenso wie überraschende Planabweichungen – gleich ob nach oben oder nach unten –, tiefe Skepsis auslösen. Hoch im Kurs stehen auch Maßnahmen zur Senkung der Vertriebskosten und zur Standardisierung der Vertriebsprozesse.

Erfahrene Vertriebsleiter kennen diese Rahmenbedingungen natürlich. Obwohl ihnen im Grunde bewusst ist, dass in turbulenten Zeiten kaum eine Prognose möglich ist, die keiner maßgeblichen Korrektur bedarf, lassen sie sich nach dem „Des-Kaisers-neue-Kleider-Prinzip" darauf ein, die heile Welt zu planen, dabei aber „den Ball flach zu halten" und ihre Forecasts so allgemein zu treffen, dass sie einer späteren Überprüfung möglichst standhalten.

Obwohl eine komplexe Welt immer wieder neue Konstellationen hervorbringt, treffen wir oft Vertriebsleiter, die ihre Ressourcen im Sinne der Planerfüllung mit Hochdruck auf die Realisierung des budgetierten Absatzes mit vorhandenen Produkten ansetzen – oft sogar gegen nicht unerhebliche offene und verdeckte Widerstände, die ihnen sowohl Kunden als auch Verkäufer und Handelsmittler entgegensetzen.

Dabei verschließen sie sich für konkrete Auftragschancen, die sich unterjährig ergeben, um Diskussionen mit dem Top-Management zu vermeiden.

## 4.2.2 Wie kann Systemisches Management Vertriebsleitern helfen, diese Herausforderungen zu bewältigen?

Vertriebsleiter, die sich im oben beschriebenen Sinne verhalten, richten sich in ihrem unmittelbaren Systemumfeld vordergründig vorteilhaft ein. Man mag annehmen, diese nachvollziehbare Anpassung sei systemisch richtig. Doch greift sie zu kurz, denn das wirksame System ist nicht das vom Top-Management vorgegebene; vielmehr befinden sich die entscheidenden Kräfte im Markt. Kommt von den Kunden Anerkennung, folgt die Anerkennung durch den CEO und die Belegschaft von selbst.

Abbildung 4.1: Systemorientierter Vertrieb: Ein Fischer wirft auf einem See in Benin, südliches Westafrika, sein Netz aus

Es kommt darauf an, dass der Vertrieb „den richtigen Fang" macht, der zur Organisation passt.

Systemisch wirkende Vertriebsleiter richten ihre Aufmerksamkeit deshalb

1. vor allem auf unmittelbar bestehende und künftig erschließbare Möglichkeiten, Kunden in ihren Herausforderungen zu unterstützen, und

2. darauf, wie sie diese Möglichkeiten in enger Abstimmung mit ihren Kollegen im Führungskreis wahrnehmen und umsetzen können.

Ihnen geht es nicht darum, verfügbare Marktleistungen in bestehenden „Senken" abzusetzen und dabei möglichst viel möglichst lange abzuschöpfen, sondern darum, bislang Unverbundenes zu verbinden, so im „Blue-Ocean"-Sinne nach Kim und Mauborgne (36) zusätzlichen Nutzen und Wert im Markt zu schaffen und von diesem geschaffenen Mehrwert auch selbst zu profitieren. Das Blue-Ocean-Konzept legt Führungskräften nahe, sich auf unberührte Märkte (Blue Oceans) zu konzentrieren, in denen noch Gestaltungsmöglichkeiten existieren, und sich nicht in den wettbewerbsintensiven Red Oceans zu verzehren.

Systemische Vertriebsleiter nehmen ihr Umfeld, zu dem auch ihr Unternehmen zählt, und innerhalb ihres Unternehmens ihre Vertriebsorganisation als ein System aus Rückkopplungs- und Regelmechanismen wahr. Sie versuchen, diese Mechanismen zu verstehen, und denken immer wieder von Neuem in Szenarien.

### 4.2.2.1    Gestaltung des Vertriebs-Teams

Um neue Geschäftsmöglichkeiten zu erkennen, bedarf es einer Vertriebsorganisation, deren Mitglieder für geschäftliche Entwicklungen im Hause ihrer Kunden hoch sensibel sind und die über hervorragende Kombinations-, Gestaltungs- und Kommunikationsfähigkeiten verfügen und sich an Schnittstellen zwischen Fachgebieten, Technologien und Märkten gestaltend einbringen.

Noch besser als ihre Produkte müssen Verkäufer die Zusammenhänge und Herausforderungen der Branchen ihrer Kunden kennen, um die strategische Absicht der Kunden zu verstehen und zu spüren, wo Kunden profitables Wachstum sehen und welche Leistungsbeiträge ihnen bei der Umsetzung ihrer Pläne besonders helfen.

Die Aufgabe eines systemisch handelnden Vertriebsleiters muss es deshalb sein, ein Vertriebs-Team aus qualifizierten Mitarbeitern und Kooperationspartnern aufzustellen, welche in der Summe über diese Fähigkeiten verfügen und eng verzahnt arbeiten. So stellt er sicher, dass relevante Information über konkreten Bedarf aufgenommen und anschlussfähig aufbereitet wird.

Außerdem wird ein systemischer Vertriebsleiter bei seinen Kollegen im Management-Team darauf hinwirken, dass im Gesamtunternehmen die organisatorischen Voraussetzungen dafür geschaffen werden, dass diese Informationen im fachlichen Austausch von Spezialisten verschiedener Disziplinen ausgewertet werden. In einen solchen funktionen- und prozessübergreifenden Austausch fließen die verschiedenen Sichtweisen und Argumente frühzeitig ein. Indem alle wesentlichen Einflussgruppen das Geschehen mitprägen, nehmen Güte und Akzeptanz der Ergebnisse erheblich zu. So wird aus einer formalen Struktur ein *Nervensystem*. Das Unternehmen agiert erheblich marktnäher, flexibler und anpassungsfähiger.

Ein solcher kontinuierlicher interdisziplinärer Diskurs kann in Form eines *Systemischen Kompetenz-Teams* im Unternehmen institutionalisiert werden, das Entscheidungsvorlagen erarbeitet, die von allen mitgetragen werden, also systemisch verträglich sind. Der systemisch handelnde Vertriebsleiter kann sich in seinem Unternehmen dafür einsetzen, dass sich ein solches Team bildet. Damit leistet er einen maßgeblichen Beitrag zum Unternehmenserfolg:

■ Er schafft die Voraussetzungen dafür, dass Entscheidungsvorlagen künftig unter Berücksichtigung relevanter Marktinformation aufbereitet werden,

■ er erhöht die Durchsetzbarkeit vertrieblich richtiger Maßnahmen im Unternehmen und reduziert die „Prozessreibung", und

■ er sorgt mittelfristig für ein attraktives Leistungsportfolio, mit dem seine Verkäufer im Markt erheblich erfolgreicher sein werden.

Das formale Führungs-Team sollte zwar ein Veto-Recht haben, um im Notfall steuernd eingreifen zu können, aber möglichst vermeiden, in die Entscheidungsprozesse des Systemischen Kompetenz-Teams einzugreifen, um den sich bildenden Regelmechanismus nicht zu torpedieren. Die Aufgabe des systemischen Vertriebsleiters und seiner Kollegen aus dem formalen Führungs-Team ist eher im Sinne des Coachings wahrzunehmen. Durch ihre Beiträge ermöglichen sie auf enzymische Art, dass sich der Regelmechanismus systemgerecht entwickeln kann.

## 4.2.2.2    Systemische Führung des Vertriebs-Teams

Der systemisch handelnde Vertriebsleiter weiß, dass Mehrwert durch den Wert definiert ist, den Kunden ohne den Leistungsbeitrag ihres Lieferanten nicht realisieren könnten. Deshalb vermittelt er seinen Mitarbeitern und Kooperationspartnern die Mission, *für Kunden Wert zu schaffen und diesen zu kommunizieren*. Diese wertorientierte Sicht- und Arbeitsweise macht den Unterschied aus, ob ein Lieferant seine Leistungen in den Markt „hineindrücken" muss, weil er als Fremdkörper empfunden wird, der keinen klaren Mehrwert einbringt, oder ob er als Partner in einem Leistungsgefüge auf natürliche Art akzeptiert wird.

Tabelle 4.2:    Charakteristika systemorientierter Vertriebsleiter

| Aspekt | Funktional wirkender Vertriebsleiter | Systemisch wirkender Vertriebsleiter |
| --- | --- | --- |
| Verständnis für systemische Zusammenhänge | Hat und vermittelt überwiegend aufgabenbezogenes Verständnis, aber regt kaum an, ein umfassendes Verständnis der Wirkungszusammenhänge im Markt und im Unternehmen zu erwerben | Hat und vermittelt ein gutes Gesamtverständnis der Wirkungszusammenhänge im Markt und im Unternehmen |
| Vorgaben | Gibt detaillierte Zielvorgaben (bspw. Anzahl der Kundenkontakte, Anzahl der Abschlüsse), gibt konkrete Arbeitsanweisungen vor | Sorgt dafür, dass sich das Vertriebs-Team am Gesamtunternehmensziel orientiert, gestaltet Regeln der Zusammenarbeit mit |

| Aspekt | Funktional wirkender Vertriebsleiter | Systemisch wirkender Vertriebsleiter |
|---|---|---|
| Entscheidungs-kompetenz | Trifft wichtige Entscheidungen für Kundenprojekte selbst, um vordergründig das beste Vertriebsergebnis zu erreichen | Überlässt auch wichtige Entscheidungen über Kunden-projekte weitgehend den Account Managern, regt jedoch an, dass sich diese mit anderen betrieblichen Funktionen abstimmen, um das beste Ergebnis für das Gesamtunter-nehmen zu erreichen |
| Stabilität | Nimmt vor allem steuernde Korrekturen durch Intervention (Top-down-Anweisungen und Vorgaben) vor | Fördert selbststabilisierende Prozesse durch systemische Rückkopplungsmechanismen |
| Vorrangige Gesprächspartner | Mitarbeiter, CEO, Einkaufslei-ter der Kunden | Vertriebsleiter, Business-Development-Manager und CEOs der Kunden, Vertriebs-leiter seiner Wettbewerber, CEOs der Lieferanten, Mit-arbeiter, Peer-Level-Führungs-Team, CEO |
| Charakter der Kommunikation | Anweisend, kontrollierend, hierarchisch, intervenierend | Bidirektional, offen, enzymisch |
| Unterstützung | Trifft prozedurale Anweisun-gen und Ergebnisvorgaben, gibt aber seinen Mitarbeitern kaum inhaltliche Unterstüt-zung, führt seine Mitarbeiter fachlich nicht weiter | Unterstützt seine Account Manager bei Top-Kunden vor Ort, ist ihr Coach (Methoden, Skills) und schafft ihnen geeig-nete Rahmenbedingungen im Unternehmen (Backoffice, Spezialisten-Support, organisa-tionale Voraussetzungen zur Abstimmung mit anderen Funktionen) |

| Aspekt | Funktional wirkender Vertriebsleiter | Systemisch wirkender Vertriebsleiter |
|---|---|---|
| Vergütung | Präferiert eine Erfolgskomponente, die am individuellen Vertriebsergebnis und am Gesamtumsatz orientiert ist | Präferiert eine Erfolgskomponente, die am Ergebnis von Kundenprojekten und am Unternehmensergebnis orientiert ist |

### 4.2.2.3    Organisationsstruktur im Vertrieb

Wie sollte eine systemische Vertriebsorganisation strukturiert sein? Um die Bedürfnisse der Kunden ganzheitlich erfassen zu können, bedarf es vor allem im B-to-B-Geschäft einer *Key-Account-Struktur*, die von Spezialisten unterstützt wird.

In die Beziehungen zu Top-Kunden sollte sich der Vertriebsleiter selbst unterstützend einbringen. Seine Aufgabe ist es, die Kundenbeziehung durch sein persönliches Interesse und Commitment zu festigen und übergeordnete Themen zu identifizieren, wie oben skizziert. Viele Automobilzulieferer und Banken haben dieses Konzept schon erfolgreich umgesetzt.

Den Key-Account-Managern sollte der systemisch handelnde Vertriebsleiter hinreichend Freiheit bei der Gestaltung der Konditionen einräumen. Im Vordergrund sollte im systemischen Sinne immer das Wohl des nächst höheren Gefüges stehen. Es sollte beispielsweise nicht die Maxime gelten, dass jeder Auftrag für sich Margenerfordernisse erfüllt, sondern dass der Kunde insgesamt für das Unternehmen rentabel ist. Ist ein Kunde unbedingt erforderlich, um in einem attraktiven Segment Fuß zu fassen, sollte nicht die Rentabilität dieses Kunden das oberste Ziel sein, sondern die Erschließung des attraktiven Marktsegments.

Dasselbe ganzheitliche Denken gilt auch für Produkte im Portfolio: Nicht jedes Produkt für sich muss rentabel sein, wenn das Produkt eine notwendige Voraussetzung für das Unternehmen ist, in attraktiven Märkten oder bei Top-Kunden als Geschäftspartner wahrgenommen zu werden. Den systemisch handelnden Vertriebsleiter trifft die Verantwortung, ein grundsätzliches Verständnis dieser Philosophie bei seinen Kollegen im Controlling und im Fertigungsbereich zu schaffen und darauf hinzuwirken, dass dem Systemischen Kompetenz-Team die Einzelentscheidungen überlassen werden.

Systemische Manager wirken in Kreisläufen. Sie wenden das Kreislaufprinzip nicht nur für die Wechselwirkung zwischen den Prozessbeteiligten an, sondern auch bezüglich der eingesetzten Rohstoffe und Energie. Sollte es nicht möglich sein, Produkte so zu definieren, dass sie nach Gebrauch wieder in den Kreislauf zurückgeführt werden können, werden systemisch handelnde Manager versuchen, die benötigte Menge so gering wie möglich zu halten, um natürliche Kreisläufe nicht zu gefährden. In solchen Fällen können beispielsweise bezüglich der Erderwärmung $CO_2$-Zertifikate einen global angelegten Ausgleich schaffen und gleichzeitig Signale im Markt setzen, dass das betrachtete Unternehmen umweltbewusst handelt. Spezialisierte Dienstleister wie eFormic[36] mit ihrem Service und Label wie „The Green Eye" können bei der Konzeption, Umsetzung und Kommunikation geeigneter Ausgleichmaßnahmen pragmatische Unterstützung leisten. Vertriebsleiter können bei der Entscheidung für die Positionierung ihres Unternehmens und bei der sorgfältigen Definition neuer Produkte eine maßgebliche Rolle spielen und ihren Peer-Partnern im Führungs-Team wichtige Anregungen geben.

Dabei stellen systemisch handelnde Vertriebsleiter die Interessen ihres funktionalen Bereiches durchaus zugunsten der Durchgängigkeit der Geschäftsprozesse zurück. So werden sie beispielsweise nicht um jeden Preis darauf bestehen, dass alle Artikel im Sortiment bleiben. Vielmehr werden sie auch Sortimentsentscheidungen dem Systemischen Kompetenz-Team überlassen, das die Sichtweisen der Bereiche Vertrieb, Marketing, Logistik, Fertigung und Controlling systemgerecht abgleicht.

Systemische Vertriebsleiter managen nicht das Geschäft selbst, sondern die Beziehungen zwischen den handelnden Personen. Durch Personalentscheidungen und durch ihr Augenmerk auf nahtlose Vertriebsprozesse sorgen sie dafür, dass die Zusammenarbeit mit Kunden und mit unternehmensinternen Kompetenzträgern aus anderen Bereichen funktioniert. Durch ihre Initiative zum vernetzten Arbeiten und indem sie enzymisch wirken, verknüpfen sie die Kräfte und Erfahrungen Einzelner zu hoher organisationaler Leistungsfähigkeit, Innovationsfähigkeit und Attraktivität.

### 4.2.2.4     Instrumentarium zur systemischen Führung des Vertriebs

Wenn funktionale Interessen nicht mehr das Maß der Dinge sind, werden auch ganz andere Instrumente zur Beurteilung der Leistungsbeiträge zum Gesamtergebnis gebraucht. Dabei muss einerseits die Verantwortung für die Leistungsbeiträge klar sein, andererseits muss sich der Wert jedes Beitrages an seinem Nutzen für das Unternehmensergebnis messen lassen. Hierzu ist es unerlässlich, die Wirkungszusammenhänge im Unternehmen einschließlich des Unternehmensumfeldes gut zu kennen. Eine *Sensitivitätsanalyse*, wie sie vom Malik ManagementZentrum in St. Gallen angeboten wird, leistet dabei hervorragende Dienste.

Sind die Mechanismen für die Wirkungszusammenhänge hinreichend bekannt, können entsprechende ganzheitlich angelegte und dynamisch anpassbare Zielsetzungen für jeden Bereich, also auch für den Vertrieb, abgeleitet werden – Ziele, die auf die Optimierung des Gesamtergebnisses ausgerichtet sind. Aus ganzheitlicher Sicht wird oft erst offensichtlich, wie abwegig manche bislang für selbstverständlich und unumstößlich gehaltene funktional angelegte Ziele eigentlich sind, beispielsweise das Vertriebsziel der absoluten Marge je verkaufter Artikel ohne die Berücksichtigung der gegenseitigen Beeinflussung der Mengeneffekte auf die Erstellungskosten. Ziel kann unter ganzheitlicher Sichtweise also nur die Optimierung der Gesamtmarge sein, die sich wiederum aus dem Mehrwert ergibt. Die Gesamtmarge ist jedoch eine „lebende" Kennzahl, wenn beispielsweise die Stückkosten mit zunehmender Menge abnehmen. Um überhaupt in den Bereich überkritischer Mengen zu gelangen, sollte der Vertrieb die Freiheit haben, einen Verkaufspreis anzusetzen, der die künftigen Deckungsbeiträge vorwegnimmt. Der Vertriebsleiter sollte sich im Führungskreis für ein Verständnis für geschäftsorientiertes Controlling einsetzen.

Eine weitere Besonderheit ist zu berücksichtigen: In systemischen Regelkreisen können Ziele nicht festgeschrieben werden, denn sie ergeben sich aus Rückkopplungsmechanismen, die für Gleichgewicht und damit für Stabilität sorgen. So können beispielsweise die Margenanforderungen je nach Marktsegment, nach Phase im Produktlebenszyklus, nach spezifischer Wettbewerbsintensität und nach strategischen Interessen durchaus variieren. Regelkreise, die vom Systemischen Kompetenz-Team in Gang gehalten werden, stellen eine laufende Überprüfung und Anpassung der Ziele und Prioritäten an die Erfordernisse sicher – die Organisation beginnt zu leben!

Die konsequente Vertriebsführung in systemischen Regelkreisen führt dazu, dass sich die Zielgrößen laufend verschieben, um den Anforderungen gerecht zu werden. Nur ein bewegliches System kann sich stabilisieren. Diese Erkenntnis aus der Kybernetik müssen Vertriebsleiter auf ihre Führungsinstrumente anwenden, wenn sie wirklich systemisch führen möchten. Herkömmliche, aus ERP-Systemen mittels starrer Datenbankabfragen extrahierte Management-Cockpits eignen sich sicher nicht dazu. Systemisch wirkende Vertriebsleiter brauchen Informationen, die sich situativ über Regelkreise zusammenfügen. Die Daten werden durchaus aus herkömmlichen ERP-Systemen bezogen, aber die Auswertungslogik muss systemischen Regeln folgen.

Der Vertriebsleiter kann jedenfalls stabilisierende Regelkreise im Unternehmen initiieren, um sicherzustellen, dass zu eng gefasste Maßnahmen und eindimensionale Entwicklungen frühzeitig erkannt und korrigiert werden.

### 4.2.2.5    Zielsetzungen und Vergütung

Ganzheitlich und „lebend" wie die Zielsetzungen müssen Vertriebsleiter auch die Vergütungssysteme für ihre Teams gestalten.

Eine wesentliche Herausforderung besteht darin, dass der Grad der Zielerreichung nachvollziehbar und messbar sein muss. Wegen der Unmöglichkeit langfristiger stabiler Ziele und des höheren Motivationseffektes ist es empfehlenswert, Zielsetzungen im Vertrieb auf Projektbasis und auf Basis des Unternehmensergebnisses festzulegen, wobei mit zunehmender Verantwortung in der Organisation der Anteil des Unternehmensergebnisses einen größeren Stellenwert einnehmen sollte. Solche Gesamtergebnisbetrachtungen sind funktionalen Einzelzielen wie „Absatz" oder „Umsatz" deutlich überlegen, weil sie dazu anhalten, alle relevanten Einflussgrößen miteinander abzustimmen.

Durch systemische Herangehensweise leistet der Vertriebsleiter einen wertvollen Beitrag zum nachhaltigen Erfolg seines Unternehmens im Markt und dazu, dass unsere Welt lebenswerter wird.

# 4.3    Was heißt „Systemisches Management" für den F&E-Leiter?

## 4.3.1    Welche Aufgaben beinhaltet F&E?

Das Feld der Aktivitäten, die unter *Forschung & Entwicklung* zusammengefasst werden, umspannt die Grundlagenforschung, die Technologieentwicklung, die Vorentwicklung und die Produktentwicklung.[37]

Die *Grundlagenforschung* dient dazu, eine breite Wissensbasis als Grundlage für eine anwendungsorientierte Entwicklung zu schaffen. Das Ergebnis ist *Wissen*. Die *Technologieentwicklung* zielt darauf ab, aus Wissen technologisch basierte Leistungspotenziale und Kernkompetenzen abzuleiten, die praktische Anwendungen ermöglichen. Das Ergebnis sind *Fähigkeiten*. In der *Vorentwicklung* werden diese Potenziale und Kompetenzen in Produktkonzepte überführt und diese auf ihre Umsetzbarkeit überprüft. Das Ergebnis sind *Prototypen*. Die *Produktentwicklung* bringt die Prototypen schließlich über Vorserienversionen bis zur Marktreife. Das Ergebnis sind ausgereifte, marktfähige *Produkte*.

Der F&E-Leiter begleitet also die aneinander anknüpfenden Prozesse der Wissensgenerierung, der Aneignung von Fähigkeiten, der Ideengewinnung und Beurteilung sowie der Detailentwicklung. Ich bezeichne den Gesamtprozess als Innovationsprozess.

## 4.3.2    Wie können F&E-Leiter Innovationen fördern?

Systemisch denkende F&E-Leiter wissen, dass Entwicklung *eine Folge von Notwendigkeiten und Zufällen* ist. Sie versuchen, die Wirkungsgefüge besser zu verstehen, um die Notwendigkeiten zu erkennen und Zufälle systematisch in den Entwicklungsprozess einzubeziehen. Das kann dadurch geschehen, dass über gewisse zeitliche Phasen parallele Entwicklungsansätze verfolgt werden. Dabei kommt es darauf an, zufälliges Entstehen von Merkmalen *(Mutationen)* wahrzunehmen und deren Potenzial zu erkennen *(Präadaption)* sowie den Nutzen von bereits bekannten Merkmalen für neue Funktionen zu erkennen *(Exadaption)*. Im ersten Fall entsteht Neues, dessen Nutzen zunächst nicht offensichtlich ist, während im zweiten Fall Merkmale, die sich bereits in anderen Feldern als nützlich erwiesen haben, auch im vorliegenden Fall nützlich sein können. Um die Innovation zu erfassen, sind in beiden Fällen gedankliche Barrieren zu überwinden. Eine wesentliche Aufgabe systemisch wirksamer F&E-Leiter ist es, die Voraussetzungen zu schaffen, dass ihre Teams einerseits *ungebunden denken können*, andererseits aber *Impulse aus dem Unternehmensumfeld in ihre Entwicklungstätigkeit einbeziehen*. F&E-Leiter sind verantwortlich dafür, dass sich ihre Abteilung nicht von Marktrealitäten abkoppelt, wie wir in unserer Beratungspraxis häufig erlebt haben. Dazu müssen sie sowohl sicherstellen, dass *geeignete „Fühler" im Markt installiert* sind, als auch *Rückkopplungsprozesse etablieren*, um Informationen über Veränderungen im Markt zu erfassen und sie in Entwicklungsprozesse einzubeziehen.

Nun sind Entwickler zwar oft kreative, nicht immer aber extrovertierte Menschen. Die Entwicklungsabteilung selbst arbeitet häufig von den Schnittstellen zum Markt abgeschottet; sie wird mit Informationen aus den Unternehmensbereichen Marketing und Vertrieb gespeist. Umso mehr besteht für F&E-Leiter die Notwendigkeit sicherzustellen, dass ihre Abteilung *mit den „natürlichen" Geschäftsprozessen der Zielbranchen und Zielkunden vertraut* ist, um in *„Use Cases"* denken zu können. Erfolgreiche Innovationen entstehen nämlich dann, wenn Entwickler neue Produkte vor dem Hintergrund anwenderorientierten Nutzendenkens gestalten und vermeiden, dass Ideen im Brutkasten technisch ausentwickelt und dann für den Vertrieb zu Produkten „verpackt" werden. Ich halte den Begriff *„Design Thinking"* für recht anschaulich. Design Thinking beschreibt den Prozess, in dem Entwicklungsschritte von einem Use Case ausgehend über eine Idee, erste konzeptionelle Entwürfe, Prototypen, Vorserienversionen bis zum ausgereiften Produkt mit Kunden abgestimmt und umgesetzt werden, um eine möglichst hohe Akzeptanz des Ergebnisses sicherzustellen.

Wirklich große Hebel für Entwicklungen, die zu *Blue-Ocean*-Gelegenheiten außerhalb der Märkte, auf die sich die Wettbewerbsintensität konzentriert, führen können, stecken in der *Innovation von Geschäftsprozessen.* Nehmen Entwickler die Vorgänge, die zwischen Organisationseinheiten stattfinden, als Ausgangspunkt ihrer Überlegungen, gelangen sie viel dichter an die Innovationsquellen heran. Als Resultat können durchaus wieder Produkte herauskommen, die innovierte Geschäftsprozesse oder Abläufe unterstützen.

Auf diese Weise können systemische F&E-Leiter handlungsleitende Informationen in ihr Entwicklungs-Team einbringen. *Nur handlungsleitende Informationen sind relevante Informationen.* Andere als handlungsrelevante Informationen werden nämlich im F&E-Team gar nicht zielgerecht verarbeitet, führen nicht zu marktgerechten Innovationen und bleiben deshalb voraussichtlich völlig wirkungslos – sowohl für die Unternehmen als auch für den Markt. F&E-Leiter sollten dafür sorgen, dass entsprechende Prozesse implementiert werden, die gewährleisten, dass ihre Teams regelmäßig Zugang zu handlungsrelevanten Informationen erhalten und dass diese zügig in enger Abstimmung mit Kunden und mit den Vertretern der anderen betrieblichen Funktionen verarbeitet werden.

Tabelle 4.3:     Charakteristika systemorientierter F&E-Leiter

| Aspekt | Funktional wirkender F&E-Leiter | Systemisch wirkender F&E-Leiter |
|---|---|---|
| Verständnis für systemische Zusammenhänge | Leitet konkrete Entwicklungsaufträge aus Anforderungen aus dem Vertrieb oder aus eigener Initiative heraus ab | Bemüht sich um das Verständnis von Wirkungszusammenhängen im Markt und im Unternehmen und setzt das Design-Thinking-Prinzip um<br><br>Erkennt und berücksichtigt das Prinzip des ganzheitlichen Oberflächenverhaltens von Marktsystemen und Organisationen |
| Wertfokus | Legt Wert auf eigene Entwicklungen („Not-invented-here"-Syndrom)<br><br>Ist primär um „Functional Excellence" der F&E bemüht und nimmt zugunsten einer besseren Abstimmung mit anderen betrieblichen Funktionen eher keine Schmälerung der unmittelbaren F&E-Ergebnisse in Kauf | Erkennt den Wert von Verbundtechnologien und versucht, Symbiosepotenziale zu erschließen<br><br>Weiß, dass sich der Erfolg für das Gesamtunternehmen aus einer möglichst guten Abstimmung ergibt, nicht aus der „Functional Excellence" der F&E-Abteilung<br><br>Konzentration auf den Wert von Beziehungen und auf Fähigkeiten, die sich aus zwischenbetrieblichen Funktionen entstehenden Beziehungen ergeben<br><br>Wertsteigerung durch die Entwicklung der Qualität der Zusammenarbeit |

| Aspekt | Funktional wirkender F&E-Leiter | Systemisch wirkender F&E-Leiter |
|---|---|---|
| Stabilität | Ist auf Wachstum ausgerichtet | Ist auf Stabilität ausgerichtet |
| | Unterstützt vor allem positive Rückkopplungsmechanismen, die zu Instabilität führen | Überstützt und schafft vor allem durchgehende Regelkreise und selbststabilisierende Prozesse durch negative Rückkopplungsmechanismen |
| Entwicklungsgegenstand | Konzentriert sich auf das zu verbessernde Produkt | Versucht, Geschäftsprozesse zu verstehen, in die der Kunde eingebunden ist, und orientiert sich an Use Cases |
| | Nimmt Prozesse als gegeben hin | Hinterfragt gegebene Prozesse und sucht nach grundsätzlichem Verbesserungspotenzial für den Gesamtprozess |
| | Reagiert auf konkrete Verbesserungsanfragen, die von Kunden oder vom Vertrieb kommen | Leitet hieraus Lösungsmöglichkeiten für Kunden ab, die zu Blue-Ocean-Märkten führen können |
| Vorrangige Gesprächspartner | Befolgt Anweisungen des CEO, informiert sich beim Vertriebsleiter, weist Entwickler an | Sucht eine Abstimmung mit den faktischen Kompetenzträgern im Geschäftsprozess, unter Einbeziehung der Kompetenzträger bei Kunden und Lieferanten |
| Charakter der Kommunikation | Top-down-Entwicklungsaufträge ohne viele Bewegungsmöglichkeiten, kontrollierend, intervenierend | Bidirektional, offen, „enzymisch" wirkend, laufende Überprüfung des Lösungsansatzes |
| Unterstützung | „In-the-box"-Denken, Abschottung der F&E-Abteilung anderen Abteilungen gegenüber | Unterstützt die Key-Account-Manager in ihren Terminen bei Top-Kunden fachlich vor Ort |

| Aspekt | Funktional wirkender F&E-Leiter | Systemisch wirkender F&E-Leiter |
|---|---|---|
| Methoden und Instrumente | Einsatz von Methoden und Instrumenten vorrangig zur Beschleunigung und Automatisierung bestehender Vorgänge | Einsatz von Methoden und Instrumenten auch zur Erweiterung der Denkbasis, zur kreativen Verknüpfung von Möglichkeiten |
| | Setzt vor allem auf kontinuierliche Verbesserung | Setzt vor allem Präadaption und Exadaption als Kreativitätsmethoden ein |

## 4.3.3    Wie gelangen handlungsleitende Informationen in die F&E-Abteilung hinein?

Die Funktion hierarchisch strukturierter Organisationen beruht darauf, dass vor allem Anordnungen befolgt werden (Maschinenlogik); es finden kaum eine eigenständige Informationsaufnahme und eine kritische Informationsverarbeitung innerhalb der Organisation selbst statt, weil die Wahrnehmungsorgane verkümmern.

Um dies zu vermeiden, benötigen F&E-Abteilungen eine möglichst intensive Vernetzung mit ihrem Umfeld. Um zu verstehen, wo Ansätze für verbesserte Geschäftsprozesse liegen, sollten sowohl der Leiter F&E als auch seine Entwickler regelmäßig gemeinsam mit Key-Account-Managern, gegebenenfalls sogar begleitet von Supply-Chain-Spezialisten, Kundengespräche durchführen. F&E-Leiter können diese Gelegenheiten auch dazu nutzen, *den Denkhorizont weiter aufzuspannen* und den *Blick aller Beteiligten für wirklich neue Lösungsansätze zu öffnen*, die nicht auf marginale Verbesserungen, sondern *auf ganz neue, günstigere Vorgehensweisen abzielen*. In dieser Funktion des Innovations-Scouts sollten F&E-Leiter darauf hinwirken, dass auch kundenseitig Teams eingebunden werden, die die relevanten Funktionsbereiche repräsentieren. So können Voraussetzungen geschaffen werden, *den Fokus auf das System als Ganzes und auf dessen Verhalten zu lenken*.

## 4.3.4    Weshalb stimmen sich Entwicklungsabteilungen so häufig nicht mit den Zielkunden über Neuentwicklungen ab?

Uns schlägt oft das Argument gefährdeter Intellectual-Property-(IP-)Rights entgegen. Die berechtigte Befürchtung, dass Entwicklungen von eingebundenen Kunden übernommen werden könnten, kann durch verschiedene Vorgehensweisen entschärft werden:

1. *Internalisierung von Risiken:* Werden Kunden, die in die Entwicklung eingebunden werden, als Lead-Kunden an den IP-Rights beteiligt, steigt deren Bereitschaft, das betreffende Projekt gemeinsam zum Erfolg zu führen.

2. *Einbindung der Kundenerwartungen:* Gemeinsam erarbeitete Lösungen finden bessere Akzeptanz und erhöhen die Wahrscheinlichkeit auf einen Markterfolg.

3. *Lösungskompetenz als Kundenbindungsinstrument:* Sehen Kunden, dass sich ihr Lieferant mit ihren Herausforderungen beschäftigt und sich dafür einsetzt, dass sie ihre Ziele besser erreichen, wird er als strategischer Geschäftspartner wahrgenommen, nicht als Zulieferer von Komponenten.

## 4.3.5 Weshalb stimmen sich Entwicklungsabteilungen oft nicht mit anderen Fachabteilungen im Hause ab?

Hierfür sind in der Regel die fraktionierte Organisationsstruktur und Reporting-Kultur verantwortlich zu machen. F&E-Leiter sollten versuchen, die bestehenden Muster zu durchbrechen, und eine *ganzheitliche Herangehensweise an Entwicklungsprojekte fördern.* Neuentwicklungen stehen im Spannungsfeld zwischen Nutzenerhöhung und Komplexitätssteigerung. Es darf nicht außer Acht gelassen werden, dass neue Produkte gefertigt, in den Markt eingeführt und logistisch bereitgestellt werden müssen. In vielen Fällen stehen Standardisierungsziele Neuentwicklungen und damit verbundener Erhöhung der Variantenvielfalt entgegen. Eine sinnvolle Lösung kann nur in Abstimmung mit Experten aus den Bereichen Supply-Chain, Fertigung und Finance-Management gefunden und durchgesetzt werden. Je intensiver die Interaktion zwischen den funktionalen Interessengruppen gepflegt wird, desto ausgewogener werden die Ergebnisse sein. Systemisch arbeitende F&E-Leiter wissen, dass sie ihre Entwicklungsziele durch eine gute Abstimmung besser erreichen können, weil dadurch die Entwicklungsergebnisse erfolgreicher sind. Wie in anderen Funktionen, so gilt auch für die Entwicklung, dass funktionale Exzellenz hinter die Ziele einer abgestimmten Gesamtoptimierung zurücktreten sollte. Wie können F&E-Leiter diesen Spagat bewältigen?

■ *Konzentration auf das Oberflächenverhalten des Unternehmens:* Erfolgsentscheidend ist nicht, dass die F&E-Abteilung fachliche Höchstleistungen erbringt, sondern dass sie als ein Element im Unternehmen verzahnt ist und effektiv wirkt.

■ *Systemisches Kompetenz-Team:* Zusammengesetzt aus den wesentlichen Kompetenzträgern im Unternehmen und gegebenenfalls um Externe (Kunden, Berater) ergänzt, begegnet es durch angemessene Maßnahmenbündel frühzeitig und wirksam Störgrößen.

■ *Rückkopplung als Korrektiv:* Ein Stagegate-Prozess mit formalen Freigabeschritten sichert die Akzeptanz von Neuentwicklungen im Markt. Feedback über die laufende Entwicklung des Absatzes, das an einen Weiterentwicklungsprozess gekoppelt ist, sorgt für frühzeitige Anpassungen bestehender Produkte an veränderte Rahmenbedingungen. Eine konsequente Anwendung des Verursacherprinzips kann dabei hilfreich sein.

## 4.3.6 Auf welche Felder sollte sich die F&E konzentrieren?

Systemisch eingestellte F&E-Leiter erkennen, dass solche Entwicklungsergebnisse zu erfolgreichen Innovationen führen, die sich harmonisch in ihr Umfeld einfügen und wirklichen Nutzen bringen. Bei der Differenzierung legen sie deshalb weder besonderen Wert auf zusätzliche Funktionen noch auf die letzte Spur an Perfektion. Vielmehr konzentrieren sie sich darauf, was für die Anwender wesentlich ist. Außerdem setzen systemisch denkende F&E-Leiter ihre Möglichkeiten dazu ein, Wirkungszusammenhänge zu erfassen und geeignete Kombinationen zu kreieren, die sich unter kybernetischer Betrachtung gut in künftige Märkte integrieren, während F&E-Leiter, die vom mechanistischen Denken geprägt sind, Methoden und (IT-)Werkzeuge vorrangig dazu einsetzen, bestehende Vorgehensweisen zu beschleunigen und sie zu automatisieren.

Systemische F&E-Leiter gewinnen ihre Entwicklungsfelder aus einer Betrachtung der Megatrends. Zu diesen zählen sicherlich folgende Themen:

- *Zunehmende Vernetzung:* Nutzen ergibt sich zunehmend aus der Vernetzung von Einheiten und nicht mehr aus den Einheiten selbst (emergente Eigenschaften). F&E-Projekte, die die modulare Verschaltung einzelner Komponenten verbessern, sorgen für mehr Flexibilität und Anpassungsfähigkeit als die Entwicklung neuer Stand-alone-Produkte. Dasselbe trifft auch auf Initiativen zur Verknüpfung von Branchenlösungen, Technologien und Märkten und zur Kopplung von Prozessen zu.

- *Zwang zu umweltneutralem Wirtschaften:* F&E-Projekte, die sich einem biokybernetisch geregelten Materialfluss zur Abfallvermeidung und nachhaltigen Rohstoffversorgung verschreiben, werden nachhaltig sein. Hier stehen eine effiziente Rohstoffgewinnung, die Verknüpfung von Energie- und Materialflussketten und der effiziente Umgang mit Energie und Materialien innerhalb von Prozessen im Vordergrund. Kennzahlen, die die *Ressourcenproduktivität* (Stückzahl je kWh, Liter Wasser, Liter Öl etc.) *messen, werden künftig an Bedeutung gewin*nen. Die F&E kann neue Verfahren und Prozesse anregen und umzusetzen helfen.

- *Zwang zu „vernünftigen Preisen":* Die Rückkehr zu einem gesunden Maß erfordert eine konsequente Ausrichtung auf Anwendernutzen. Es wird Autofahrern im Mainstream-Segment nicht wichtig sein, ob ihr Fahrzeug beispielsweise über eine modellindividuell konstruierte Hinterachse verfügt. Vielmehr wird die Stimmigkeit des Gesamtkonzeptes zum kaufentscheidenden Faktor. Eine erheblich stärkere Konzentration auf der Zulieferebene wird nicht nur im Automotive-Markt die Folge sein, aus der sich neue Chancen für F&E-Abteilungen ableiten lassen. Nach geeigneten Symbiosemöglichkeiten zu suchen und die eigenen Fähigkeiten darauf einzurichten, wird zu einer wichtigen Aufgabe systemischer F&E-Leiter werden.

- *Regionale und branchenspezifische Lösungen vor globalem Hintergrund:* Menschen wenden sich wieder regionalen Werten zu, Branchen suchen passende Lösungen. F&E-Leiter, die diese Tendenzen in ihre Projektportfolioentscheidungen einbeziehen und modulare Produkte gestalten, die den spezifischen Anforderungen gerecht werden, werden zum Unternehmenserfolg beitragen.

■ *Innovationszwang:* In Zeiten großer Umbrüche, von Paradigmenwandel und Trendumkehrungen können F&E-Leiter das Überleben ihrer Unternehmen beeinflussen, indem sie ihre Kollegen im Executive Board von der Notwendigkeit der Flexibilisierung des Geschäftes, insbesondere der Fähigkeit zur Strategieanpassung, überzeugen. Für den F&E-Leiter bedeutet dies, geeignete Ansätze für verschiedene strategische Varianten in einem Initiativenportfolio parallel voranzutreiben.

■ *Kooperation und Wettbewerb um Talente:* Die Sensibilisierung für Unternehmen, die sozialverträglich und umweltneutral wirtschaften, nimmt zu. Solche Unternehmen werden künftig einfacher Kooperationspartner und Talente für sich gewinnen können. F&E-Leiter können sich im Executive Board für eine entsprechende Ausrichtung ihrer Unternehmen einsetzen. Sie können Vorschläge zu veränderten Entwicklungsmaximen erarbeiten und Partner auswählen, die diesen Zielen entsprechen möchten und können.

Aus diesen Themenfeldern sollte die Grundlagenforschung ihre Orientierung beziehen und in diesen Themenfeldern sollte die Technologieentwicklung Schlüsselfähigkeiten aufbauen, aus denen wiederum anwendungsnahe Vorentwicklungen für künftige Innovationen abgeleitet werden können.

## 4.3.7 Was können F&E-Leiter zur Wachstumsfrage beitragen?

Systemische F&E-Leiter wissen, dass Bäume nicht in den Himmel wachsen. *Alle natürlichen Systeme wachsen S-kurvenförmig,* wobei das maximale Wachstum im Bereich des Wendepunktes der S-Kurve liegt. Danach begrenzen unter natürlichen Bedingungen Störfaktoren das Wachstum und führen in einer asymptotischen Annäherung schließlich zu einem Nullwachstum.

Nicht-systemisch denkende Manager stört das, weshalb sie den natürlichen Wendepunkt oft ignorieren. Sie verfügen ja über ein wunderbares Instrumentarium, zu dem eine ausgefeilte Marketingkommunikation, intransparent gestaltete Preisgefüge und hoch entwickelte Finanzierungsinstrumente zählen. Die Anwendung dieser Werkzeuge erlaubt oft ein weiteres künstlich angeregtes Wachstum außerhalb des natürlichen Verlaufes. Dabei wird das System allerdings aus seiner Stabilität herausgeführt und hohen Risiken eines Zusammenbruchs ausgesetzt. Wechselwirkungen werden ignoriert, Beziehungen einbahnstraßenartig genutzt und über vermeintliche Machtgefälle manipuliert und fehlgesteuert. Unternehmen werden in diesen hochgezüchteten Phasen extrem störanfällig und müssen mit immer höherem Aufwand stabilisiert werden, der irgendwann die Möglichkeiten übersteigt. Geraten Organisationen aus ihrer Bahn und fallen in die Region ihrer natürlichen Bahn zurück, werden solche Situationen als Krise wahrgenommen, sind aber eigentlich lediglich eine Rückkehr zu natürlichen Verhältnissen.

Was können wir daraus lernen? *Quantitatives Nullwachstum am Ende einer Entwicklungskurve ist aus systemischer Sicht ein Zeichen von Stabilität,* auch wenn dies von vielen Managern (noch) nicht so gesehen wird. Dann befindet sich die Organisation nämlich mit ihrem Umfeld in einem ausgeglichenen, komplexen Zustand.

Und daraus ergibt sich der Beitrag der F&E-Leiter zur Wachstumsfrage:

1. Wenn sich das Wachstum und mit ihm der Ertrag seinem Maximum nähert, sollte hoher F&E-Aufwand betrieben werden, um neue „Shooting-Stars" zu generieren.

2. Quantitatives Nullwachstum schließt eine qualitative Entwicklung nicht aus. Es wird gerade am Ende der mengenmäßigen Wachstumsmöglichkeiten zu einer Quelle für Differenzierungs-, Verbesserungs- und Positionierungspotenzial.

3. Gegen Akquisitionen, die den Zugang zu weiteren Märkten oder zu ergänzenden Technologien verschaffen, ist unter systemischer F&E-Sicht nichts einzuwenden. Wachstum sollte jedoch durch Zellteilung oder dadurch, dass nach Akquisitionen neue eigenständige Geschäftseinheiten geschaffen und ausgegründet werden, geschehen. Weder eine Anbindung an die bestehende Hierarchie noch eine Anreihung neben bestehende Führungsspannen ist empfehlenswert, weil die Strukturkosten und die Komplexität sonst steigen und sowohl die Flexibilität als auch die Entscheidungsfähigkeit abnehmen. Ein positives Beispiel ist die Freudenberg-Gruppe, in der es üblich ist, dass Mitarbeiter, die eine gute Geschäftsidee haben, ihre Idee als Unternehmer im Unternehmen entwickeln und in den Markt einführen können. Wird die Geschäftsidee vom Markt angenommen, können die Mitarbeiter ihre Innovation in ein eigenes Unternehmen innerhalb der Unternehmensgruppe einbringen und zum Erfolg führen.

Systemische F&E-Leiter versuchen deshalb, ihre Kollegen davon zu überzeugen, dass Stabilität erzielt werden muss, indem sie positive Rückkopplungsmechanismen, die als Verstärker eindimensionalen, mengenmäßigen Wachstums im Unternehmen angelegt wurden, durch negative Rückkopplungsmechanismen ersetzen, die zu Stabilität führen.

Sie helfen dabei, tiefgreifende strukturelle systemisch angelegte Veränderung vorzunehmen, durch die sich die Überlebenschance des Unternehmens erhöht.

## 4.4      Was heißt „Systemisches Management" für Fertigungsleiter?

### 4.4.1      Was verstehen wir unter systemisch sinnvollem Fertigungsmanagement?

Die Fertigung und die Logistik sind wesentliche Teile des Leistungsprozesses. In der Regel betrachten produzierende Unternehmen den Transformationsprozess vom Rohstoff zur ausgelieferten Fertigware und bezeichnen diesen Prozess, falls er mehrstufig angelegt ist, als Lieferkette. Dabei ist Fertigware nicht auf physische Güter beschränkt, sondern kann durchaus auch ein Produkt sein, das sich aus Dienstleistungen zusammensetzt (ein digitalisierter Film, ein Theaterstück, ein Musiktitel).

In dem hier behandelten Zusammenhang möchte ich die allgemein anerkannte Auffassung aufweichen, dass nur lagerbare Ware hergestellt wird und somit zum Gegenstand einer Lieferkette werden kann; vielmehr beziehe ich bewusst nicht-lagerbare Ware, wie beispielsweise Strom oder Zugang zu Telefoninfrastruktur, in die Lieferkettenbetrachtung ein, denn auch nicht-lagerbare Ware muss vor ihrer Bereitstellung durch Transformation bzw. Bereitstellung von Infrastruktur gewonnen und verfügbar gemacht werden, und auch bei nicht-lagerbarer Ware kann es zu Liefer- bzw. Kapazitätsengpässen kommen.

Systemisch arbeitende Fertigungsleiter bzw. Operations Manager zeichnen sich dadurch aus, dass sie den gesamten, oft mehrstufigen Wertschöpfungsprozess von der Rohstoff- bzw. Vorproduktbeschaffung bis zum Endnutzer in ihre Überlegungen einschließen. Indem sich systemisch arbeitende Fertigungsleiter die Verwendung der Waren (Use Cases) selbst aufmerksam ansehen und ihre Beobachtungen und Hinweise mit der Produktentwicklung und der Materialwirtschaft teilen, stellen sie sicher, dass die gefertigte Ware den abnehmerseitigen Anforderungen im Alltag wirklich entspricht (Material- und konstruktive Einflüsse). Gelegentlich ist es außerdem sinnvoll, das Finanzmanagement einzubinden. Wir empfehlen für eine enge und kontinuierliche Abstimmung die Einrichtung eines Systemischen Kompetenz-Teams, in das auch Kunden-Feedback regelmäßig einfließen sollte.

Ein Wirtschaften in stofflichen Kreisläufen wird immer wichtiger. Systemisch arbeitende Fertigungsleiter berücksichtigen in ihren Entscheidungen deshalb außerdem die sogenannte „Reverse Logistics", also den Weg vom verbrauchten Endprodukt zurück zur Rohstoffquelle. So achten sie beispielsweise in Zusammenarbeit mit der Produktentwicklung und der Materialwirtschaft darauf, dass sich die eingesetzten Materialien nach Gebrauch der Fertigware wirtschaftlich sinnvoll zurückgewinnen lassen.

Es erscheint an dieser Stelle sinnvoll, zunächst auf die Besonderheiten von Fertigungsprozessen einzugehen, bevor wir uns dann den möglichen Ansätzen für systemisches Verhalten von Fertigungsleitern bzw. Operations-Managern zuwenden.

Fertigungsabläufe werden generell in die Herstellung von Stückgütern (diskontinuierliche Fertigungsprozesse) und die Prozessfertigung von Fließgütern (kontinuierliche Fertigungsprozesse) differenziert. Die Fertigungsorganisation hängt maßgeblich davon ab, um welche Art von Fertigungsablauf es sich handelt. Während sich für die Produktion von Stückgütern prinzipiell eine Einzelstück/Werkstattanfertigung, eine Kleinserienfertigung mit Projektcharakter, eine sich zyklisch wiederholende Batch-Fertigung oder eine laufende Großserienfertigung eignet, kommen für die Fertigung von Fließgütern nur die Fertigung in bestimmten Losgrößen (Batch-Fertigung) und die laufende Serienfertigung, die ja der Spezialfall einer sehr hohen Losgröße ist, in Frage.

Jeder Fertigungsprozess erfolgt unter Einsatz von Energie, Arbeitskraft und Produktionsmitteln, die an verschiedenen Standorten in unterschiedlicher Qualität und Ausprägung und für unterschiedliche Kosten verfügbar sind (Standortfaktoren). Unter Einbeziehung des Zugangs zu Rohstoffen und zu Technologien und der Attraktivität und Entfernung der Absatzmärkte können an verschiedenen Standorten unterschiedliche Fertigungskonzepte zum Erfolg führen. In manchen Fällen können bestimmte Produktionsfaktoren durch andere teilweise ersetzt werden, beispielsweise Energie und Produktionsmittel durch Arbeitskraft oder umgekehrt (Faktorsubstitution, (partielle) Faktorvariation). In anderen Fällen müssen bestimmte Produktionsfaktoren in definierten Qualitäten und Mengen vorliegen und können nicht durch andere Faktoren kompensiert werden, ohne dass das Produktionsergebnis hinsichtlich der Menge und/oder der Qualität verändert wird (limitationale Produktionsfunktionen).

## 4.4.2     Was können Fertigungsleiter zu systemischem Management beitragen?

Fertigungsleitern erschließt sich ein umso breiteres Spektrum an Möglichkeiten, je besser sie die alternativen Fertigungsmöglichkeiten kennen (Fachwissen) und sich der Substitutions- und Variationsmöglichkeiten in ihrem Bereich bewusst sind (Anwendung auf den Standort). So können sie in idealer Weise auf die spezifischen Standortfaktoren in ihrer verfügbaren Ausprägung reagieren und sie in individuelle Fertigungskonzepte einbringen. Systemisch arbeitende Fertigungsleiter wissen, dass es nicht sinnvoll ist, eine einheitliche Best-Practice-Lösung auf jeden beliebigen Standort zu übertragen. Dabei blieben standortspezifische Vorteile ungenutzt, während Standortnachteile nicht hinreichend unschädlich gehalten werden könnten. Globales Fertigungsmanagement bedeutet unter systemischer Sicht vielmehr, dass die Vielfalt in der Organisation genutzt wird. Durch die Koexistenz unterschiedlicher Fertigungskonzepte werden nicht nur lokale Ergebnisse optimiert, sondern die gesamte Organisation robuster gemacht.

Bei der Konzeption von Wertschöpfungsketten kooperieren systemisch arbeitende Fertigungsleiter eng mit ihren Kollegen im Supply-Chain-Management. Die Entscheidung für die Allokation von Fertigungsschritten sollte nicht von standortspezifischen Eitelkeiten beeinflusst werden, wie man sie in der Praxis immer wieder antrifft. Die Kriterien zur Standortentscheidung sollten vielmehr sowohl dazu führen, dass

- die einzelnen Standorte sich spezialisieren und dadurch eine attraktive Skalierung erreichen und eine hohe Lernkurve durchlaufen können,

- die jeweiligen Vorteile der Standorte genutzt werden und

- der Fertigungsprozess über die Lieferkette hinweg logistisch möglichst sinnvoll ist (kurze kumulierte Transportstrecke in der Fertigungskette und Endprodukt nahe beim Abnehmer).

Um in der Durchführung der Fertigungsschritte laufend effektiver und effizienter zu werden, sorgen systemisch vorgehende Fertigungsleiter dafür, dass Rückkopplungsmechanismen in die Vorgänge installiert werden. In der Belegschaft ist ein hohes Maß an Know-how vorhanden, das durch Erfahrung erworben wurde. Systemisch arbeitende Fertigungsleiter nutzen dieses Know-how und bemühen sich darum, dass es durch einen hohen Interaktionsgrad möglichst breit geteilt wird und dass Entscheidungen „on the shop floor", also dezentral am Ort des Geschehens getroffen werden. So wird die Organisation unabhängiger von Einzelpersonen und das Wissen und Können kann sich durch den Austausch zudem erweitern und verbessern. Die Erfahrung zeigt, dass praktisches Können in der Regel nicht explizit gemacht, das heißt erfasst und dokumentiert werden kann. Es kann aber durchaus durch Zeigen, Anleiten und Üben weitergegeben werden. Diese Verfahrensweise stellt die Implementierung in der Organisation sicher und senkt außerdem das Risiko, dass dokumentierte Verfahren von Dritten kopiert werden.

Tabelle 4.4:     Charakteristika systemorientierter Fertigungsleiter

| Aspekt | Funktional wirkender Fertigungsleiter | Systemisch wirkender Fertigungsleiter |
|---|---|---|
| Verständnis für systemische Zusammenhänge | Optimiert die Fertigung in seinem Verantwortungsbereich | Bringt sich mit den Fertigungsaktivitäten passgenau in das Gesamtgeschehen ein |
| | | Erkennt das Prinzip des ganzheitlichen Oberflächenverhaltens von Marktsystemen und Organisationen und berücksichtigt es in seinem Arbeitsbereich |
| | | Arbeitet im Sinne des Ganzen kooperativ mit anderen Fertigungsleitern, die sich an anderen Standorten einer Gruppe befinden mögen, zusammen |
| | Ist primär um „Functional Excellence" in der Fertigung bemüht und geht zugunsten einer besseren Abstimmung mit anderen betrieblichen Funktionen eher keine Kompromisse betreffend das Erreichen funktionaler Ziele ein | Weiß, dass sich der Erfolg für das Gesamtunternehmen aus einer möglichst guten Abstimmung ergibt, nicht aus der „Functional Excellence" der Fertigung allein, und setzt sich vor allem für die Abstimmung mit anderen betrieblichen Funktionen ein |
| Wertfokus | Legt vor allem Wert auf eigene Entwicklungen („Not-invented-here"-Syndrom) | Erkennt und nutzt vor allem den Wert von Verbundleistungen und versucht, Symbiosepotenziale zu erschließen |

| Aspekt | Funktional wirkender Fertigungsleiter | Systemisch wirkender Fertigungsleiter |
|---|---|---|
| | Versucht, Leistungen von Wertschöpfungspartnern in die eigene Organisation zu übernehmen (Akquisition, Erwerb von Lizenzen) | Konzentriert sich auf den Wert von Beziehungen zu Lieferanten und Wertschöpfungspartnern und auf Fähigkeiten, die sich aus diesen Beziehungen ergeben |
| | Fördert Wertsteigerung vor allem durch Unterordnung benötigter Leistungspartner | Fördert Wertsteigerung vor allem durch die Entwicklung der Qualität der Zusammenarbeit mit guten Leistungspartnern |
| | Stellt Produktionskennzahlen in der Regel über ökologische Vorteile, die erschlossen werden können | Setzt sich stark für stoffliche Kreisläufe ein<br><br>Erkennt und erschließt positive Rückwirkungen ökologisch nachhaltiger Fertigung auf das Unternehmensergebnis |
| | Möchte standortübergreifend standardisieren | Lässt zu, dass unterschiedliche Gegebenheiten betreffend die Standortfaktoren (Kultur, Märkte, Fähigkeiten) nach unterschiedlichen Fertigungskonzepten fragen |
| Stabilität | Ist auf Investitionen im eigenen Haus ausgerichtet | Ist auf kooperative Prozesse in Netzwerken ausgerichtet, die die spezifischen Investitionen im Hause senken können<br><br>Überstützt und schafft durchgehende Regelkreise und selbststabilisierende Prozesse durch negative Rückkopplungsmechanismen (Lernschleifen)<br><br>Weiß, dass die Anzahl der Möglichkeiten mit zunehmender Flexibilität zunimmt |

| Aspekt | Funktional wirkender Fertigungsleiter | Systemisch wirkender Fertigungsleiter |
|---|---|---|
| Scope der Arbeit | Konzentriert sich kompromisslos auf Aspekte, die die Produktionsprozesse verbessern | Versucht, Geschäftsprozesse zu verstehen, in die der Kunde eingebunden ist, und orientiert sich an Use Cases |
| | Nimmt Prozesse als gegeben hin | Hinterfragt gegebene Prozesse und sucht nach grundsätzlichem Verbesserungspotenzial für den Gesamtprozess |
| Vorrangige Gesprächspartner | Befolgt Anweisungen des CEO, kommuniziert mit dem Supply-Chain-Manager, weist Personal im Bereich der Produktion an | Sucht eine Abstimmung mit den faktischen Kompetenzträgern im Geschäftsprozess, unter Einbeziehung der Kompetenzträger bei Kunden, Lieferanten und Mitarbeitern |
| Charakter der Kommunikation | Top-down-Anweisungen ohne Bewegungsmöglichkeiten, kontrollierend, intervenierend | Bidirektional, offen, „enzymisch" wirkend, laufende Überprüfung des Lösungsansatzes |
| Unterstützung | „In-the-box"-Denken, Abschottung der Produktionsabteilung anderen Abteilungen gegenüber | Unterstützt den Vertrieb durch Hinweise auf Machbares und Grenzen der Fertigungsverfahren und der verfügbaren Anlagen |
| Methoden und Instrumente | Einsatz von Methoden und Instrumenten vorrangig zur Beschleunigung und Automatisierung bestehender Vorgänge | Einsatz von Methoden und Instrumenten auch zur Erweiterung der Denkbasis, zur kreativen Verknüpfung von Möglichkeiten |
| | Einsatz von Ergebniskennzahlen zur Steuerung | Einsatz der Balanced Scorecard zur Regelung |
| | Setzt auf kontinuierliche Verbesserung | Ist aufgeschlossen für diskontinuierliche Innovationssprünge in der Fertigung (neue Verfahren, Kooperationen) |

Eine unternehmensübergreifend eingeführte Balanced Scorecard nach Kaplan und Norton[38] hilft Fertigungsleitern, Zusammenhänge zu erkennen, relevante Entwicklungen und wesentliche Ergebnisse in verschiedenen Bereichen gleichzeitig zu verfolgen und daraus ein treffendes Gesamtbild abzuleiten. Dadurch, dass verschiedene Indikatoren verfolgt und verschiedene Stellhebel bewegt werden, kann die Gefahr einer Suboptimierung vermieden werden. So lassen sich auch Zielsetzungen, die auf den ersten Blick gegensätzlich wirken, miteinander abstimmen und gleichzeitig realisieren. Auf diese Weise unterstützt die Balanced Scorecard Manager darin, in „Sowohl-als-auch-Möglichkeiten" und Optimierungen vor dem Hintergrund des Gesamtnutzens zu denken und vermeintlich unvereinbare Interessen der Beteiligten miteinander abzugleichen. Klassische Konflikte, die sich mit Hilfe der Balanced Scorecard durch eine übergreifende Zielfestlegung lösen lassen, treten zwischen dem Vertrieb, der eine hohe Lieferverfügbarkeit einer hohen Variantenvielfalt wünscht, der Fertigung, die lange Losgrößen produzieren möchte, um Rüstzeiten zu minimieren, und dem Supply-Chain-Management, das die Lagerbestände niedrig halten möchte, auf.

Systemisch arbeitende Fertigungsleiter führen ihre Organisation so, dass sie sicherstellen, dass laufend Know-how in die eigenen Fertigungsstätten hineinfließt. Sie halten die „osmotische Verbindung" zwischen den organisationsinternen Einheiten und externen Verfahrensspezialisten und Anlagenbauern so durchlässig wie möglich. Im Gegenzug lassen sie Lieferanten und Leistungspartner an ihren Erfahrungen im Fertigungsbetrieb teilhaben.

Durch diesen regen Austausch profitieren sie davon, dass

- laufend und auf hohem professionellem Niveau wirksame Verbesserungen eingeführt werden,

- hervorragende Mitarbeiter in der Organisation bleiben, weil sie mit State-of-the-Art-Technologie und Verfahren arbeiten,

- aber auch eine personelle Durchlässigkeit zwischen Schlüssellieferanten und der fertigenden Organisation gefördert und dadurch eine besser funktionierende Verbindung in der Lieferkette erreicht werden kann.

Schließlich vermeiden systemisch arbeitende Fertigungsleiter, dass Kapital spezifisch gebunden wird und dass die Fertigungsorganisation unflexibel wird, denn je höher die Flexibilität ist, desto höher ist die Anzahl der Möglichkeiten. Diese Flexibilität bezieht sich beispielsweise auf die Anstellungsverträge, auf die Entscheidung für Anlagen und Maschinen, auf die Entscheidung für Standorte und auf Lieferverträge. Für systemisch denkende Fertigungsleiter steht nicht im Vordergrund, wie groß ihr formal verliehener Machtbereich ist, sondern, wie flexibel und skalierbar sie welche Leistungen umsetzen können, und zwar gern im Netzwerk mit geeigneten Leistungspartnern.

Und damit befinden wir uns beim Thema „Supply-Chain-Management".

## 4.5 Was heißt „Systemisches Management" für Supply-Chain-Manager?

### 4.5.1 Systemisches Supply-Chain-Management

Das Supply-Chain-Management befasst sich mit der Beschaffung, dem Transport, der Lagerung, der Fertigungsplanung, der Lieferplanung und dem mit diesen Aufgaben verbundenen Vertragswesen. Das sind konkrete Aufgabenstellungen, die klar voneinander abgegrenzt werden können – oder etwa nicht? Warum sollten sich Supply-Chain-Manager mit Systemik beschäftigen?

Ich sehe gerade in der Funktion des Supply-Chain-Managers erhebliches Verbesserungspotenzial, das durch die Anwendung systemischen Managements realisiert werden kann. Darauf gehe ich in diesem Abschnitt näher ein.

Die Globalisierung von Fertigungsprozessen, die zu arbeitsteiligeren Lieferketten mit höher spezialisierten Einheiten führt (Global Sourcing, Konzentration auf Kernkompetenzen, Outsourcing), führt auch zu differenzierteren, komplexen Fertigungs- und Lieferprozessen. Während bislang vertikal integrierte Hersteller Wettbewerbsvorteile hatten, werden künftig komplex strukturierte und flexibel kombinierte Liefernetze aus systemisch miteinander verbundenen, aber autonom agierenden Geschäftseinheiten, die sich dezentral selbst organisieren, erhebliche relative Vorteile realisieren können.

Je fließender die Grenzen zwischen den eingebundenen Unternehmen werden und je dynamischer sich die Fertigungs- und Lieferprozesse konfigurieren, desto anspruchsvoller wird es allerdings, den Informations- und Warenfluss über variable Netzwerke hinweg zu organisieren, zu optimieren und zu koordinieren.

Mit steigenden Anforderungen an die Lieferkettenqualität ist in den vergangenen zwei Jahrzehnten der Aufgabenbereich der Logistik um die lieferkettenübergreifende Koordination der Fertigungs- und Lieferprozesse erweitert worden, die mit dem Begriff des *Supply-Chain-Managements (SCM)*[39] bezeichnet wird.

> „Supply chain management encompasses the planning and management of all activities involved in sourcing and procurement, conversion, and all logistics management activities. Importantly, it also includes coordination and collaboration with channel partners, which can be suppliers, intermediaries, third party service providers, and customers.
>
> In essence, supply chain management integrates supply and demand management within and across companies."[40]

In den Vordergrund des Supply-Chain-Managements rückt damit eine systemweite, ganzheitliche Kosten-Nutzen-Abwägung über mehrere Lieferstufen hinweg. Außerdem werden systemisch denkende und handelnde Supply-Chain-Manager Aspekte aus allen involvierten Geschäftseinheiten und funktionenübergreifende Aspekte in die Optimierung einbeziehen. Idealerweise nehmen Supply-Chain-Manager die Erwartungen aller Beteiligten auf und versuchen, diese miteinander abzugleichen. So werden beispielsweise nicht die externen Transportkosten oder die Kosten für die Lagerhaltung als Working-Capital-Komponente als isolierte Zielsetzungen im Vordergrund stehen, sondern ein zwischen allen Beteiligten abgestimmtes, sinnvolles Bündel an Leistungsbeiträgen zu einem Optimum.

Ausgefeilte Supply-Chain-Konzepte können erheblich zur Flexibilisierung und Anpassungsfähigkeit von Unternehmen beitragen. So können über Supply-Chain-Konzepte die Summe des gebundenen Kapitals niedrig gehalten und gleichzeitig Nachfrageschwankungen wirksam ausgeglichen werden. In der Regel lassen sich über marktliche Koordination und dadurch aktivierte Wettbewerbseffekte außerdem erhebliche Effizienzpotenziale realisieren. Darüber hinaus können über unternehmensübergreifende Supply-Chain-Ansätze robuste Notfallpläne (Desaster-Recovery-Planning) umgesetzt werden.

Aber nicht nur quantitative, sondern auch qualitative Bedarfsänderungen können durch marktlich koordinierte Liefernetze erheblich besser gedeckt werden. So bleiben Liefernetze als Ganzes anpassungsfähig, wobei die einzelnen spezialisierten Geschäftseinheiten ihre Beiträge gezielt in Projekte einbringen.

Systemisch denkende Supply-Chain-Manager, die nicht nur die Einzelfähigkeiten der eingebundenen Partner betrachten, sondern insbesondere die aus dem dynamischen Zusammenwirken der Geschäftseinheiten in komplexen Prozessen emergierenden Eigenschaften erkennen und fördern, können die Möglichkeiten für das gesamte Liefernetz deutlich erweitern. Da die systemischen Eigenschaften die Qualität des Prozessergebnisses stark beeinflussen, sollten sich gerade Supply-Chain-Manager mit den Grundlagen der Systemtheorie vertraut machen. Vor allem sollten sie neben transaktions-kosten-theoretischen Erkenntnissen und Erkenntnissen aus der Principal-Agent-Theorie auch Erkenntnisse aus der Komplexitätstheorie in ihre Konzepte einfließen lassen. Selbstredend, aber nicht selbstverständlich ist, dass Supply-Chain-Manager sich selbst systemisch in Abstimmungsprozesse einbringen und dadurch überhaupt erst übergreifende systemische Vorteile ermöglichen. Ergebnisse schlagen sich in verbesserter Lieferbereitschaft, verkürzten Durchlaufzeiten, niedrigeren kumulierten Lagerbeständen, einfacheren Lieferflüssen und höherer Liefersicherheit nieder. Alle Effekte verbessern die Qualität der Kunden-Services und tragen gleichzeitig zur Kostensenkung bei – zwei unvereinbar scheinende Ziele, die durch systemisches Supply-Chain-Management beide realisiert werden können. So setzen systemische Supply-Chain-Manager mit ihrer Denkhaltung des „Sowohl-als-auch" Ergebnisse um, die durch klassische Denkansätze nicht einmal in Betracht gezogen werden.

## 4.5.2 Wie können solche bahnbrechenden Verbesserungen in der Praxis erreicht werden?

Ein wesentliches Ziel des Supply-Chain-Managements ist es, die Lieferfähigkeit aufrechtzuerhalten, also „Out-of-Stock"-Situationen zu vermeiden, und gleichzeitig die Kosten in der Lieferkette möglichst niedrig zu halten, also Opportunitätskosten, wie sie durch Lagerbestände entstehen, möglichst zu vermeiden. In der Praxis zeigt sich, dass

- ▪ häufig nur benachbarte Geschäftseinheiten, die über eine Lieferkette direkt miteinander verbunden sind, miteinander kommunizieren und dass sie

- ▪ sich oft nur über unmittelbare Lieferinformation (Bestellmengen, Lieferzeiten für diese Bestellmengen, Preise) austauschen.

Weil den einzelnen Gliedern der Lieferkette das Verständnis des Gesamtsystems fehlt, greifen operative Entscheidungen häufig zu kurz. Die Dynamik von Lieferketten führt dazu, dass kleine Nachfrageänderungen, die am Ende der Lieferkette ausgelöst werden, über die Lieferkette hinweg zunehmende Ausschläge (Peitscheneffekt oder Bullwhip Effect) oder eine Paralyse zur Folge haben. Stellen wir uns vor, dass die Nachfrage zunächst steigt (erhöhte Bestellmenge) und sich dieser Impuls über die Lieferkette überträgt, sich die Nachfrage dann aber verringert (verminderte Bestellmenge) und sich auch dieser Impuls in die Kette überträgt, dann kann die anfängliche Verstärkung der Effekte in eine Überlagerung unterschiedlicher Effekte übergehen und zu Verwirrung auf den einzelnen Lieferstufen führen. Solche nachvollziehbaren Überreizungen, wie wir sie auch aus der Stauforschung kennen, können Systeme zum Kollabieren bringen, also ins Chaos führen.

Der Grund für diese Fehlentwicklungen liegt an der Informationsasymmetrie, dass nämlich den Entscheidungsträgern in der Lieferkette oft wesentliche Rahmeninformationen nicht hinreichend bekannt sind, dass der Informationsstand sehr unterschiedlich sein kann und Manager zu verschiedenen Interpretationen und Entscheidungen veranlasst.

Systemisch denkende Supply-Chain-Manager bemühen sich im Austausch mit ihren Kollegen darum, die gesamte Lieferkette zu verstehen, um Schwankungen ausgleichen zu können. Dieses übergreifende Verständnis ist ein wesentlicher Schritt über die Just-in-time-Konzepte, insbesondere Kanban, hinaus, die darauf basieren, dass

1. lediglich Information zwischen benachbarten Lieferstufen ausgetauscht wird und

2. keine bidirektionale Abstimmung, sondern die Erfüllung nachfrageseitiger Anforderungen vorgesehen ist.

Im Handel können Supply-Chain-Manager über die Logistik im engeren Sinne hinaus wesentlichen Einfluss auf den Vertriebserfolg und auf die Festigung der Position des eigenen Unternehmens im Markt ausüben, wenn sie es verstehen, sich durch Cross-Docking- und Vendor-Managed-Inventory-Programme in Efficient-Consumer-Response-Konzepte (ECR) einzubringen.

Um sich über das Gesamtbild austauschen zu können, müssen Supply-Chain-Manager notwendige Voraussetzungen schaffen: Systemisch denkende Supply-Chain-Manager wissen, dass es wichtig ist, Vertrauen zu schaffen, um an geschäftsrelevante Information Dritter zu gelangen, und suchen deshalb den persönlichen Kontakt zu ihren Peer-Kollegen in anderen Geschäftseinheiten, die in die Lieferkette eingebunden sind. Wenn sich ein Kreis von Supply-Chain-Managern etablieren kann, der sich regelmäßig über strategische, taktische und operative Ziele und Initiativen austauscht, können Situationen verhindert werden, in denen sich Abweichungen aufschaukeln oder in chaotische Verhältnisse übergehen. So können Supply-Chain-Manager gemeinsam selbstregelnde Prozesse schaffen, die besser mit den dynamischen Effekten in der Lieferkette umgehen können. Wichtig ist die Erkenntnis, dass die wesentlichen Probleme nicht von systemexternen Faktoren ausgelöst werden, sondern durch die Systemdynamik selbst entstehen. Je komplexer Liefersysteme werden, desto vielfältiger und unberechenbarer sind die möglichen Effekte. Eine geeignete Systemstruktur kann zu einem dieser Komplexität angemessenen Systemverhalten führen, in dem insbesondere die Auswirkungen des eigenen Handelns berücksichtigt werden und eine kooperative Verhaltensweise praktiziert wird.

Systemisch orientierte Supply-Chain-Manager können allerdings nur dann erfolgreich arbeiten, wenn sowohl Dispositionsrechte als auch damit verbundene Kosten und Risiken in ihrem Verantwortungsbereich angesiedelt sind. Für diese Voraussetzung muss das übergeordnete Management sorgen. Des Weiteren müssen geeignete informations- und kommunikationstechnologische Anwendungen zur Unterstützung des ganzheitlichen Supply-Chain-Managements bereitgestellt werden. Erst dadurch kann die für eine Kooperation erforderliche prozesskettenübergreifende Transparenz geschaffen werden. Sowohl aktuelle Information über die gesamte Lieferkette als auch eine Orientierung bezüglich der Gesamtzielsetzung sind notwendige Voraussetzungen dafür, dass sich effektive dezentrale Regelmechanismen bilden und Lernprozesse einsetzen können. Dadurch lassen sich ein ganzheitliches Inventory-Planning und Konzepte zur Optimierung der Variantenvielfalt sinnvoll umsetzen. Eine hilfreiche Initiative ist die industriegetriebene Entwicklung eines Supply-Chain-Operations-Reference-Modells (SCOR), das das Verständnis für eine lieferkettenübergreifende Zusammenarbeit fördern soll. Mittlerweile sind mit sogenannten ERP II-Systemen Supply-Chain-Software-Anwendungen verfügbar, die eine lieferkettenübergreifende Zusammenarbeit unterstützen können (APO oder Advanced Planner and Optimizer oder APS-System (Advanced Planning and Scheduling)).

Um die Frage nach der Kostenübernahme supply-chain-optimierender Maßnahmen zu entschärfen, werden bereits Supply-Chain-Finanzierungskonzepte eingesetzt, die bei der Allokation der Finanzierungskosten für supply-chain-relevante Umlauf- und Anlagevermögenspositionen den Effekt dieser Vermögenspositionen auf die gesamte Lieferkette berücksichtigen und so für einzelne Geschäftseinheiten die Barriere einer finanziellen Kooperation herabsetzen.

Ähnliche Barrieren liegen im Inventarrisiko, dass Warenbestände, die von Geschäftseinheiten geführt werden, um die gesamte Lieferkette zu stabilisieren, nicht verkauft werden können (Leftovers). Gegen dieses Inventarrisiko können sich Supply-Chain-Manager durch Rückkaufvereinbarung (Buy-back), durch Revenue-Sharing-Vereinbarungen oder durch Optionsvereinbarungen schützen. Rückkaufvereinbarungen und Revenue-Sharing-Vereinbarungen machen dann Sinn, wenn Bestände den Kunden in der Lieferkette zur Verfügung gestellt werden, um den Gesamtprozess zu stützen. Optionen können in beide Richtungen sinnvoll sein, wenn erst zu einem späteren Zeitpunkt deutlich wird, ob zusätzliche Abrufmengen erforderlich werden. In diesem Fall werden Opportunitätskosten durch die Optionsgebühr neutralisiert.

Tabelle 4.5:     Charakteristika systemorientierter Supply-Chain-Manager

| Aspekt | Funktional wirkender Supply-Chain-Manager | Systemisch wirkender Supply-Chain-Manager |
|---|---|---|
| Verständnis für systemische Zusammenhänge | Betrachtet die Lieferkette als eine multiple Folge von Ursache und Wirkung | Bemüht sich um das Verständnis von Wirkungszusammenhängen in der Lieferkette |
| | | Erkennt und berücksichtigt das Prinzip des ganzheitlichen Oberflächenverhaltens von Liefernetzen |
| | | Trifft die Nutzenabwägung über alle Lieferstufen hinweg und unter Berücksichtigung der Einflussfaktoren aus allen eingebundenen betrieblichen Funktionen |
| Wertfokus | Legt Wert auf die logistische Top-Leistung jeder Einheit | Erkennt den Wert von Verbundsystemen und versucht, im Netz Symbiosepotenziale zu erschließen |
| | | Weiß, dass sich der Erfolg für das Gesamtunternehmen aus einer möglichst guten Abstimmung ergibt, nicht aus der „Functional Excellence" der Supply-Chain-Funktion |
| | Ist primär um „Functional Excellence" im Bereich Supply-Chain bemüht und achtet innerhalb der Supply-Chain besonders auf funktionale Aspekte wie Lagerbestände, Transportkosten etc. | Richtet seine Entscheidungen am Nutzen für den Gesamtprozess aus |
| | | Konzentration auf den Wert von Beziehungen und auf Fähigkeiten, die sich aus Beziehungen ergeben |
| | | Wertsteigerung durch die Entwicklung der Qualität der Zusammenarbeit |

| Aspekt | Funktional wirkender Supply-Chain-Manager | Systemisch wirkender Supply-Chain-Manager |
|---|---|---|
| Stabilität | Ist primär auf Kostensenkung ausgerichtet | Ist primär auf Stabilität ausgerichtet, auch wenn dadurch nicht jedes Effizienzpotenzial realisiert wird |
| | | Schafft Redundanzen in der Weise, dass Ressourcen ggf. verschiedene zusätzliche Funktionen übernehmen können (organisationale Flexibilität) |
| | Verfolgt den Single-Sourcing-Ansatz und unterhält mit weiteren Geschäftspartnern keine operative Geschäftsbeziehung | Verfolgt den Multi-Sourcing-Ansatz und bindet außerdem mehrere unterschiedliche Geschäftspartner in das Liefernetz ein, um auch bei qualitativer Bedarfsänderung lieferfähig zu bleiben |
| | Unterstützt positive Rückkopplungsmechanismen, die aber zu Instabilität (Aufschaukeln, Eskalation) führen | Unterstützt und schafft Regelkreise und selbststabilisierende Prozesse durch negative Rückkopplungsmechanismen |
| | Trifft Entscheidungen so eindeutig, dass möglichst wenig Alternativen offen bleiben (klare Linie) | Weiß, dass die Anzahl der Handlungsmöglichkeiten mit zunehmender Flexibilität steigt (z. B. durch Hedging) |
| Fokus der Betrachtung | Konzentriert sich auf Verbesserungen im Detail und in einzelnen Einheiten | Versucht, den gesamten Geschäftsprozess zu verstehen, und die Hebel, die ihm als Supply-Chain-Verantwortlicher zur Verfügung stehen, zu optimieren |
| | Nimmt Prozesse als gegeben hin | Hinterfragt gegebene Prozesse und sucht nach grundsätzlichem Verbesserungspotenzial für den Gesamtprozess |
| | | Schafft Ausgleiche, wenn einzelne Kettenglieder zugunsten des Gesamtprozesses bereit sind, Kosten oder Risiken zu tragen |

| Aspekt | Funktional wirkender Supply-Chain-Manager | Systemisch wirkender Supply-Chain-Manager |
|---|---|---|
| Vorrangige Gesprächspartner | Befolgt Anweisungen des CEO und erledigt den Supply-Chain-Job autonom, also ohne Zugeständnisse an andere Funktionen, insbesondere Vertrieb und Fertigung, hinzunehmen | Sucht eine Abstimmung mit den faktischen Kompetenzträgern im gesamten Geschäftsprozess, unter Einbezug der Kompetenzträger bei Kunden und Lieferanten |
| Charakter der Kommunikation | Top-down-Anweisungen ohne viele Freiheiten, kontrollierend, intervenierend<br><br>„In-the-box"-Denken, Abschottung der Supply-Chain-Abteilung anderen Abteilungen gegenüber | Bidirektional, offen, „enzymisch" wirkend, laufende Überprüfung des Lösungsansatzes<br><br>Lieferketten- bzw. liefernetzübergreifend, um Peitscheneffekte und Chaos-Situationen zu vermeiden<br><br>Schafft im Dialog mit Verantwortlichen für andere Funktionen ein gemeinsames Verständnis für die Wirkungsweise der Supply-Chain und sorgt so für eine wirkliche Optimierung |
| Methoden und Instrumente | Einsatz von Methoden und Instrumenten vorrangig zur Beschleunigung, Automatisierung und Vergünstigung bestehender Vorgänge | Einsatz von Methoden und Instrumenten zur Erfassung und lieferkettenübergreifenden Kommunikation von Wirkungszusammenhängen und auch zur Erweiterung der Denkbasis sowie zur kreativen Verknüpfung von Möglichkeiten |

Systemisch arbeitende Supply-Chain-Manager legen den Schwerpunkt ihres Engagements darauf, dass durch den Lernprozess Fehlerquellen und Störpotenzial an den Schnittstellen der Lieferkette verringert werden und der Lieferprozess dadurch robuster wird. Diese Stabilität ist im systemischen Sinne jedoch nicht dadurch zu erreichen, dass konkrete Verbindungen zwischen den Liedergliedern starr definiert werden, sondern dadurch, dass durch den Prozess sichergestellt wird, dass an den Schnittstellen kontinuierlich Möglichkeiten mit Erwartungen abgeglichen und ständig Alternativen vorgehalten werden.

Auffallend ist, dass in den anerkannten Definitionen von Supply-Chain-Management lediglich der Weg von der Quelle an die Senke beschrieben wird, nicht aber der Weg, den Waren nach ihrem Gebrauch durchlaufen, nämlich ihre Entsorgung, Rückführung, Recycling und Aufbereitung.[41] Systemisch arbeitende Supply-Chain-Manager berücksichtigen sehr wohl die „Reverse Logistics" in ihren Entscheidungen und setzen sich dafür ein, dass Stoff- und Prozesskreisläufe funktionieren.

# 4.6      Was heißt „Systemisches Management" für den HR-Manager?

## 4.6.1     Aufgabenfeld des HR-Managers

HR-Manager unterstützen ihre Führungs-Teams darin, Führungsprozesse in geeigneter Weise anzulegen und dafür zu sorgen, dass das Personal die entwickelten Führungsprozesse tatsächlich lebt. Wichtige Aspekte, die durch den HR-Manager mitgeprägt werden können, sind die Unternehmens- und Führungskultur, die Sozial- und Umweltverträglichkeit der Geschäftsprozesse, das Qualitätsverständnis sowie die Interaktionsweise und das Wissensmanagement im Unternehmen. Die Vorstellungen können in einem Leitbild ihren Ausdruck finden. Außerdem kann der HR-Manager auf die Corporate-Governance Einfluss nehmen.

Personalmanagement ist ein entscheidender Wettbewerbsfaktor. Ziel des Personalmanagements ist die Ausrichtung und Bündelung der humanen Ressourcen. Die Initiativen des Personalmanagements müssen mit den arbeitsrechtlichen Regelungen (individuelles und kollektives Arbeitsrecht einschließlich des Mitbestimmungsrechts nach dem Betriebsverfassungsgesetz) in Einklang stehen. Eine konstruktive Zusammenarbeit mit dem Betriebsrat ist hilfreich.

Das Personalmanagement sollte Beiträge zu folgenden Teilbereichen liefern:

- ■ Managementmodelle,
- ■ Organisationsstruktur (Job-Enlargement, Job-Enrichment, Job-Rotation, Projektorganisation mit der Chance auf „Führen auf Zeit"),
- ■ Personal-Controlling und Führungsinstrumente (Zielsysteme, Anreizsysteme, Personalinformationssystem, Personalbeurteilung, 360-Grad-Feedback, Mitarbeiterbefragung in Form eines Survey-Feedback),
- ■ Personalkostenmanagement, Lohn- und Gehaltssysteme, Pensionsvereinbarungen,
- ■ Personalbedarfsdeckung,
- ■ Personalbedarfsplanung,
- ■ Personalmarketing (Beziehungen zu Hochschulen, Personalberatern, Verbänden, Zeitarbeitsvermittlungen),

- Recruiting (Bewerber-Assessment, Einarbeitungs-Coaching),

- Fluktuationsmanagement (Nachfolgeregelung, Umgang mit Kündigungen (Leavers-Procedure),

- Personalentwicklung,

- Individuelle Personalentwicklung (fachliche Schulung, persönliches Coaching, Entwicklung von Schlüsselqualifikationen, Laufbahn- und Karriereplanung, Entwicklung von Führungsnachwuchskräften)

- und Team-Building (Management-Team-Entwicklung, Arbeits-Team-Entwicklung).

## 4.6.2 Wie können sich HR-Manager für Systemisches Management einsetzen?

HR-Manager können also maßgeblichen Einfluss darauf ausüben, wie „ihre" Unternehmen grundsätzlich geführt werden und wie sie sich entwickeln.

HR-Manager, die verstanden haben, dass es vor allem auf das Zusammenspiel der in den Geschäftsprozess involvierten Kräfte ankommt, finden im systemischen Managementansatz eine solide Basis für ganzheitliche Führung, die sich darauf konzentriert, die Qualität der Interaktionen zwischen den Kompetenzträgern im Unternehmen und mit Personen im wirtschaftlichen Umfeld des Unternehmens zu fördern. Personalleiter, die darauf hinwirken, dass das Führungskonzept eine enge, sach- und aufgabenorientierte Vernetzung über multiple Verbindungen vorsieht, ermöglichen emergente Fähigkeiten, die sich aus dem Zusammenspiel ergeben. Hierdurch erhalten Organisationen einzigartige Eigenschaften, die zu Differenzierungsmerkmalen ausgebaut werden können.

Gleichzeitig haben HR-Manager die Möglichkeit, über ihre Beiträge zur Gestaltung der Führungssysteme Selbstregelungsmechanismen zu fördern *(Autopoiesis)*. Dadurch sehen sie vor, dass die Interessen aller Beteiligten in Entwicklungs- und Entscheidungsprozesse einfließen und die Prozessreibung ab- und die Dynamik zunehmen. Gleichzeitig treffen – und das ist ein wesentlicher Aspekt – Personalleiter auf diese Weise eine Entscheidung für einen sinnvollen Umgang mit Komplexität. Sie legen nämlich die Weichen so, dass unzulässige Vereinfachungen, die bei zentralen Entscheidungsstrukturen unvermeidlich bei der Verdichtung von Information erfolgen, vermieden werden. Praktische Relevanz hat auch der Vorteil, dass in selbstregelnden Organisationen erheblich weniger Gefahr einer Abhängigkeit von einzelnen starken Führungspersönlichkeiten besteht als in hierarchisch gesteuerten Organisationen, denn

1. der Antrieb speist sich von innen heraus und

2. es lassen sich in der Regel alternative Lösungswege im Netz erschließen.

Führungsbeiträge sehen systemisch wirkende HR-Manager darin, Orientierung zu geben, Impulse zu setzen und Kollegen und Mitarbeiter mit ihrer Erfahrung und Methodik in ihrer autonomen Tätigkeit in Netzwerkstrukturen zu beraten.

Tabelle 4.6: Charakteristika systemorientierter Human-Resources-Manager

| Aspekt | Funktional wirkender HR-Manager | Systemisch wirkender HR-Manager |
|---|---|---|
| Verständnis für systemische Zusammenhänge | Versteht Entwicklungen als Folge diskreter Ursache-Wirkungs-Mechanismen, die durch gezielte Einzelmaßnahmen steuerbar sind | Versteht Entwicklungen als ganzheitlich zu erfassende, multiple vernetzte Ursache-Wirkungs-Mechanismen, die sich gegenseitig beeinflussen |
| | | Erkennt und berücksichtigt das Prinzip des ganzheitlichen Oberflächenverhaltens von Organisationen |
| Wertfokus | Ist primär um hervorragende Fachleute und starke Führungspersönlichkeiten bemüht | Legt vor allem Wert auf gut aufeinander abgestimmte Teams und durchgehende Prozesse |
| | | Konzentriert sich auf den Wert von Beziehungen und auf Fähigkeiten, die sich aus Beziehungen ergeben |
| | Festigt *allein* bestehende hierarchische Führungsgefüge | Hilft dabei, Wert zu steigern, indem er die Qualität der Zusammenarbeit fördert |
| Stabilität | | Schafft und fördert durchgehende Regelkreise durch selbststabilisierende, zirkuläre Prozesse mit negativen Rückkopplungsmechanismen |
| Beitrag zur Zukunftsgestaltung | Setzt die Vorstellungen der Geschäftsführung um | Gestaltet die Vorstellungen gemeinsam mit der Geschäftsführung |
| | Nimmt Prozesse als gegeben hin | Hinterfragt gegebene Prozesse und sucht nach grundsätzlichem Verbesserungspotenzial für den Gesamtprozess |
| | Orientiert sich an kurzfristigen Ergebnisbeiträgen | Gibt Teams die Chance, sich zu entwickeln und nachhaltige Ergebnisse zu erzielen |

| Aspekt | Funktional wirkender HR-Manager | Systemisch wirkender HR-Manager |
|---|---|---|
| Charakter der Kommunikation | Top-down | Coaching, bidirektionaler Austausch, „enzymisch" wirkend |
| Methoden und Instrumente | Setzt auf extrinsische Motivation | Setzt auf intrinsische Motivation |
| | Unterstützt, dass bewusst hierarchischer Druck und interne Rivalität als Mittel zur Leistungsförderung eingesetzt werden | Regt an, gemeinsamen Erfolg als Leistungstreiber zu betrachten |
| | Fördert, dass Einzelmaßnahmen gegen konkrete Symptome ergriffen werden (Trouble Shooting) | Wirkt darauf ein, dass das Oberflächenverhalten der Organisation verstanden und gezielt beeinflusst wird (systemische Analyse) |

Für HR-Manager besteht eine wesentliche Herausforderung auf dem Weg zu systemischem Management darin, im Kreis ihrer Kollegen Überzeugungsarbeit dafür zu leisten, dass das Führungsverständnis verändert werden muss. Sie haben die Möglichkeit, darauf zu achten, dass nicht lediglich „systemische Kosmetik" betrieben wird, indem die Kontrolle gelockert, Selbstverwirklichung angesprochen und am Betriebsklima gewerkelt wird, das traditionelle Führungsverständnis, das auf die Erhaltung hierarchischer Machtverhältnisse abzielt, aber im Grunde beibehalten wird. Systemisches Gedankengut kollidiert mit traditionellem Führungsverständnis, das sich aus vereinfachten Wahrnehmungsmustern und kausalen Denkstrukturen speist. In unserer vernetzten (Wirtschafts-)Welt haben wir es aber mit nicht-linearen, komplexen Zusammenhängen zu tun. So verlockend es sein mag, einfachen Mustern zu folgen, sie bilden oft nicht die Wirklichkeit ab und führen deshalb zu falschen Schlussfolgerungen und zu falschen Entscheidungen – zu Managementfehlern mit oft gravierenden Folgen, wie wir sie in der jüngsten Vergangenheit beobachten und erleiden müssen.

Würden Unternehmen nicht in einem evolutionären Prozess diesen fehlleitenden Weg hoher Instabilität verlassen, würde die Wirtschaft Gefahr laufen, sich in einem selbstzerstörenden Prozess zu eliminieren. Zwar können positive Rückkopplungsprozesse zu Wachstum führen, doch wirken ungedämpfte Wachstumsinitiativen aus systemischer Sicht auch als Störgrößen, die Prozesse und Systeme aus ihrem Gleichgewicht bringen können. Der Steuerungsaufwand, der betrieben werden muss, um instabile Prozesse am Kippen zu hindern, kann irgendwann von den Systemen nicht mehr geleistet werden. Dann können sich insbesondere große Systeme nicht aus eigener Kraft erhalten, wie wir es während der Finanz- und Wirtschaftskrise in den Jahren 2008 und 2009 erlebt haben.

Komplexe Verhältnisse können prinzipbedingt nicht von Einzelnen erfasst werden. Komplexität kann nicht zentral beherrscht werden. Es kann allerdings Verständnis für komplexe Wirkungsweisen entwickelt werden. Nur wenn HR-Manager die Wirkungszusammenhänge, die das „System Unternehmen" insgesamt ausmachen, als die tatsächlich wirksamen Kräfte anerkennen, können sich vernetzte Bündel an negativen Rückkopplungsmechanismen entwickeln, die Störgrößen in ihrem Zusammenspiel wirksam aushebeln können und zu Stabilität führen – auch wenn wir sie analytisch nicht erfassen (können). Wieder sind es die emergenten Fähigkeiten, die sich aus der Vernetzung ergeben, die schließlich die Wirkung herbeiführen, nicht die kumulierten Wirkungen der Einzelmaßnahmen.

Um geeignete emergente Fähigkeiten auszubilden, benötigen Organisationen sowohl eine intensive innere Vernetzung als auch hinreichende innere Freiheitsgrade für das Handeln.

Dazu können HR-Manager geeignete Rahmenbedingungen setzen. Insbesondere können sie folgende Beiträge leisten:

■ Sie können in die Auswahlkriterien für neue Führungskräfte die Anforderungen grundlegender Kenntnisse der Systemtheorie (Luhmann, 1984) und einer systemischen Grundhaltung aufnehmen.

■ Sie können Impulse für Systemisches Management setzen und so das angewendete Managementmodell bezüglich seiner Strukturen und Beziehungen in Richtung Systemik bewegen, also Unternehmen als Netzwerke aus Handlungen, Wirkungen und Folgewirkungen betrachten, die in multiplen Rückkopplungsbeziehungen miteinander stehen.

■ Sie können dafür sorgen, dass die verwendeten Führungsinstrumentarien die wesentlichen systemischen Elemente enthalten.

■ Sie können darauf hinwirken, dass sich Manager als Bestandteile des Systems, in dem sie wirken, verstehen und erkennen, dass sie mit anderen Elementen im System in Wirkungsbeziehungen stehen, statt „ihr" System top-down quasi von außen zu steuern.

■ Sie können auf die Gestaltung von zirkulären Prozessen Einfluss nehmen.

■ Sie können darauf achten, dass Prozesse, die sich auf Selbstregelung „einschwingen", zwar gut beobachtet werden, dass aber steuernde Eingriffe möglichst unterbleiben, um den Selbstregelungsvorgang nicht zu stören.

Dr. Boysen Consulting hat die gedanklichen Ansätze, wie sie aus Bad Harzburg und Überlingen (Daniel F. Pinnow), aus Wien und aus St. Gallen (Hans Ulrich, Fredmund Malik) bekannt sind, zu einem implementierbaren Konzept weitergeführt und für die Unternehmenspraxis aufbereitet. Insbesondere wurde das Konzept des Enzymischen Managements ausgearbeitet, ohne den der Weg zu systemischem Management in der Praxis verschlossen bleibt. HR-Manager finden im Enzymischen Management eine Methode, die zu einem anregenden und coachenden Manager-Verhalten führt, das für die systemische Führung unerlässlich ist.

# 5    Fazit

Die Wirtschaft ist durch eine zunehmende dynamische Komplexität charakterisiert. Das Management von Organisationen in Umfeldern hoher dynamischer Komplexität erfordert ganz andere Haltungen und Vorgehensweisen als in Umfeldern linearer Wirkungszusammenhänge. Kybernetische Lösungsansätze, die in systemorientiertes Management münden, eignen sich besonders gut zur Bewältigung dynamischer Komplexität. Organisationsentwickler können wesentlich dazu beitragen, ihre Organisationen in einem komplexen Wirtschaftsumfeld stabil aufzustellen.

Eine besondere Herausforderung ist der Umgang mit Wachstumsgrenzen. Die Kybernetik bietet Managern Methoden, mit denen sie Wachstumsgrenzen erkennen und vermeintliche Wachstumsgrenzen beseitigen können. Ein wichtiger Aspekt ist das Gleichgewicht, das durch Regelungsmechanismen erreicht und erhalten werden kann. Geeignete Ansätze wurden in Abschnitt 1.1 gegeben. Ein weiterer wichtiger Aspekt ist, dass Komplexität nicht als gegeben hingenommen werden muss, sondern durchaus gestaltet werden kann. In Abschnitt 1.2 wurden Methoden zur Komplexitätsgestaltung vorgestellt. In Abschnitt 1.3 wurde die neue Perspektive eingeführt, Organisationen als Systeme aufzufassen. Diese Perspektive, die die Aufmerksamkeit auf die Beziehungen zwischen den Systemelementen und auf die sich aus diesen Beziehungen ergebenden Fähigkeiten lenkt, erschließt völlig neue Möglichkeiten, Organisationen zu gestalten und zu führen. Deshalb macht es für Organisationsentwickler, für Führungskräfte in Linienverantwortung und für Manager in Querschnittfunktionen Sinn, sich mit den Grundzügen des Systemverhaltens vertraut zu machen. Dazu wurden in Abschnitt 1.4 die Systemarchetypen nach Peter M. Senge behandelt, die wesentliche Grundmuster von Systemen veranschaulichen und Schlussfolgerungen für den Umgang mit solchen Situationen erleichtern.

Im zweiten Kapitel wurden Methoden des systemorientierten Managements vorgestellt (insbesondere in Abschnitt 2.1). Es wurde gezeigt, wie Regelungsmechanismen effektiv gestaltet und eingeführt werden können (Abschnitt 2.2). Darüber hinaus wurden Hinweise auf geeignete Organisationsformen gegeben, die Regelungsvorgänge unterstützen (Abschnitt 2.3). Systeme entfalten ihre Leistungsfähigkeit dann, wenn ihre Elemente auf ein Gesamtziel ausgerichtet sind. Deshalb wurde in Abschnitt 2.4 mithilfe der Spieltheorie gezeigt, wo die typischen Fallstricke in der kooperativen Zusammenarbeit liegen und wie Entscheidungen so herbeigeführt werden können, dass trotz unterschiedlicher Interessenlage der Beteiligten das Ganze davon profitiert.

Das dritte Kapitel bietet Aufschluss darüber, wie Wirkungsgefüge in Organisationen erfasst und gestaltet werden können. Dazu wurden verschiedene Methoden beleuchtet und beurteilt. Das CyberPractice-Vorgehensmodell, das bei Dr. Boysen Consulting entwickelt und erprobt wurde, hat sich in der Praxis besonders bewährt. Als Einstieg in die systemorientierte Denkweise wurde die Erstellung eines systemischen Unternehmensprofils empfohlen, aus dem hervorgeht, wie gut die Kompetenzträger die Wirkungszusammenhänge verstanden haben und wie geschickt sie diese nutzen. Außerdem wurde gezeigt, wie sich systemorientiertes Arbeiten in barer Münze auszahlen kann. So wurde der Bogen zwischen einer Philosophie und dem Unternehmensergebnis geschlagen.

Im vierten Kapitel wird die systemische Denkweise auf die Situation der Manager mit funktionaler Linienverantwortung bezogen. Für exemplarische betriebliche Funktionen wurde gezeigt, was es für diese Manager konkret bedeutet, systemisch zu arbeiten. Dadurch erhalten die oben vorgestellten Methoden und Instrumente einen noch höheren Praxisbezug. Organisationsentwickler können wertvolle Argumente schöpfen, um Linienmanager für systemorientiertes Arbeiten zu gewinnen.

Ich möchte mit diesem Buch einen praxisorientierten Beitrag zum systemgerechten Denken und Handeln in Organisationen leisten und hoffe, dass ich zeigen konnte, dass Kybernetik kein Stoff ist, der sich allein für hochwissenschaftliches Arbeiten eignet, und erst recht kein Hexenwerk ist, vielmehr ist die Kybernetik ein durchaus handhabbares Methoden-Set für den natürlichen und erfolgreichen Umgang mit Organisationen in dynamisch-komplexen Umfeldern.

Ich freue mich über Organisationsentwickler, die erkennen, wie viel besser ihre Organisationen funktionieren könnten, wenn sie systemorientiert geführt würden. Davon profitieren nicht nur Kunden, sondern auch die Mitarbeiter und die Gesellschafter von Unternehmen und nicht zuletzt die Wirtschaft insgesamt und die beteiligten Menschen.

# Anmerkungen

1  Verhulst, Pierre François: Correspondence Mathématique et Physique 10 (1838), S. 113-121: „Notice sur la loi que la population pursuit dans son accroissement".

2  Vgl.: Niklas Luhmann.

3  Senge, Peter M.: [Die fünfte Disziplin].

4  http://de.wikipedia.org/wiki/Systemarchetyp, letzter Zugriff: 26. Oktober 2010.

5  http://de.wikipedia.org/wiki/Wikipedia:Lizenzbestimmungen_Commons_Attribution-ShareAlike_3.0_Unported.

6  Remer, Andreas; Lux, Sophia: Schwarmintelligenz – Überleben durch Beweglichkeit, Organisationsentwicklung, 4/2009, Fachverlag Verlagsgruppe Handelsblatt, München 2009, S. 68-72.

7  S. auch Luhmann, Niklas: Vertrauen – Ein Mechanismus der Reduktion sozialer Komplexität, Uni-Taschenbücher, Stuttgart, 1973.

8  Durkheim, E.: [Arbeitsteilung], S. 156 f.

9  Durkheim, E.: [Arbeitsteilung].

10  Fisher, Len: [Schwarmintelligenz], S. 68-70.

11  Dieses Beispiel habe ich vom Prinzip her Len Fisher entlehnt. (Fisher, Len: [Schwarmintelligenz], S. 93 f.).

12  Der Autor hat den Begriff „Systemisches Kompetenz-Team" eingeführt, der in Kapitel 3 näher beschrieben wird.

13  S. Fisher, Len: [Schwarmintelligenz], S. 98.

14  Der Grundgedanke des Gefangenendilemmas geht auf Merrill Flood und Melvin Dresher zurück, zwei Mitarbeiter der Rand Corporation. Das Konzept wurde von Albert William Tucker 1950 aufgegriffen.

15  Barry, Brian M.; Hardin, Russell (Hrsg.): Rational Man and Irrational Society? Sage, Beverly Hills, 1982.

16  Wiener, Norbert: Mensch und Menschmaschine – Kybernetik und Gesellschaft, Athenäum Verlag, Frankfurt am Main und Bonn, 1966, S. 20.

17  Diekmann, Andreas: Spieltheorie, Rowohlt Verlag, Reinbek bei Hamburg, 2009, S. 12.

18  Nash, John F.: Equilibrium Points in N-Person Games, Proceedings of the National Academy of Sciences, v. 36, S. 48-49.

19  Der Einfluss von Normen und Sanktionen wurde von Voss für das Gefangenendilemma und von Fehr und Schmidt für öffentliche Güter untersucht. S. Voss, Thomas: Strategische Rationalität und die Realisierung sozialer Normen, in: Müller, Hans-Peter; Schmid, Michael (Hrsg.): Norm, Herrschaft und Vertrauen, Westdeutscher Verlag, Opladen, 1998, S. 117-135; sowie Fehr, Ernst; Schmidt, Klaus M.: A Theory of Fairness, Competition and Cooperation, in: The Quarterly Journal of Economics, 1999, S. 817-868.

20  Diekmann, Andreas: Spieltheorie, Rowohlt Verlag, Reinbek bei Hamburg, 2009, S. 67 f.

21  Frank, Robert: Microeconomics and Behaviour, McGraw Hill, New York et al., 1991.

22  Foerster, Heinz von: KybernEthik, Merve Verlag, Berlin, 1993, S. 78: „Sag ihnen, sie sollten immer so handeln, die Anzahl der Möglichkeiten zu vermehren […]."

23  Gödel, Kurt: Über formal unentscheidbare Sätze der Principia Mathematica und Physik, in: Monatshefte für Mathematik und Physik, Vol. 38, 1931, S. 173-198. Die Principia Mathematica wurde von Betrand Russell und Alfred North Whitehead zwischen 1900 und 1910 verfasst. Sie ist, wie Heinz von Foerster anmerkt „eine Begriffsmaschinerie für fehlerfreie Deduction" (Foerster, von Heinz: KybernEthik, Merve Verlag, Berlin, 1993, S. 71.

24  Laplace spricht von „Zuständen der Natur".

25  Fisher, Len: Spieltheorie im Alltag, Spektrum Akademischer Verlag, Heidelberg, 2010, S. 34.

26  Diekmann, Andreas: Spieltheorie, Rowohlt Verlag, Reinbek bei Hamburg, 2009, S. 59.

27  Qualitative Zusammenhänge können von Klassifikationsmodellen, quantitative von Kalibrationsmodellen erfasst werden.

28  Forrester, Jay W.: Industrial Dynamics, Cambridge 1977.

29  Das Kanban-Prinzip wurde 1947 von Taiichi Ohno in der Toyota Motor Corporation entwickelt und eingeführt. Kanban ist ein Verfahren der kurzfristigen Disposition, das sich am Supermarktprinzip orientiert: Entnimmt ein Verbraucher einem Regal einen Artikel, wird die entstehende Lücke wieder aufgefüllt. Es sollen möglichst genau so viele Artikel vorgehalten werden, dass der unmittelbare Bedarf gedeckt werden kann.

30  Craig Reynolds entwickelte 1986 eine computergestützte Schwarmsimulation aus sogenannten „Boids", kleinen dreieckigen Objekten, die sich kollisionsfrei bewegen und kollektives Verhalten zeigen.

31  William Ross Ashby zeigte eine der zentralen kybernetischen Erkenntnisse auf, dass nämlich ein System in einem komplexen Umfeld mindestens dasselbe Maß an Innenkomplexität aufweisen muss, das das Umfeld hat. Die Varietät, also die Anzahl möglicher Ausprägungen, ist das Maß für Komplexität.

32  S. Boysen, Werner: Management Turnaround. Wie Manager durch Enzymisches Ma¬nage¬ment wieder wirksam werden, Gabler Verlag, Wiesbaden, 2009.

33  Vgl.: Senge, Peter: Die fünfte Disziplin, Klett-Cotta, Stuttgart, 2006.

34  S. Boysen, Werner: [Management Turnaround].

35  S. Freidank, Carl-Christian; Berens, Wolfgang: Corporate Governance und Controlling, Physica-Verlag, Heidelberg, 2004, S. 2.

36  www.eformic.com.

37  Specht, Günther; Beckmann, Christoph; Amelingmeyer, Jenny: F&E-Management – Kompetenz im Innovationsmanagement, Schäffer-Poeschel, Stuttgart, 2002, S. 14-16.

38  Kaplan, Robert S.; Norton David P.: Balanced Scorecard – Translating Strategy into Action, Harvard Business School Press, Boston, 1996.

39  Der Begriff Supply-Chain-Management wurde 1982 von Oliver und Webber eingeführt. Oliver, R. K.; Webber, M. D. (1982): Supply Chain Management: Logistics Catches up with Strategy. Nachgedruckt in: Christopher, M. (Hrsg.): Logistics: The Strategic Issues, Chapman & Hall, London, 1992, pp. 63-75.

40  CSCMP: Supply Chain Management Definitions.

41  Harland (1996): Supply Chain Management is the management of a network of interconnected businesses involved in the ultimate provision of product and service package required by end customers.

# Stichwortverzeichnis

# Abbildungsverzeichnis

## Fotonachweis

**Fotos von Ina Boysen**

Abbildung 1.1, 1.2, 1.5, 1.6, 1.10, 3.9, 3.10, 4.1

**Fotos von Werner Boysen**

Abbildung 1.3, 1.7, 1.8, 1.11, 2.1, 2.2, 3.1, 3.2, 3.3, 3.6

**Fotos von Laura Boysen-Carnicé**

Abbildung 1.6

# Tabellenverzeichnis

# Literaturnachweis

*Ashby, William Ross:* [Cybernetics] Introduction to Cybernetics, Methuen Publishing, Methuen Young Books, London, 1964.

*Axelrod, Robert:* [Kooperation] Die Evolution der Kooperation, Oldenbourg Wissenschaftsverlag, München, 2009.

*Boysen, Werner:* [Management Turnaround] Management Turnaround – Wie Manager durch enzymisches Management wieder wirksam werden, Gabler Verlag, Wiesbaden, 2009.

*Dürr, Hans-Peter; Oesterreicher, Marianne:* [Quantenphysik] Wir erleben mehr als wir begreifen – Quantenphysik und Lebensfragen, Herder, Freiburg im Breisgau, 2007.

*Durkheim, Émile:* Über soziale Arbeitsteilung, Suhrkamp, Berlin, 1996.

*Fisher, Len:* [Schere, Stein, Papier] Schere, Stein, Papier – Spieltheorie im Alltag, Spektrum Akademischer Verlag, Heidelberg, 2008.

*Fisher, Len:* [Schwarmintelligenz] Schwarmintelligenz – Wie einfache Regeln Großes möglich machen, Eichborn Verlag, Frankfurt am Main, 2010.

*Foerster, Heinz von:* [KybernEthik] KybernEthik, Merve Verlag, Berlin 1993.

*Forrester, Jay Wright:* [System Dynamics] Principles of Systems, System Dynamics Series, Pegasus Communications, Waltham (MA), 1968.

*Freeman, Edward R.:* [Strategic Management] Strategic Management. A Stakeholder Approach, Pitman Publishing, Marchfield (Massachusetts), 1984.

*Greenbury Report 1995,* [Best Practice Conduct] Code of Best Practice Conduct, London, 1995.

*Henry, Andreas:* [Gutes] Die Macht des Guten, in: WirtschaftsWoche, Düsseldorf, Nr. 38 vom 17. September 2007, S. 61 ff.

*Hampel Report:* [Best Practice 1998] Bericht zu Corporate Governance Best Practices, veröffentlicht unter der Leitung von Ronnie Hampel, The Committee on Corporate Governance and CEE Publishing, Brüssel, 1998.

*Henslin, James M.:* [Trust] Trust and the Cab Driver, in: Truzzi, Marcello (Hrsg.): Sociology and Everyday Life, Englewood Cliffs, New Jersey (USA) 1968, S. 138-158.

*Hirn, Wolfgang; Müller, Henrik:* [Superkapitalismus] Auf der Kippe, in: Managermagazin, Hamburg, 3/2008, S. 113-123.

*Itami, Hiroyuki; Roehl, Thomas, W.:* [Invisible Assets] Mobilizing Invisible Assets, Harvard University Press, Cambridge (Massachusetts), 1987.

*Izutsu, Toshihiko:* Philosophie des Zen-Buddhismus, Rowohlt, Reinbek, 1995.

*Kaiser, Lorenz; Wurzer, Alexander J.:* [Patente] Patente, Produkte und Profite, in: Harvard Businessmanager, Hamburg, März 2006, S. 23-35.

*Kanevsky, Valery; Housel, Thomas J.:* [Learning-knowledge-value] The learning-knowledge-value cycle, in: Krogh, Georg von; Roos, Johan; Kleine, Dirk (Hrsg.): Knowing in Firms: Understanding, Managing and Measuring Knowledge, Sage, London, 1998.

*Kaplan, Robert S.; Norton, David P.:* [Balanced Scorecard] Die strategie-fokussierte Organisation. Führen mit der Balanced Scorecard, Aus dem Amerikanischen von Péter Horváth u. Damir Kralj, Schäffer-Poeschel, Stuttgart, 2001.

*Kaplan, Robert S.; Norton, David P.:* [Balanced Scorecard] Die strategie-fokussierte Organisation. Führen mit der Balanced Scorecard, Aus dem Amerikanischen von Péter Horváth u. Damir Kralj, Schäffer Poeschel, Stuttgart 2001.

*Keane, Simon M.:* [Share Price Maximization] A Reappraisal of Share Price Maximization as a Corporate Financial Objective, in: The European Journal of Finance, London, 1995, S. 1-17.

*Kim, W. Chan; Mauborgne, Renée:* [Red Oceans] Der blaue Ozean als Strategie, Hanser Verlag, München, 2005.

*Klages, Helmut; Gensicke, Thomas:* [Wertewandel] Wertewandel und bürgerschaftliches Engagement an der Schwelle zum 21. Jahrhundert, Speyerer Forschungsberichte, Nr. 193, Speyer, 1999.

*Küppers, Günter:* [Nicht-Wissen] Wissen und Nicht-Wissen – Für einen neuen Umgang mit Wissenschaft und Technik, in: Von Mutius, Bernhard: Die andere Intelligenz – Wie wir morgen denken werden, Klett-Cotta, Stuttgart, 2006.

*Laughlin, Robert B.:* [Abschied von der Weltformel] Abschied von der Weltformel, in: Lilo Göttermann (Hrsg.): Denkanstöße 2009 – Ein Lesebuch aus Philosophie, Kultur und Wissenschaft, Piper Verlag, München, 2008, S. 67-82.

*Leendertse, Julia:* [Großprojekte] Warum Großprojekte Schiffbruch erleiden, in: WirtschaftsWoche, Düsseldorf, Nr. 16 vom 14. April 2008, S. 90.

*Luhmann, Niklas:* [Systemtheorie] Einführung in die Systemtheorie, Carl-Auer-Systeme Verlag, Heidelberg, 2. Aufl., 2004.

*Maier, Frank (Hrsg.):* [Milling] Komplexität und Dynamik als Herausforderung für das Management : Festschrift zum 60. Geburtstag von Peter Milling.

*Malik, Fredmund:* [Wirksames Management] Führen, Leisten, Leben. Wirksames Management für eine neue Zeit, Campus, Frankfurt a. M., 2006.

*Marr, Bernard:* [Intellectual Capital] Management consulting practice on intellectual capital, in: Journal of Intellectual Capital, Volume 6, Number 4/2005, Emerald Group Publishing Limited, Bingley (UK), 2005, S. 469-473.

*Matzler, Kurt; Pechlaner, Harald; Renzl, Birgit (Hrsg.):* [Werte] Werte schaffen. Perspektiven einer stakeholderorientierten Unternehmensführung, Gabler Verlag, Wiesbaden, 2003.

*Meadows, Dennis L.:* [Wachstumsgrenzen] Die Grenzen des Wachstums: (engl. The Limits of Growth), übertragen von Hans-Dieter Heck, Deutsche Verlagsgesellschaft, Stuttgart 1972.

*Miegel, Meinhard:* [Exit] Exit. Wohlstand ohne Wachstum, Propyläen Verlag, Berlin, 2010.

*Minsky, Hyman P.:* [Unstable Economy] Stabilizing an unstable economy, McGraw-Hill, Columbus (OH), 2008.

*Mutius, Bernhard von:* [Intelligenz] Die andere Intelligenz. Wie wir morgen denken werden, Klett-Cotta Verlag, Stuttgart, 2004.

*Nalebuff, Barry J.; Brandenburger, Adam M.:* [Coopetition] Coopetition – kooperativ konkurrieren. Mit Spieltheorien zum Unternehmenserfolg, Aus dem Englischen von Hartmut J. H. Rastalsky, Campus Verlag, Frankfurt am Main, 1996.

Post, *James E.; Preston, Lee E.; Sachs, Sybille:* [Stakeholder Management] Redefining the Corporation. Stakeholder Management and Organizational Wealth, Stanford University Press, Stanford (Kalifornien), 2002.

*Reither, Franz:* Komplexitätsmanagement, Denken und Handeln in komplexen Situationen, Murmann, Gerling Akademie Verlag, Hamburg, 1997.

*Remer, Andreas; Lux, Sophia:* [Schwarmintelligenz] Schwarmintelligenz – Überleben durch Beweglichkeit, Organisationsentwicklung, 4/2009, Fachverlag Verlagsgruppe Handelsblatt, München, 2009, S. 68-72.

*Riek, Christian:* [Spieltheorie] Spieltheorie – Einführung für Wirtschafts- und Sozialwissenschaftler, Gabler, Wiesbaden, 1993.

*Schredelseker, Klaus:* [Value] Zwölf Missverständnisse zum Shareholder Value aus finanzwirtschaftlicher Sicht, in: Matzler, Kurt; Pechlaner, Harald; Renzl, Birgit (Hrsg.): Werte schaffen, Gabler Verlag, Wiesbaden, 2003, S. 99-123.

*Senge, Peter M.:* [Die fünfte Disziplin] Die fünfte Disziplin – Kunst und Praxis der lernenden Organisation, Klett-Cotta, Stuttgart, 2006.

*Simons, Robert:* [Levers] Levers of Control – How Managers Use Innovative Control Systems to Drive Strategic Renewal, Boston, Harvard Business School Press, Cambridge (Massachusetts), 1995.

*Smith, Hedley J.; Pryke, Stephen:* [Complex Projects] The management of complex projects – A relationship approach, Blackwell Publication, Hoboken (New Jersey), 2006.

*Stern, Nicholas:* [Global Deal] Der Global Deal – Wie wir dem Klimawandel begegnen und ein neues Zeitalter von Wachstum und Wohlstand schaffen, Verlag C.H.Beck, München, 2009.

*Surowiecki, James:* [Viele] Die Weisheit der Vielen. Warum Gruppen klüger sind als Einzelne, Goldmann, München, 2007.

*Takeda, Hitoshi:* [Synchron] Das synchrone Produktionssystem. Just-in-Time für das ganze Unternehmen, 5. Auflage, Verlag Moderne Industrie, Landsberg am Lech, 2006.

*Thom, René:* [Stabilität] Stabilité structurelle et morphogénèse – Essai d'une théorie générale des modèles, Benjamin, Reading/Massachusetts 1972.

*Vester, Frederik:* [Lernen] Denken, Lernen, Vergessen. Was geht in unserem Kopf vor, wie lernt das Gehirn, und wann lässt es uns im Stich?, Originalausgabe: Deutsche Verlags-Anstalt (dva), Stuttgart, 1975.

*Vogelsang, Gregor; Burger, Christian:* [Werte] Werte schaffen Wert. Warum wir glaubwürdige Manager brauchen, 1. Ausgabe, Econ Verlag (Ullstein Buchverlage), München, 2004.

*Wiener, Norbert:* [Kybernetik] Non-linear Problems in Random Theory, The Technology Press of Massachusetts Institute of Technology, Cambridge (MA), 1958, S. 131 ff.

*Womack, James P.; Jones, Daniel T.:* [Lean] Lean Thinking: Ballast abwerfen, Unternehmensgewinne steigern, Campus, Frankfurt am Main, 2004.

# Bedeutende Vordenker systemischen Denkens und Handelns

- Ludwig von Bertalanffy (Allgemeine Systemtheorie, offene Systeme, Komplexität)

- Heinz von Foerster (Kybernetik 2. Ordnung: Erkenntnistheoretische Interpretation der Systemtheorie)

- Jay Wright Forrester (System Dynamics: Modellierung komplexer Regelkreise, Weltmodell „World3")

- Stuart Kauffman (Selbstorganisation)

- Johann Heinrich Lambert, Johann Gottfried Herder (Begriff „System")

- Niklas Luhmann (Soziologische und kommunikationsbezogene Systemtheorie)

- Humberto Maturana, Francisco Varela (Autopoiesis: Selbsterhaltung von Systemen durch eigenständiges Einnehmen höherer struktureller Ordnung)

- Dennis L. Meadows (Grenzen des Wachstums)

- David Ruelle, Edward N. Lorentz, Benoît Mandelbrot, Henri Poincaré (Chaostheorie)

- Claude Elwood Shannon, Warren Weaver (Informationstheorie)

- René Thom, Erik Christopher Zeeman (Katastrophentheorie, Verzweigungen dynamischer Systeme, plötzliche Verhaltensveränderungen)

- Norbert Wiener, William Ross Ashby (Kybernetik/Kommunikations- und Regelungstheorie)

# Einflussreiche Spieltheoretiker

Folgende Personen haben das Gebiet der Spieltheorie besonders geprägt:

*George A. Akerlof, Michael Spence, Joseph E. Steglitz* (Asymmetrische Information

*Robert J. Aumann* (wiederholte One-Shot-Games, korrelierendes Gleichgewicht in nicht-kooperativen Spielen)

*Albert M. Chammah* gemeinsam mit Anatol Rapoport (Gefangenendilemma),

*John C. Harsanyi* (strikt rationales Lösungsverfahren für Spiele mit unvollkommener Information)

*Leonard Hurwicz, Eric S. Maskin, Roger B. Myerson* (Mechanism Design)

*Robert Kahnemann* (psychologisch-ökonomische Entscheidungsforschung)

*Vernon Lomax Smith* (Freiheit für die Wirtschaft)

*Oskar Morgenstern* (Nullsummenspiele, kooperative Spieltheorie)

*John F. Nash* (Gleichgewichte für Spieltypen, insbesondere das Nash-Gleichgewicht)

*John von Neumann* (Minimax-Theorem)

*Vilfredo Pareto* (Effizienz in Entscheidungssituationen)

*Anatol Rapoport* (Tit-for-tat-Strategie)

*Thomas C. Schelling* (die Rolle von Selbstbindung bei der Konfliktlösung: Stärkung der eigenen Position vs. Herbeiführen einer Katastrophe)

*Reinhard Selten* (teilspielperfektes Gleichgewicht bei mehreren Gleichgewichten in Nicht-Nullsummenspielen)

# Danksagungen

Dieses Buch ist entstanden, weil mich einige Manager, die die Entwicklung meiner Gedanken interessiert verfolgen, gefragt haben, was sie denn nun konkret tun sollten, um etwas zum nachhaltigen Wirtschaften beizutragen. Meine bisherigen Texte seien wohl richtungsweisend und nachvollziehbar, aber noch nicht handlungsleitend genug. Ich danke diesen wohlwollenden Weggefährten für ihre konstruktiven Anregungen, die den Anstoß für dieses Buch geliefert haben.

Insbesondere bedanke ich mich bei Dipl.-Ing. Theo Kaster und Hans-Jürgen Hennig, beide in der Produktentwicklung der TRW Automotive tätig, deren Aufmerksamkeit stets auf die Durchsetzbarkeit von Verbesserungsansätzen und auf den Output angewandter Methoden gerichtet ist. Außerdem bedanke ich mich bei Dr.-Ing. Herbert Doetsch, Spezialist für Corporate Governance und Revision, und bei Rechtsanwalt Dr. jur. Edgar Eich, die meine Ideen mit ihrem unbestreitbaren Pragmatismus immer wieder „in diese Welt" zurückleiten, und bei Dipl.-Betriebswirt Rainer Trumm, der meine Beratungsansätze schätzt, aber in verschiedenen guten Gesprächen kritisch ergründen wollte, wie sie praktisch zu vermarkten seien. Ich hoffe, dass das vorliegende Buch den Erwartungen dieser Förderer an die Praxistauglichkeit gerecht wird. In jedem Fall hat mich diese Phase in meinem eigenen systemorientierten Denken und Handeln weitergeführt.

Auch Prof. Dr. rer. pol. habil. Ing. Thomas Fischer, meinem Doktorvater, danke ich für sein anhaltendes Interesse an meinen Aktivitäten, für seine Einladung, der Gesellschaft für Wirtschafts- und Sozialkybernetik beizutreten und für die Vermittlung zum Deutschen Chapter der Gesellschaft für System Dynamics. Über beide Gesellschaften erhalte ich Zugang zur aktuellen wissenschaftlichen Diskussion von Methoden zur Erfassung und Gestaltung komplexer Gefüge. Im Gegenzug darf ich die Gesellschaften mit meiner Management- und Beratungserfahrung bereichern.

Für die aufmerksame und kritische Lektüre meines Manuskriptes bedanke ich mich herzlich bei meinem immer hilfsbereiten Kollegen Dipl.-Ing., Dipl.-Betriebswirt Michael Lambrich, der offene Flanken entdeckt und wunde Punkte sicher trifft und sie in freundschaftlicher Absicht benennt.

Für die sorgfältige Durchsicht und Formatierung des Manuskriptes und die unschätzbare Geduld mit mir während einiger Überarbeitungsgänge bedanke ich mich bei Beate Seuser, systemische Coachin und Trainerin.

Bei meiner Schwester Ina bedanke ich mich dafür, dass sie mir geeignete Bilder zur Verfügung gestellt hat, die die Inhalte veranschaulichen.

Meiner Frau Asun und unseren Töchtern Laura und Anna danke ich einmal wieder für die Zeit, die sie mir gewährt haben, um meine Gedanken zu formulieren.

Schließlich bedanke ich mich ganz herzlich bei Ulrike M. Vetter und ihrem Team beim Gabler Verlag für das aufmerksame Lektorat und die wie immer sehr angenehme Zusammenarbeit.

*Werner Boysen*

# Der Autor

**Dr. Werner Boysen** kennt die Herausforderungen des operativen Managements aus mehr als 20 Jahren Erfahrung in Industrie- und Dienstleistungsunternehmen.

Seine Branchenschwerpunkte liegen in der Automobil-, in der Verpackungsindustrie und im IT-Sektor.

Bei der Deutsche Bank Consulting Group lernte Dr. Boysen im professionellen Umfeld von ehemaligen Beratern der Consulting-unternehmen McKinsey und Bain das Handwerk der Unternehmensberatung und erhielt wertvolle Einblicke in die Denkweise der Banker.

Sein Interessenschwerpunkt ist ganzheitliches Business Development. Seine persönlichen Stärken liegen in den Funktionen Marketing/Vertrieb, Produktentwicklung, Innovationsmanagement und sinnvolles Kooperieren. Dr. Boysen ist Maschinenbauingenieur und promovierter Betriebswirt (WHU). Außerdem hält er einen Executive-MBA-Abschluss von der GSBA Zürich und einen M. Sc.-Abschluss in Data-Communication-Systems von der Fakultät für Elektrotechnik und Elektronik der Brunel University London.

Dr. Werner Boysen wirkt an der Schnittstelle zwischen Wissenschaften und Wirtschaftspraxis.

## Von Mythen und Moden – der etwas andere Ratgeber

In diesem „Anti-Ratgeber" stellt Sebastian Lesch aktuelle und alte Thesen sowie Methoden im Management anhand praktischer Beispiele in der Wirtschaft in Frage und konfrontiert sie mit längst vergessenen Erkenntnissen der Grundlagenforschung sowie neuesten Forschungsergebnissen. Sehr aufschlussreich.

Sebastian Lesch
**Psychoblasen in der Wirtschaft**
Irrungen und Wirrungen
im Management
2010. 216 S. Br.
EUR 29,95
ISBN 978-3-8349-1837-6

## Innovative Methode an Praxisbeispielen illustriert

Reinhard Grimm und Ewald E. Krainz führen ihre Erkenntnisse und Erfahrungen aus Unternehmenspraxis, Beratung und Forschung zusammen und schildern, wie man das Kommunikationsverhalten von Teams analysieren und im Sinne einer erfolgreichen Zusammenarbeit verbessern kann. Sie untersuchen Beziehungsmuster, deren gruppendynamische Auswirkungen und zeigen Gesetzmäßigkeiten auf, die soziale Vorgänge in Teams besser einschätzbar und damit veränderbar machen. Die beschriebenen Konzepte und Methoden werden an einprägsamen Beispielen illustriert.

Reinhard Grimm / Ewald E. Krainz
**Teams sind berechenbar**
Erfolgreiche Kommunikation durch
Kenntnis der Beziehungsmuster
2011. XII, 136 S. mit 35 Abb.
und 3 Tab. Br. EUR 34,95
ISBN 978-3-8349-2407-0

## Was Wirtschaft von der Natur lernen kann

Ökonomie und Natur haben mehr gemein, als man auf den ersten Blick vermuten möchte: In beiden Systemen spielen Prinzipien wie Wettbewerb, Organisation, Kooperation, Kundenansprache und Ressourcenmanagement gleichermaßen eine bedeutende Rolle. Die Beiträge in dem Buch zeigen in anschaulicher und unterhaltsamer Weise, warum die Grundgesetze der Evolution auch für die kulturelle Evolution des Menschen gelten - und wie Wirtschaft von der Natur lernen kann.

Klaus-Stephan Otto /
Thomas Speck (Hrsg.)
**Darwin meets Business**
Von der Natur lernen -
für ein neues Wirtschaften
2010. 250 S. Br.
EUR 39,95
ISBN 978-3-8349-2443-8

## „Wandel durch Vernetzung" – ein Change-Management-Verfahren mit nachhaltigem Erfolg

Dieses Buch bietet einen praktikablen Wegweiser, der jede Organisation gekonnt durch die besonderen Herausforderungen des Wandels führt. Das ausgeklügelte Change-Management-Verfahren setzt letztlich die faszinierende Produktivkraft von Partizipation frei und verhilft damit nachhaltigen Veränderungen zum Durchbruch.

Dominik Petersen
**Den Wandel verändern**
Change-Management anders gesehen
2011. 348 S. Geb. EUR 39,95
ISBN 978-3-8349-2672-2

## Mit den zwölf wichtigsten Instrumenten zum Erfolg

Matthias Collin stellt seine praxiserprobte Methodik aus sechs erfolgreichen Turnarounds vor. Er berichtet dabei nicht aus der Sicht eines Beraters oder angestellten Managers, sondern aus der des risikotragenden und eigenverantwortlich handelnden Unternehmers. Das optimale Zusammenspiel von Organisation und Personal ist neben der kaufmännisch analytischen Arbeit ein wichtiger Eckpfeiler seiner Strategie. In 12 Kapiteln werden praxisnah und anwendungsorientiert einfache Tools zur nachhaltigen Ergebnisverbesserung vorgestellt.

Matthias Collin
**In zwölf Schritten einfach besser werden**
Praxisleitfaden zur Unternehmensoptimierung
2010. 160 S. Geb.
EUR 34,95
ISBN 978-3-8349-2119-2

## Nachhaltige Konzepte und Lösungen für moderne Büro- und Wissensarbeit

Zahlreiche Beispiele aus der Praxis zeigen auf, welche Konzepte bereits heute erfolgreich in Unternehmen eingesetzt werden und mit welchen zukünftigen Entwicklungen zu rechnen ist.

Dieter Spath / Wilhelm Bauer / Stefan Rief (Hrsg.)
**Green Office**
Ökonomische und ökologische Potenziale nachhaltiger Arbeits- und Bürogestaltung
2010. 368 S. mit 129 Abb. Geb.
EUR 49,95
ISBN 978-3-8349-2390-5

Änderungen vorbehalten. Stand: Februar 2011.
Erhältlich im Buchhandel oder beim Verlag

Gabler Verlag . Abraham-Lincoln-Str. 46 . 65189 Wiesbaden . www.gabler.de

GABLER

# Wissen für die Unternehmensführung
↗

## Alle Geschäftsabläufe
## systematisch im Griff

Wie gelingt es, Prozesse im Unternehmen optimal
zu gestalten? Die Autoren zeigen, wie Unternehmen eine kontinuierliche Leistungsmessung implementieren und innerbetrieblichen Widerstand
konstruktiv nutzen können. Zahlreiche Beispiele,
quantitative Tools, Checklisten und viele Praxis-
tipps machen das Buch zu einem einzigartigen
Werkzeug, um Wettbewerbsvorteile durch effektive
Prozessoptimierung zu realisieren.

Eva Best / Martin Weth
**Process Excellence**
Praxisleitfaden für erfolgreiches
Prozessmanagement
4. überarb. u. erw. Aufl. 2010.
256 S. Geb.
EUR 52,95
ISBN 978-3-8349-2211-3

## Leistung von Unternehmen
## kontinuierlich optimieren

Wie gelingt es Unternehmen, ihre Wettbewerbsfähigkeit zu sichern? Das Autorenteam vermittelt
konkrete Methoden und zeigt ihre praktische
Anwendung, um die Leistung von Organisationen,
Prozessen und Bereichen kontinuierlich und erfolgreich zu verbessern.

Ein klarer nützlicher Leitfaden für Führungskräfte
und andere Personen, die sich mit der Steigerung
von Effektivität und Effizienz von Organisationen
auseinandersetzen.

Matthias Hirzel /
Ingo Gaida (Hrsg.)
**Performance-Management
in der Praxis**
Die Wettbewerbsfähigkeit
von Organisationen
aufbauen und sichern
2011. 268 S. Geb. EUR 49,95
ISBN 978-3-8349-2485-8

## Mit vielen Beispielen aus der Un-
## ternehmenspraxis, Testfragen zur
## Selbstanalyse sowie Checklisten

Bleiben bei einer gut aufgestellten Organisation
die Erfolge aus, dann ist oft ein gefährlicher
Organizational Burnout (OBO) die Ursache dafür.
Erstmalig beschreibt Gustav Greve das weit ver-
breitete Phänomen des OBO, erklärt die Erfolgs-
defizite der betroffenen Unternehmen und zeigt
einen Weg aus der Krise.

Gustav Greve
**Organizational Burnout**
Das versteckte Phänomen
ausgebrannter Organisationen
2010. 281 S. Geb.
EUR 34,95
ISBN 978-3-8349-2291-5

Änderungen vorbehalten. Stand: Februar 2011.
Erhältlich im Buchhandel oder beim Verlag

Gabler Verlag . Abraham-Lincoln-Str. 46 . 65189 Wiesbaden . www.gabler.de

MIX
Papier aus verantwortungsvollen Quellen
Paper from responsible sources
FSC® C105338

If you have any concerns about our products,
you can contact us on
ProductSafety@springernature.com

In case Publisher is established outside the EU,
the EU authorized representative is:
Springer Nature Customer Service Center GmbH
Europaplatz 3, 69115 Heidelberg, Germany

Printed by Libri Plureos GmbH
in Hamburg, Germany